KB270026

클래식의 클래식

클래식의 클래식

ⓒ이영록 2024

초판 1쇄 펴냄 2024년 1월 29일
초판 3쇄 펴냄 2024년 5월 18일

지은이 | 이영록
펴낸이 | 김종필
펴낸곳 | ㈜아트레이크ARTLAKE
인쇄 | 재영P&B

글 이영록
편집 윤혜신
기획 진유림
마케팅 한보라
디자인 김효슬, 전병준

등록 제2020-000231호 (2020년 10월 27일)
주소 서울시 강남구 테헤란로 4길 15 1501호
전화 (+82) 02 517 8116
홈페이지 www.artlake.co.kr
이메일 artlake73@naver.com

ISBN 979-11-986338-0-4 03670

책값은 뒤표지에 적혀 있습니다.
파본은 본사나 구입하신 서점에서 교환하여 드립니다.

클래식의 클래식

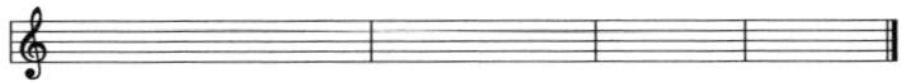

이영록

ARTLAKE

근래 음악에 대해 글을 쓴 곳이 거의 홈페이지 혹은 블로그였는데, 활자로 뵙게 되어 기분이 묘합니다. 근본적으로 두 매체는 성격이 많이 다릅니다. 인터넷에서는 글을 읽으실 분들의 고전음악에 대한 친근감이나 지식을 고려할 수 없기 때문에, 독자층을 고민할 필요가 없었습니다. 하지만 책은 그렇지 않지요.

제가 이 책의 독자로 생각한 분들은 **'어느 정도 초보 단계는 벗어났다고 생각하시는'** 애호가입니다. 그 이유는, 제가 고전음악을 처음 듣던 때와는 환경이 매우 많이 바뀌어서 음악에 대한 기본 정보를 – 예를 들면, 작곡가의 생애 또는 악기의 음역 등 – 얻기가 매우 쉬워졌고, 심지어 녹음된 음악 자체는 상당수가 무료에 가깝기 때문입니다. 40년 전에는 악보, 음반, 연주회, 음악 안내서 등 모두가 적지 않게 부담스러웠지만, 지금은 너무 정보가 많고 저렴해서 곤혹스러울 정도입니다. 심지어 세계 최고 수준의 연주가들이 유튜브(YouTube)에서 기본 정보들을 설명과 함께 보여주며, 이전에 녹음된 유명한 연주들을 거의 무료로 들어볼 수 있지요. 그리고 이런 정보를 다룬 책이 이미 저자의 국적에 상관없이 상당히 잘 나와 있습니다. 우리나라 도서로 국한하더라도, 예를 들어, 비전공자가 저자인 것으로는 「이 곡만 듣고 나면 살맛이 난다」(저자 정태상 님)나 ㈜풍월당 대표 박종호 님의 저서들이 기억나고, 프로의 저서로는 피아니스트 김주영 님의 「클래식 수업」이 있습니다. 최소한, 2024년 현재 이런 방식으로는 제가 다른 분들의 좋은 책을 넘어 입문자 분들을 위해 크게 의미 있는 공헌을 할 수 있다고 생각하지는 않습니다. 결론적으로, 이 책은 **'통상 추천되는 곡들은 상당히 들었다 생각하지만, 내 감상에 뭔가 체계를 갖추고 싶다'**고 생각하시는 분들께 가장 잘 어울릴 것입니다.

체계를 갖추려 한다면, 특정 주제를 따라갈 수 있습니다. 예를 들어, 한 작곡가의 작품을 집중 추적하거나, 연주가별로 듣거나, 특정 시대를 중심에 두거나 하실 수 있습니다. 당연히 더 세분된 주제로 파고들 수도 있겠지요. 이런 주제는 무수히 많지만, 이 책에서는 기존 안내서에서 잘 다루지 않았던 사항들, 특히 음악 공부의 기본이라 할 것들에 집중했습니다. 저에게는 **애호가들이 음악의 소위 '기본기'를 거의 언급하지 않는 것이 상당히 이상**합니다. 굳이 이유를 추측하자면, 기본기를 이미 다 알고 계신 선배 저자들께서 그 필요성에 대해 말씀을 안 하셨기 때문일까요.

저는 애호가 수준이라면 클래식 음악의 기본기를 이해하기 어렵지 않고, 충분히 익숙해질 수 있다고 생각합니다. 초보에서 진보하려면 어느 취미이건 일정 수준 이상의 기본기가 반드시 필요한 법입니다. 그리고 음악을 들으며 머리 속에서 이들을 적용해 본다고 해서 음악 감상의 즐거움을 떨어뜨리지도 않습니다. 단 감상자의 집중력을 더 많이 요구하기 때문에 '배경 음악'으로만 듣는 데는 방해지만, 이 책을 일부러 구해 보실 정도면 아마 대부분의 감상 시간을 그렇게 보내지는 않으시겠지요. 물론 '공부'라 생각하실 내용만 무미건조하게 나열하지 않고 링크 기능을 활용해 실제 사례들을 풍부히 들을 수 있도록 배려했습니다만, 책의 설명과 전개는 기본기들 위주로 진행하겠습니다. 이해가 쉽도록 광범위하게 비유를 사용할 텐데, 주된 비유 대상은 '글'입니다. 서양 고전음악은 의외로 글과 비슷한 점이 매우 많습니다.

그리고 이 책에서 설명에 사용된 음악은 예외는 좀 있지만 거의 1600년대 말부터 1900년대 중반 사이에 작곡된 곡들입니다. 이 범위 밖도 요즘은 상당히 쉽게 들을 수 있지만, 현실적으로 인기가 훨씬 못하기 때문입니다.[1]

책의 구성을 간단히 소개하면, 음악의 세부 사항들을 I장에서 시간 요소에 따라 열거하고, 중요성을 간단한 사례로 설명합니다. 그리고 다음의 II~VII장에서는 I장에서 소개한 요소들을 더 자세히 다룹니다. 이 여섯 장은 모두 해당 내용에 흥미를 유발하려는

---

1   솔직히 말하면… 제가 거기까지는 잘 모르기 때문입니다.

'맛보기'라 생각하시면 됩니다. 엄밀히 제대로 다루려면 각각 책 하나 이상이 필요할 텐데, 그러자면 대학 교과서 수준이라 비전문가인 제가 손댈 수 없으며, 이미 나와 있는 책들로 충분하시리라 생각합니다. VIII장은 에필로그로, 음반에 대한 느낌을 포함한 개인적 의견으로 덤에 가깝지요. 관심 가는 테마를 다룬 장을 개별적으로 따로 읽어도 이해에는 큰 문제가 없겠지만, **I장은 꼭 한 번 통독을 부탁드립니다.** 전체의 틀을 먼저 이해해 주셨으면 하는 마음 때문입니다. 책의 기본 틀과 약간 벗어난 느낌이 있어서, 부득이하게 종교 음악과 오페라라는 매력적이면서도 광대한 영역을 거의 제외할 수밖에 없어 매우 안타깝습니다.

대중 해설서로서는 다소 이례적인 방식을 택한 김에, 제가 클래식 동호회의 모임을 진행할 때 쓰는 대화체를 골랐습니다. 제가 익숙하기도 하고, 독자께서도 '저자가 나를 앞에 두고 이야기한다'고 편하게 받아들여 주시기를 원합니다. 사실 이 책의 상당히 많은 내용은 모임 진행용 프레젠테이션과 설명 스크립트를 기본으로 수정 및 보강했습니다. 오히려 책 쪽이 동호회 진행 시간 한도에 구애되지 않고 더 친절하게 설명을 많이 할 수도 있으니까, 더 좋은 점이 많습니다. 음악을 바로 들으시려면, 설명 바로 옆에 있는 QR 코드를 사용하여 연결되도록 했습니다. 이전에는 음악 감상 도서의 최대의 문제점이 음악을 바로 연결해 듣지 못한다는 점이었는데, 기술이 문제를 거의 해결해 준 셈입니다. 직접 대면하는 감상회에 비해 불편한 점도 거의 없네요. 교과서처럼 딱딱하게 보이는 것은 최대한 피하려 했습니다. 교과서가 여러 가지 기본기들을 이해하는 데는 매우 좋습니다만, 어느 감상자가 별로 좋지 않은 기억이 섞인 교과서를 다시 보려 하시겠나요.

음악의 기본이 물리적 현상이다 보니 세부를 설명하다 이과적인 내용이 약간 들어가기도 했습니다. 이런 경우 가급적 쉽게 이해하실 수 있도록 설명했으니, 이과 분들께서는 약간 지루해 보여도 너그럽게 참아 주시기를 바랍니다.

이제 출발하실 준비가 되셨으면, 통상의 음악 동호회 감상회 2~3시간보다는 좀 더 긴 여행을 떠나 보실까요? 이 책이 가이드로서 여러분께 충분히 보람 있는 역할을 할 수 있기를 바랄 뿐입니다. 만약 그렇지 못했다면, 당연하게도 모든 책임은 온전히 제 몫입니다.

2024년 1월

서울에서

감사의 글

우선 전상헌 님을 거명하지 않을 수 없습니다. 전상헌 님은 한국에서 가장 큰 클래식 동호회 중 하나인 네이버 카페「슈만과 클라라」의 운영자로, 감상회 진행 기회를 제게 여러 번 주셨으며, 그 덕에 제가 이 책의 바탕을 마련할 수 있었습니다. 제가 클래식에 대해 그간 불특정 대중을 상대로 제 생각을 이야기할 기회는 동호회들이 거의 다였고, 거기서 근래에는 – 최소한 표면적으로는 – 반응이 괜찮았습니다. 이 경험 아니었으면, 아마 저는 책으로 내겠다는 생각을 전혀 하지 않았을 것입니다. 참고 도서를 볼 수 있도록 호의를 베푸는 등 여러 모로 도움과 조언을 주신 최지영 님, 78회전 음반 시대의 음악에 대해 많이 들려주신 석지훈 님, 전문적 내용의 교열을 주선해 주신 P박사님, 직접 읽고 추천사를 써 주신 평론가 황장원 님과 박승희 바흐솔리스텐서울 음악감독님도 빠질 수 없습니다. 이 분들 아니었으면 이 책에는 흠이 훨씬 더 많았을 것

클래식의 클래식

입니다. 다음에는 물론 제 개인 생각에 출판할 가치를 인정해 주신 주신 ㈜아트레이크 대표 김종필 님, 좋은 책이 나오도록 그간 제 이런저런 부탁과 변경에 대해 관대히 대해 주신 대표님과 편집자 윤혜신 님, 출판사 분들 및 디자이너님께 감사를 전하고 싶습니다.

그러나 가장 큰 고마움은 역시 가족들에게 전해야 하는데, 무려 40년 이상 시간만 나면 음악에 매달려 있던 사람과 그 음악을 참아 준 가족들에게 이 책이 가장 큰 빚을 지고 있음에는 의심의 여지가 없습니다. 아무리 음악이라 해도 듣기 원하지 않으면 그냥 소음일 뿐이지요. 제 아들도, 그리고 결혼 전 마찬가지 상황이었던 부모님과 누님께도 그 관대함에 감사를 표할 대상이지만, 당연히 안사람이 제일 많이 고생했습니다.

그런데 책 쓴다고 이것저것 찾아 듣느라 소리를 내는 시간이 더 늘어난 형국이라, 이중으로 미안할 수밖에 없습니다. 여보, 정말 고마워. 다 끝나면, 시간 내어 여행 갈 곳이나 꼭 찾아보자.

2024년 1월

서울에서

정오표

웹 주소 url

이 책에서 적절한 링크는 음악을 들어보기 위해 필수입니다. 유튜브 링크의 대부분은 음반사, 연주가 및 방송사 등의 공식 계정 또는 이들이 유튜브에 제공한 음원인데, 불가피하게 개인 계정의 동영상을 링크한 경우도 있습니다. 이들은 불시에 연결이 안 될 가능성이 공식 계정들보다 훨씬 높기 때문에, 대안을 제시해 놓겠습니다.

■ **저자의 개인 계정: 다른 곳을 추천할 필요가 없겠지요.**

■ **2장**

현의 진동

「브란덴부르크」 협주곡 2번

- 현의 진동(공명 상태): 'Vibrating String – Normal Modes'(계정 'SMUPhysics')

- 「브란덴부르크」 협주곡 2번의 구멍 없는 내추럴 트럼펫 연주 영상: 다른 것을 찾지 못했기 때문에 이것을 대신 추

천합니다. 'G. Ph. Telemann: Sonata in D major, TWV 44:1 – Bremer Barockorchester'(계정 'Bremer Barockorchester')

트리플 호른

- 트리플 호른: 호른을 다루는 기술자의 영상 'How complex can a French Horn possibly be? – Engelbert Schmid Triple Reassembly'(계정 'Houghton Horns')

바흐 「이탈리아 협주곡」

- 바흐 「이탈리아 협주곡」에서 스톱을 바꾸는 영상: 제일 먼저 나오는 곳에는 순간밖에 안 보이는 문제는 있으나 'J.S. Bach: The Italian Concerto BWV 971, Michael Peterson, harpsichord 4K UHD'(계정 'Voices of Music')

- 포르테피아노 영상과 설명: 'Exploring Beethoven's Fortepiano'(계정 'Orchestra of the Age of Enlightenment')

포르테피아노 영상과 설명

■ 4장

- 푸르트뱅글러의 1947년 5월 25일 연주는 2023년 12월 현재 개인 계정만으로만 볼 수 있는데, 최근에 올라온 것: 'フルトヴェングラー　歴史的復帰演奏会の『運命』 1947.05.25'(계정 'Mahkun Yoshida')

푸르트뱅글러의
1947년 5월 25일 연주

■ 5장

- 바흐 인벤션 1번의 분석 영상은 많이 볼 수 있습니다. 그 중 소리만이 아니라 악보를 같이 볼 수 있는 것: 'Bach: Invention 1 in C Major, BWV 772 (Musical Analysis)'(계정 'Bach

바흐 인벤션 1번의
분석 영상

■ 6장

- 옥스의 "'s kommt ein Vogel geflogen"에 의한 변주곡 전체를 들을 수 있는 영상은 그리 흔하지 않습니다. 다른 것 하나는 'Komt ein Vögel geflogen (Siegfried Ochs)'(계정 'Enrico Wessels')

수정 사항이 있을 경우 다음 페이지에서 알리겠습니다.

■ 출판사 블로그 포스팅; https://blog.naver.com/artlake_books/223299590046

■ 저자

- 유튜브 계정; 커뮤니티 – https://www.youtube.com/post/Ugkxn0UbUKYwTtLhp6oFpzd7UkpO9DtshHFY
- 홈페이지; http://trmsolutions.co.kr/music/book-1/book-1-correction.htm

옥스의 변주곡 전체

출판사 블로그

저자 유튜브

저자 홈페이지

목차

a tempo
f

소리와 음악, 시간

책 맨 앞 감사의 글에서 밝혔듯이, 뒤의 여러 장에서 설명할 내용들은 이 장에서 소개한 여러 주요 요소들입니다. 책 전체를 다 읽지 않으시더라도, 이 장은 내용을 부디 한 번 정독해 주시기 부탁드립니다. 그래야 현대의 클래식 및 그 감상에서 기본적으로 중요하게 간주하는 점들이 무엇인지 통일적으로 살펴보실 수 있기 때문입니다.

인간을 포함한 많은 동물에게 청각이 있는데, 말할 것도 없이 그 기능은 물리적인 '소리(sound)'를 듣는 것입니다. 그렇다면 '소리'가 '음악'이 되기 위해서는 무엇이 달라져야 할까요?

많은 사람들이 역사상 최고의 클래식 작곡가로 꼽는 사람이 간단하게 설명한 적이 있습니다.

내가 어디서 악상을 얻는지 질문할 텐데, 확실히 대답할 수 없다. (중략) 나는 야외와 숲속에서 산책할 때, 이른 새벽이나 고요한 밤에 악상을 포착할 수 있었다. 이 환기된 분위기를 시인은 말로, 나는 음(tone)으로 번역한다. 그것들은 내가 음으로 정착시키기까지 내게 소리, 포효(咆哮), 폭풍이다.[1]

1 A. W. 세이어(A. W. Thayer), 「The life of Ludwig van Beethoven」, Vol. III, G. Schirmer, Inc., New York, (영역; H. E. 크레빌 *H. E. Krehbiel*) 126p. (https://www.gutenberg.org/

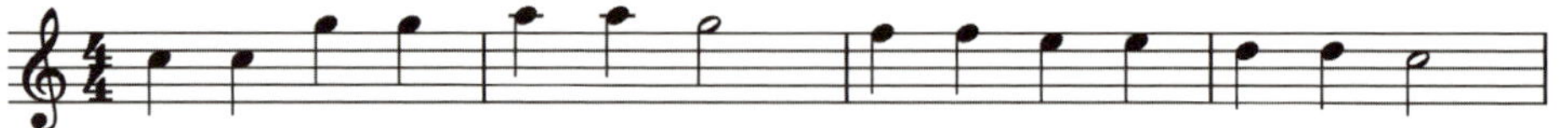

그림 1-1. 「작은 별」의 선율, 첫 네 마디.

어떤 소리라도, 작곡가가 작곡 당시 사용하는 도구('악기')를 이용해 연주할 수 있게 '번역하기' 전에는 음악이 되지 못합니다.[2] 베토벤(Beethoven)이 소리를 음악에 끌어들인 가장 유명한 사례가 교향곡 6번 F장조 op.68 「전원」 2악장의 끝 부분 새들의 울음소리인데, '번역'의 의미를 매우 잘 보여줍니다.

여기에 하나 꼭 덧붙일 것은, 시간입니다. 우리가 듣는 모든 소리는 반드시 시간적 요소를 포함하며, 소리를 음악으로 바꿀 때는 이 요소를 더욱 강조하고 통제합니다. 야외에서 듣는 새의 울음소리는 사람이 지속 시간을 통제하지 못하지만, 「전원」 교향곡에서는 전혀 그렇지 않습니다. 쉬운 예로, 잘 알려진 「작은 별」 선율을 쓰겠습니다.

이 악보에서 주목할 것은, 음악에 사용되는 소리인 '음'의 높이

cache/epub/43593/pg43593-images.html; 2023년 11월 1일 최종 확인)

2　여기서는 악보를 언급하지 않았습니다. 이 책에서 다루는 음악에서는 모두 악보를 사용하고, II장에서 언급할 것처럼 사실 매우 중요하지만, 사람이 다루는 모든 음악이 악보로만 전수되지는 않습니다. 많은 민속 음악들이, 심지어 버르토크(Bartók) 등이 연구한 유럽에서도 그랬습니다.

클래식의 클래식

와 함께 지속 시간도 (상대적으로) 정확하게 정의되어 있다는 점입니다. 첫 4분음표의 지속 시간을 1초로 잡으면, 전부 다 연주하는 데는 16초가 걸리겠죠. 첫 음표(note)의 길이를 1.1초로 잡으면 전체 연주 시간이 17.6초로 늘어나겠지만, 음표들 사이의 상대적인 지속 시간 비율은 변하지 않습니다. 이렇게 특정 소리의 지속 시간을 통제하는 것은, 사람이 연주하는 음악에서는 공통된 속성입니다. 이 때문에 저는 음악을 가장 폭넓게 정의할 때 '(사람이, 즉 작곡가가) **특정 목적으로 선택한 소리를 시간에 따라 의도적으로 배열한 것'** 이라 하고 싶습니다.

좀 이상한가요? 하지만, 알고 계시는 음악을 한 번 떠올려 보십시오. 적어도 이 책에서 언급하는 시대의 음악 중 대부분은 이 정의로 설명할 수 있습니다.[3]

3   일부 현대 음악은 예외인데, 존 케이지(John Cage)의 유명한 「4분 33초」 같은 '우연성 음악(aleatoric music)'이 대표적입니다. 피아니스트가 피아노 앞에 4분 33초만 앉아 있다가 퇴장하고, 그 사이에 들린 소리들이 음악이라는 것입니다.

음과 시간

'선택한 소리'가 음악에 사용하는 '음'이고, 여기에 시간적 특성이 반영되는 정도까지 합쳐 다음 페이지 그림 1-3에 요약했습니다. 먼저 음에 대한 기본 사항부터 말씀드리지요.

① **음:** 보통 악기 혹은 사람의 목소리로 냅니다.

  i. **조율법**(temperament): 그림 1-1의 악보에서는 대략 여러 음 사이의 음정 관계를 알 수 있지만, 절대적인 음높이는 알 수 없습니다. 전자를 정확히 정하는 방법이 조율이고, 후자는 그냥 정해 놓은 약속입니다. 요즘은 대개 그림 1-2의 A(가)음의 진동수를 442Hz로 정합니다.[4]

그림 1-2, 표준 A음

표준 A

---

4 소리의 본질은 물체의 분자가 빠른 속도로 진동하는 것입니다. Hz(헤르츠)는 '1초에 몇 번 진동하는가'를 나타내는 단위고, 많을수록 인간의 귀에는 더 높게 들립니다. II장을 참고해 주십시오.

  여기서 말한 442Hz는 현대의 조율 음높이고, 이전에는 더 낮은 경우가 많았습니다.

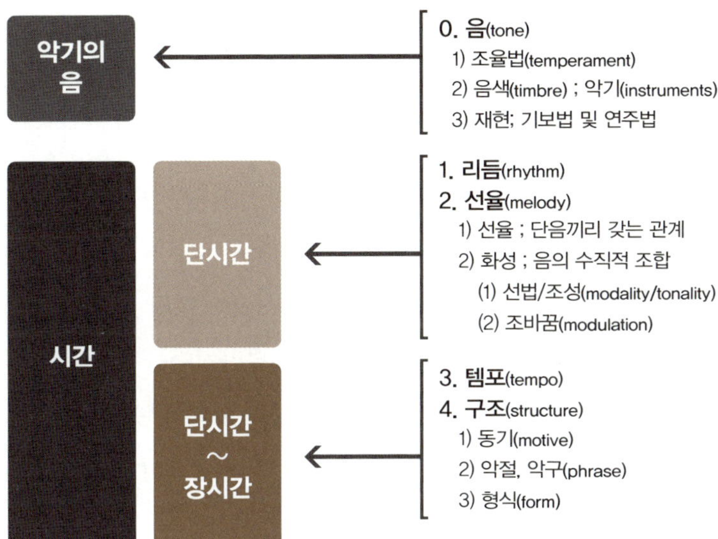

그림 1–3. 음악의 가장 기본적 구성 요소인 음(tone)과, 시간에 따른 특성들. 시간에 대해서는 비교적 단시간에 파악 가능한 것과 그렇지 않은 것이 있다.

ii. **음색**(tone color, or timbre): 음을 내는 데 사용하는 악기의 종류가 다르면, 음높이가 같아도 아주 분명히 구분할 수 있습니다. 이 정도는 아니더라도, 한 악기 내에서도 음의 느낌을 상당히 바꿀 수 있고, 이들을 통틀어 음색이라 부릅니다.[5]

---

5 왜 악기들의 음을 쉽게 구분할 수 있는지는 다음 장의 음색 부분에서 설명하겠습니다.

ⅲ. **재현 – 기보법 및 연주법**: 시간과 공간의 흐름에 구애
받지 않고 음악을 전달할 수 있는 수단인 악보의 등장은
대단한 혁신이었지만, 여전히 문제는 남아 있습니다. 음높
이나 조율 등 주로 쓰는 규약이 시간에 따라 변할 뿐 아
니라, 같은 시기에도 지역에 따라 다르기도 합니다. 그리
고 중요한 것은, 악기 자체도 시간에 따라 변하며, 같은
악보를 보고 연주하는 방법도 달라진다는 것입니다. 악
보에 적어 두지 못하거나, 적을 수 있더라도 당시의 관례
상 오독의 우려가 거의 없으면 굳이 표시하지 않는 경우
가 의외로 많기 때문입니다.

시간에 대해서는, 비교적 짧은 시간(대략 1분 이하) 안에 인식할 수
있는 것들은 '단시간' 요소, 대체로 그보다 더 길게 들어야 인식 가
능한 것들은 '장시간' 요소로 나눠 보았습니다. 편의상의 분류지만
분명히 의미가 있습니다.

단시간에 식별되는 요소에는 학교에서 보통 '음악의 3요소'라
칭하는 **리듬**(rhythm), **선율**(melody), **화성**(harmony)이 모두 포함됩니다.
이 정도면 음악에서 시간적 요소가 얼마나 중요한지 아시겠지요?

② **리듬**(rhythm)

ⅰ. 한 음만으로는 리듬을 정의할 수 없습니다. 적어도 둘 이
상의 음이 있어야 하나의 리듬이라 인식할 수 있습니다.

그림 1-4. 그림 1-1의 선율: 1, 2, 3 세 악보에서 리듬과 박자의 차이에 주목

그림 1-1은 일곱 번째와 열네 번째의 음만 빼면 다른 모든 음들의 길이가 동일하기에, '두 개의 리듬적 요소를 지닌 하나의 선율'로 받아들입니다. 일곱 번째와 열네 번째 음은 다른 음들보다 두 배로 길기 때문에 리듬적으로 다르다고 간주하는데, 이는 구별되어 들리는 음들 사이의 길이 비율이 리듬을 인식하는 데 기본이기 때문입니다.

그림 1-4에서 1, 2번 악보와 그림 1-1을 비교하면 같은 시간에 음이 변하는 양상은 모두 동일하지만 – 즉 '선율적으로는 거의 유사하지만' – 우리는 이 셋이 리듬이 모두 다르다고 생각합니다. 2번의 경우 같은 높이의 음을 반복해도, 시간적으로는 다른 길이의 음으로 판단하기 때문이지요.

ⅱ. **박자**(meter): 위 항목의 단순한 정의만으로는 완전히 명확

그림 1-4; 1,2번

하게 리듬을 결정하기에 좀 부족한데, 항상 같이 고려해야 할 점이 박자입니다. 그림 1-4에서 2번과 3번을 비교해 주십시오.

이 둘은 바로 앞에서 정의한 대로 음 길이의 비율만 본다면 같은 리듬이겠지요. 그러나 보통은 그렇게 간주하지 않습니다. 차이는 박자(4/4와 3/4)뿐인데, 이것이 무엇을 바꿨을까요? 들어 보시지요.

여러분께서 이미 학교에서 배우셨듯이, 연주할 때 각 마디(bar, 또는 measure)의 첫 박을 살짝 크게 연주합니다.[6] 즉 악보 2는 8분음표 8개, 악보 3은 6개로 이뤄지는 한 마디를 각각 기본 단위로 연주하게 됩니다. 실제 듣거나 연주할 때, 마디라는 기본 단위가 이런 방식으로 음악에 차이를 가져옵니다. 마디로 구분을 하는 진정한 의미는 V장에서 더 자세히 설명하겠습니다.

③ 선율(melody)

i. 선율을 명쾌하게 정의하기는 리듬보다 더 힘듭니다. 흔히 쓰이는 단어로는 '가락'이 좀 더 직관적일까요? 아직 마디의 정확한 의미를 설명하지 않았습니다만, '기본적으로 12~16마디 정

---

6 '악센트(accent)를 넣습니다'. 4/4박의 '강 약 중강 약'과 3/4박의 '강 약 약'을 기억하시지요? 물론 실제 연주에서는 리듬이나 해석 등에 따라 예외가 무수히 많지만, 여기서는 일단 단순히 생각하겠습니다.

그림 1-5. 그림 1-1의 선율: 피아노 악보에서 저음에 반주를, 고음 쪽에는 음을 추가

도의 길이인, (상대) 음높이와 길이가 규정된 단위'라 말하면 될 듯합니다. 하지만 마디 수는 일정하지 않고 예외가 많은데, 그림 1-1의 네 마디도 훌륭하게 가락의 기능을 할 수 있기 때문입니다.

예외가 전혀 없다고는 할 수 없지만, 대부분의 경우 음높이에 차이가 없으면 선율로 보지 않습니다.

ii. 보통 선율이라고 말하면 그림 1-1처럼 단성부(monody)입니다. 그림 1-5처럼 반주나 음을 더 추가해도, 선율로 인식하는 것은 여기서 가장 높은 음들뿐입니다. 여러 성부를 한 번에 모두 선율이라고 기억하지는 않습니다.

어떤 곡을 기억하려 할 때 주로 선율 위주로 떠올린다는 것만 봐도, 선율의 중요성을 직관적으로 이해할 수 있지요.

그림 1-5

④ 화성(harmony)

선율이 음높이 면에서는 수평적인 데 비해, 화성은 동시에 여러 음이 울리는 화음(chord)을 기반으로 하므로 수직적이라 말할 수

있습니다.

선율이 똑같더라도, 동시에 울리는 음이 바뀌면 느낌이 바뀝니다. 그림 1-6은 1-5의 오른손을 거의 그대로 유지하면서, 저음 쪽을 바꾼 것입니다. 둘이 확실히 다릅니다. 선율 기준 3~6번째 음에서는 미묘하게, 음 자체가 다른 둘째 마디 끝 박(beat)과 셋째 마디 끝 박, 마지막 마디 첫 박에서는 분명하게 들리죠. (sound link 04) 이 예에서는 크게 바뀌진 않았습니다만, 선율에 붙여 주는 화음을 바꾸는 것만으로 인상을 180도 다르게 만들 수도 있습니다.

    i. **조성**(tonality): 이 책에서 다루는 범위의 음악에서는, 한 옥타브 – 계명으로 '도'에서 '시'까지 – 내의 12개의 모든 음들을 동등하게 취급하지 않습니다. 7개가 쓰이는 빈도가

그림 1–6. 그림 1–5는 1번과 같고, 저음 쪽을 좀 바꾼 것이 2번

높고, 그 중 특히 중요한 것은 3개입니다. 곡을 끝맺을 때는 대개 이 3개 중 하나 아니면 둘이 반드시 포함됩니다. 이 중 반드시 포함되는 음을 '으뜸음'이라 부릅니다. 이 책에서 다룰 음악의 거의 모두는 으뜸음이 존재하는, 조성 체계로 분석이 가능한 '조성 음악'이며, 각 음들마다 딸려 있는 화음들의 이해가 매우 중요합니다. 조성에 따른 화음 사용을 이해하는 방법이 바로 **화성법**이고, 그림 1-6의 설명을 포괄합니다.

학교에서, 그리고 실제 음악으로 오래 들어오셨기 때문에 조성이 너무 익숙하시겠지만, 짧게 설명하기는 곤란하기 때문에 좀 더 자세한 설명은 III장에서 하겠습니다. 여기서는 곡 안에서 어느 부분이 특정 조성이라고 인식하는 데는 짧으면 2~3초로 충분하다는 것만 덧붙이겠습니다.

ⅱ. **조바꿈**(또는 조옮김 *modulation*): 조성 음악에는 반드시 으뜸음이 있는데, 곡이 진행되는 도중 으뜸음을 바꾸는 일이 매우 빈번합니다. 이를 조바꿈 또는 조옮김이라 부릅니다. 길이가 어느 정도 이상인 곡에서는 조바꿈이 없는 일이 거의 없습니다. 그러면 음악이 매우 단조롭게 들리기 때문입니다. 따라서 바뀐 으뜸음을 조바꿈이라 말해야 할 정도로 오래 유지하지는 않더라도, 살짝 '암시만' 하는 경우는 거의 상례라 할 정도입니다. 그림 1-6의 2번에서 둘째 마디 마지막 박이 그런 사례입니다.

다음으로 단시간부터 장시간 단위까지 이어질 수 있는 속성들을 설명할 차례입니다.

⑤ **템포**(tempo): 간단하게는 '얼마나 빨리 연주하는가', 물리적으로는 메트로놈(metronome) 지정처럼 '특정 길이의 음표를 같은 시간당 얼마나 많이 연주하는가'로 정의할 수 있습니다. 예를 들어, '♩=120'는 4분음표를 분당 120개 연주하라는 의미지요.

그림 1-6. 템포 비교

곡을 연주할 때 템포를 일정하게 유지하는 것은 대개의 음악 감상자들의 생각보다 훨씬 중요합니다. 그림 1-6의 2번 악보를 ♩=120과 ♩=60으로 연주한 것을 이어 들어 보시겠습니다. 느낌이 매우 다르지요. 프로들은 이 예처럼 2배가 아니라, 훨씬 작은 변화에도 민감합니다.

⑥ **구조**(structure): 곡 전체의 얼개를 짜는 방식입니다. 이것도 어느 정도 되는 길이의 글을 쓰는 요령과 비슷하지요.

  i. **동기**(motive): 글에서 단어와 비슷한 위치를 차지하며, **의미를 갖는 최소 단위**입니다. 앞에서 마디의 의미를 '기본 단위'라 했는데, 통상적으로 동기는 두 마디로 이뤄집니다. 더 작은 한 마디는 부분동기라 하는데, 보통은 두 마디를 최소 단위로 취급합니다.

  ii. **악절, 또는 악구**(phrase): 동기들을 조합하여 얻는 다음 규모의 단위로, 단어를 적절히 배열한 문장으로 비유할 수 있습니다. 가장 작은 것은 그림 1-5에서 본 것처럼 동기 두 개를 조합한 네 마디의 '작은악절(4-bar period)'이고, 이것을 두 개 조합한 여덟 마디를 '큰악절(period)'이라 부릅니다. **악구는 자기 완결성**(self-completeness)**이 있는 최소한의 음악적 단위**를 의미합니다. 대개 작은악절로 악구 하나를 만들지요.

그림 1-6의 악보 1(또는 2)는 네 마디이며 '어느 정도 끝나는 느낌'이 있지요. 따라서 그림 1-7처럼 더 긴 곡에 들어왔을 때도 여기가 악구의 끝이라 봐야 합니다. 그림 1-7은 작은악절 3개로 곡을 완결했는데, 첫 작은악절은 지금까지 보아온 네 마디(A)며, 다음 작은악절(B)은 둘째 동기

그림 1-7

그림 1-7. 그림 1-5의 선율이 처음의 A, 새로 등장한 B, 마무리하는 A.

b에서 나왔지만 약간 다르고, 마지막에는 다시 A가 되돌아왔습니다. B의 마지막도 나눠지는 느낌이 있지만, A처럼 확실히 끝난 느낌은 아닙니다. 그 느낌을 A를 반복해 마무리했습니다.

큰악절 하나만으로 완결된 곡을 만들 수도 있습니다만, 대개는 그림 1-7처럼 작은악절 3개 이상, 또는 큰악절 2개(=작은악절 4개)를 씁니다. 이것은 최소한의 규모(작은 노래 등)고, 글과 비교하면 대략 문장 몇 개를 합쳐 놓은 문단 하나에 해당한다고 볼 수 있습니다.

iii. **형식**(form): 산문은 대개 둘 이상의 문단으로 이루어지는데, 글이 논리를 유지하기 위해서는 문단을 내용별로 적절히 배열해야 합니다. 음악에서 여기 해당하는 것이 바로 **형식**입니다.

여기에는 여러분이 음악 해설서나 CD 내지에서 보셨거나, 수업에서 들으신 '○○○ 형식' 등이 모두 포함됩니다. 소나타 형식, 론도 형식, 두도막/세도막 형식, 변주곡 형식 등은 아마 익숙하실 것입니다. 이런 곡 여럿을 묶어 한 곡으로 내는 다악장 형식(소나타, 모음곡 등)도 여기 포함됩니다.

iv. **표현**(expression): 글을 쓰는 방법을 알았으면, 무슨 내용을 이야기할까요? 작곡가들은 곡에 자신의 감정을 담으면서, 감상자가 듣는 동안 어떻게 받아들여 주기를 기대했을까요?

어떤 곡을 듣고 느끼는 감정은 감상자마다 다르고, 제 설명으로 바뀔 리는 없습니다. 단, 구조의 관점에서 작곡자가 특정 부분을 다룬 방법을 조금 더 잘 이해할 수는 있습니다. 저도 비전문가이기 때문에, 강조나 화성 등 금방 듣고 쉽게 이해할 수 있는 것 중심으로 말할까 합니다.

사실 지금까지 나열한 정도면 음악 자체에 대해 자세히 다룰 수 있는 거의 모든 분야를 포함합니다만, 시간에 관련하여 음악을 보려 할 때 빠뜨릴 수 없는 것이 하나 더 있습니다. 바로, 양식(樣式: style)입니다.

양식 style

클래식 중 실질적으로 음악을 들을 수 있는 가장 이른 시기의 작품은 대략 9~10세기인데, 당시의 음악을 처음 듣는 사람은 이들이 도대체 18~20세기의 음악들과 연관이 있긴 한지 궁금할 것입니다. 예를 들어, 당시의 음악은 기보법부터 지금과는 매우 달랐지요.

서양 교회에서 8~9세기에 그레고리오 성가(Gregorian chant)가 자리잡으며, 여덟 가지의 교회 선법(mode)이 기초로 정착한 것도 이 때입니다. 11~12세기에는 다성 음악(polyphony)이 등장합니다. 작곡가의 이름이 기록에 남은 최초의 사례는 12~13세기에 와야 나타나고, 14세기에는 '아르스 노바(ars nova: 새로운 예술)'로 불리는 사조가 등장합니다. 이 조금 전부터 음높이 외에 음의 길이를 정확히 표기하기 시작하는데, 앞에서 설명한 리듬의 역할을 고려하면 기보법의 대단한 혁신입니다. 15~16세기 르네상스 시대에는 다성 음악에서 우리가 요즘 아는 형태의 대위법(counterpoint)이 등장했고, 이전의 4

도와 5도 음정 중심에서 3도와 6도가 중요성을 이어받습니다. 교회를 중심으로 돌아가던 음악이 – 미사곡(mass) 등을 위시해 신을 찬양하는 성악이 당연히 비중이 컸습니다 – 인간의 중요성을 점차 인식한 르네상스의 분위기를 따라 점차 기악으로 비중이 이동한 것도 이 시대입니다.

17세기에 시작한 바로크 시대 전에 이렇게 오랜 세월이 놓여 있는데도, 현대에 가장 인기 있는 클래식들은 바로크부터 시작한다고 말할 수밖에 없습니다. 선법에서 조성으로 음계(scale)를 다루는 방식이 완전히 전환된 것은 17세기 후반으로 보아야 합니다. 이것을 완전히 '화성법'이란 공식으로 못박은 사람은 라모(Jean-Philippe Rameau)로, 1722년입니다. 현대의 피아노 주자들에 익숙한 12등분 평균율 조율법에 대한 이론이 발표된 해는 1691년이었지만, 대부분의 건반악기가 12등분 평균율로 조율되려면 고전파의 기운이 완연했던 18세기 후반 또는 19세기 초반까지 한참 더 기다려야 했지요.

고전파 시기에 들어와서는, 두드러진 현상이 악기의 변화입니다. 교회와 귀족의 후원으로 살던 음악가들이 악보 출판 및 연주회로 대중이 지불하는 수입에 점차 의존하게 되었는데, 이에 따라 대중이 많이 참석할 수 있는 큰 연주회장에서 연주하기 위해 악기들이 더 큰 음량을 낼 수 있도록 변화합니다. 특히 후기에 들어와서는 관악기(wind instruments)에 키(key)나 밸브(valve)가 달려 반음계를 쉽고 자유로이 연주하는 쪽으로 변하기 시작했으며, 현악기(string instruments)의 현과 피아노의 기본틀(frame)에 강철 재질이 쓰여 더 큰 음량을 낼 수 있게 됩니다. 이 경향은 19세기 초반 낭만파에 들어와서도 이어졌습니다. 실제 우리가 알고 있는 악기들이 지금의 모양을 갖추게 된 시점은 19세기 말에서 20세기 초로 생각보다 매우 늦은 편이며, 일부 관악기는 아직도 변화가 끝나지 않았습니다.

이런 식으로 사회 분위기나 악기가 바뀌면, 음악의 질도 바뀔 수밖에 없습니다. 이 책은 바로크에서 낭만파 시대에 나온 곡을 주로 다룹니다만, 그 사이에도 음악은 상당히 많이 변화했습니다. 바로크에서 고전파로 넘어갈 때는 형식의 변화가 두드러지는 반면, 고전파에서 낭만파로 넘어갈 때는 형식보다는 악기의 용법이나 리듬·화성 등의 변화가 현저합니다. 이런 전반적인 스타일, 즉 양식의 변화는 오랜 시간 존재했던 클래식에서 빠뜨릴 수 없는 중요한 흥밋거리입니다. 가령 시간에 따라 협주곡(concerto)이라는 장르가 어떤 식으로 변화했을까요? 바로크 시대에 없던 장르가 고전파 시대에 생기기도 하고, 나중에 거의 쇠퇴하기도 합니다. 형식, 즉 '글 쓰는 스타일' 중 바로크 시대까지는 잘 쓰이다가 고전파 시대에 급격히 사라진 것도 있습니다.

한 곡 안에서 시간의 영향을 상세히 관찰할 수도 있지만, 수백 년 이상 시간이 흐르는 동안 음악이 변화한 양상을 통시적(diachronic)으로 관찰하는 것도 상당히 흥미 있는 주제입니다. VII장에서 이 주제로 다시 돌아오겠습니다.

음반 records

클래식뿐 아니라 모든 장르의 음악을 듣는 사람들에게 정말 혁신적인 발명이, 19세기 말 음반의 출현입니다. 연주가가 바로 앞에 있을 때만이 아니라, 원하면 하루 24시간(?!)도 음악을 들을 수 있게 됐기 때문입니다. 브람스(Brahms)조차도 「합창」 교향곡을 평생에 단 두 번 들었을 뿐이라고 하니, 21세기의 평범한 사람들이 최고의 클래식 작곡가 중 하나인 브람스가 부러워할 만큼 음악을 듣는 셈입니다. 이것이 대단한 진보가 아니면 무엇이겠습니까.

연주하는 동안 존재했다가 사람들의 기억과 평론에만 남고 사라져 가던 특정 연주의 경험을 영원히 고정시킬 수 있게 되면서, 이것이 클래식 장르에 미친 영향은 아래와 같습니다.

교육: 처음 배우는 사람들이 실제 음향을 악보에만 의존하지 않고 더 쉽게 상상할 수 있게 되었습니다. 그리고 엄청난

양의 레퍼토리를 편히 학습할 수 있어서 전공자뿐 아니라 일반 음악 감상자들의 지식도 많이 올라갔음은 물론입니다.

기록: 같은 곡이 여러 사람들의 연주로 남아, 잘 기록되지 않는 스타일(템포나 리듬, 강약, 편성 등)까지 전해지기 시작했습니다. 이 외에 악보로 전해지지 않는 민요 등이 대대적으로 기록되어, 전업 작곡가들의 스타일에도 영향을 미치게 되었습니다.[7]

창작: 악기뿐 아니라 녹음기를 악기로서 사용하는 등 작곡 과정에 녹음을 적극적으로 개입시키는 시도가 많습니다. 연주가가 녹음할 때 이미 만들어 놓은 녹음을 들으면서 연주해 1인 2역을 하는 '이중 녹음'이나, 서로 다른 장소에서 녹음한 소리를 합쳐서 하나의 음반으로 제작하는 등 실제 무대에서는 불가능한 일도 실현시켰습니다.

음악인의 입장: 생업 시장이 훨씬 확대되었습니다. 클래식을 듣는 사람들이 훨씬 늘었으니 잠재적 연주회 청중도 늘 수밖에 없습니다. 그리고 음반이 암묵적 기준이 되면서 연주회의 '품질'을 올려야 한다는 압력으로 작용했다는 것도 무시할 수 없습니다.

이 책을 보실 감상자들에게 중요한 것이라면 아무래도 '학습'

---

7 동부 유럽의 다양한 민요를 채록하여 방대한 기록을 남긴 버르토크와 코다이(Kodály) 등은 그 좋은 사례입니다.

측면이겠지요. 이 책에서는 악보 외에도 녹음을 중요하게 사용하는데, 악보를 소리로 듣는다는 점 외에 기초적인 분석에도 이용하려고 합니다. 음악 감상 동호회에서는 이런 시도가 일반적인데, 책에서도 성공했으면 합니다.

각 장을 끝낼 때마다, 해당 장에 관련된 질문을 몇 개 넣겠습니다. 저도 대부분은 답을 정확히 알지 못하며, 딱히 답이 꼭 있다고 보기도 어렵지요. 편하게 생각해 주십시오.

1. 클래식은 사실상 서양에서 발전해 왔다는 한계를 벗어나, 현재는 전세계로 그 판도를 확장했고, '수입한' 나라 국민들이 이 양식으로 곡을 쓰며 연주합니다. 심지어 세금으로 지원까지 합니다. 칠레(Chile) 태생의 피아니스트 클라우디오 아라우(Claudio Arrau)는 "음악에 국가주의가 있다면, 나는 칠레 음악의 전문가가 됐을 것이다"라 말한 적이 있습니다.[8] 무엇보다 서양 국가들의 전통과는 거리가 매우 먼 제가 한국어로 이 책을 쓰고 있다는 것이 명백한 증명입니다. 그 원인으로 무엇이 있을까요?

2. 그 동안 클래식은 전문가들이 진지하게 만드는 작품에서도 대중

---

8 앙드레 튀뵈프(André Tubeuf), Pathé-Marconi LP 1008371의 해설

의 취향을 끊임없이 반영해 왔습니다. 음유시인(troubadour)이나 전형적인 바로크 시대의 춤곡 등이 그 사례입니다.

하지만 현재의 대중은 대중음악(popular music)과 클래식을 엄격히 구분하는 듯합니다. 근래 클래식에 20세기 후반의 대중음악적 요소를 넣으려는 시도는 많이 있었습니다만, 제 짧은 경험으로 보면 그다지 성공하지 못했습니다. 성공적으로 안착한 경우는 비틀즈(Beatles)와 일부 영화음악 외에는 잘 생각나지 않네요. 왜 이렇게 분리가 일어났고, 둘 사이의 간극이 거의 좁혀지지 않을까요?

II.
소리 sound 와 음 tone
p
mf

클래식에서는 음악을 만들 때, 이미 말했듯이 아무 소리나 다 쓰지는 않습니다. 이 '선택한 소리', 음악의 '음'은 악기로 얻는데, 앞 장에서 음에는 음높이와 길이(=지속 시간)가 중요하다고 길게 떠들었습니다. 길이야 시계로 음이 나는 시간을 재면 되니 논란이 별로 없을 터이고, 음높이는 어떻게 정의될까요?

이 의문을 따라가다 보면, 자연스럽게 조율법(temperament) 및 음색(tone color 또는 timbre)에 대해 이해할 수 있습니다. 다소 수학적인(!) 설명이 등장하는데, 조금만 참아 주셔요. 우리가 음악에서 듣는 음들은 전부 공기를 통해 전해지는 물리학적 현상이기 때문입니다. 수학적 설명을 생략하면 오히려 이해하기 어려울 것입니다.

음의 본질을 이해한다면, 다음 문제는 연주가가 악보를 해석하고 소리를 내는 재현 과정입니다. 그런데 이 과정에도 생각보다 변수가 매우 많습니다.

음높이와 음정

20세기 중반 이후에는 전자 악기까지 등장할 정도로 새로운 악기가 많이 나타났습니다만, 아직까지는 대체로 줄을 울려 소리를 내는 현악기나(피아노나 하프도 줄을 울리죠), 대롱 안으로 공기를 통과시켜 소리를 내는 관악기가 주류입니다. 대상을 두들겨 소리를 내는 타악기(percussion instrument)는 음높이가 일정하지 않은 수가 많고, 그렇지 않은 경우에도 주요 선율을 모두 담당하는 사례는 드뭅니다. 즉, 현악기와 관악기의 소리 나는 방식만 설명하면 거의 대부분의 악기를 설명할 수 있는 셈입니다.

소리는 공기 속을 지나갈 때 압력의 변화라는 형태로 전달됩니다. 만약 밖에서 어떤 소리가 발생해 지금 귀에 들리고 있다고 해

---

1   소리도 빛처럼 굴절이 일어나지만, 일단 그렇지 않다고 가정합시다.

2   소리로 인한 압력 변화는 1기압에 비해 매우 작아서, 작은 소리는 수 억 분의 1 정도, 매우 큰 소리라도 만 분의 1 정도에 불과합니다.

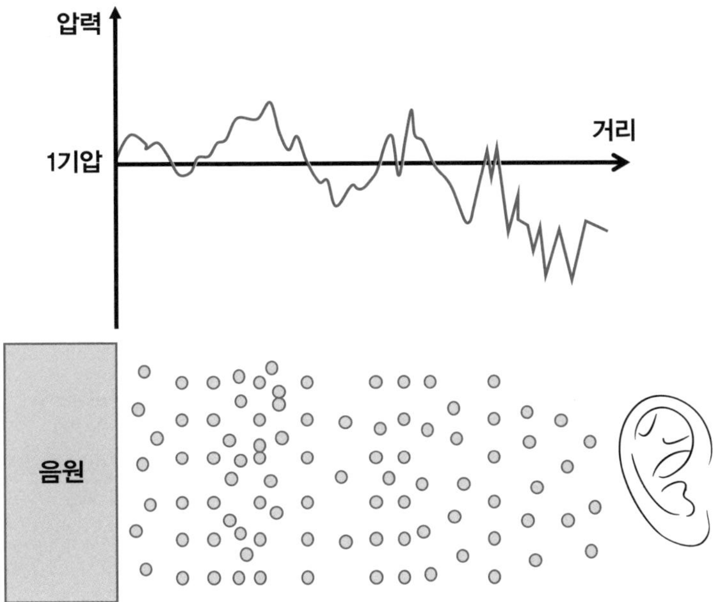

그림 2-1. 소리; 공기의 빠른 압력 변화가 귀로 전달됨. 밑의 갈색 점은 공기를 구성하는 분자이고, 밀도의 차이는 확실하게 보기 위해 매우 많이 과장했음

봅시다. 이 소리의 근원(=음원)에서 귀까지 이어지는 직선 위의 모든 점에서 동시에 압력을 측정하면[1] 그림 2-1의 위 그래프처럼 압력이 거리에 따라 1기압 주변에서 조금씩 커졌다 작아졌다 합니다.[2] 소리는 음원에서 시간 경과에 따라 귀 쪽으로 전달되기 때문에, 귀는 같은 자리에 있어도 시간이 흐르면서 압력의 변화를 느낍니다. 이것이 우리가 소리를 듣는 방식입니다. 그림 2-1의 아래 그림에서 압력이 커지는 곳에서는 같은 부피당 공기의 분자 수(=밀도)가 많

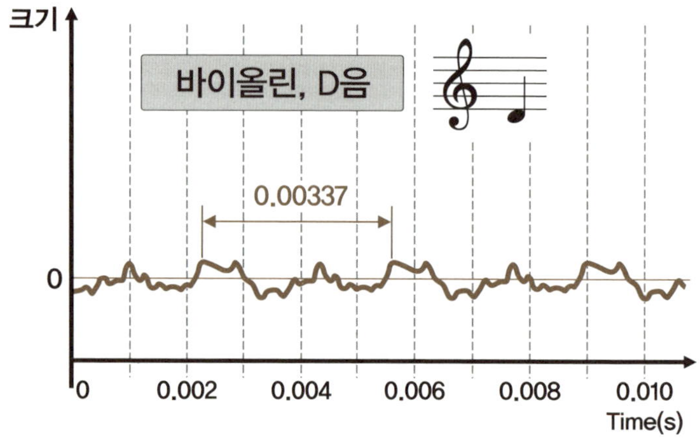

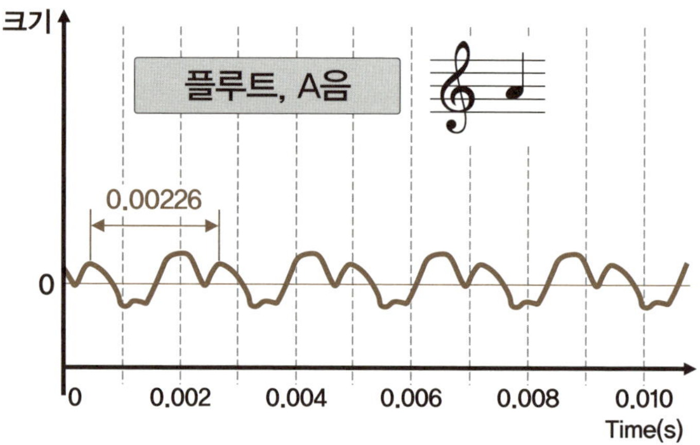

그림 2-2. 음: 시간 경과에 따라 귀에서 느끼는 압력의 변화

고, 작아지는 곳에서는 반대로 적습니다. 큰 소리는 압력의 변화가 크고, 작은 소리는 변화가 작습니다.

천둥이나 손뼉같이 '악기로 내지 않은' 소리는 그림 2-1처럼 압력의 변화가 상당히 불규칙합니다. 그러면 '악기들'의 소리는 어떻게 보일까요? 놀랍게도, 그림 2-2처럼 귀로 들었을 때 '다른' 소리는 눈으로 보아도 다릅니다. 그림 2-1의 그래프에서는 X축이 음원에서 귀까지의 거리이지만, 2-2에서는 시간으로 표시했습니다.

앞 문단에서 설명했듯이 같은 자리에서 시간이 지나면서 나타난 압력의 변화만 관찰해도 결과는 마찬가지입니다. 이 방법이 여러 모로 편리하기 때문에, 앞으로는 X축을 시간으로 놓겠습니다.

그림 2-2에서 현악기인 바이올린(violin)의 D음(라)과 관악기인 플루트(flute)의 A음(가)을 볼 수 있습니다. 시간에 따른 압력 변화가 – 앞으로는 파도의 모양이라는 뜻으로 파형(波形: waveform)이라 하겠습니다 – 일반적 소리보다는 악기에서 나오는 쪽이 훨씬 더 규칙적입니다. 같은 모양이 일정 시간마다 반복되기 때문에, 반복에 필요한 시간, 즉 주기(period)를 확인할 수 있습니다. 바이올린은 0.00337초, 플루트는 0.00226초지요. 소수점 아래 자릿수가 많아 불편하니 '1초당 몇 번' 주기가 지나가는가'로 바꾸면 편합니다 (주기의 역수입니다). 이것을 보통 소리의 진동수(frequency)라 하고, 단위는 헤르츠(Hz)라 합니다.[3] 이 방식으로 쓰면 바이올린은 296.7Hz,

---

3 주파수라고 한 책도 꽤 있는데, 여기서는 공기의 진동이므로 진동수를 택했습니다.

플루트는 442.5Hz이고, 직접 소리를 들어 보면 후자의 음이 더 높습니다. 그러면, 일반적으로 우리가 더 높다고 생각하는 음은 진동수가 더 클까요? 그렇습니다. 음의 두 가지 요소인 높이와 시간 중 **높이는 음의 진동수와 같은 방향으로 변합니다.** 악기에서 쉽게 음높이를 변화시켜 가면서 다양한 음을 내는 것은 모두 이 음의 진동수를 여러 방법으로 바꿀 수 있기 때문에 가능한 것입니다.

다음에는 현악기와 관악기가 각각 어떻게 진동하여 음을 만드는지, 음높이를 어떻게 바꾸는지 알아볼 차례입니다.

현악기string instruments

현악기는 줄을 빠르게 진동시켜, 공기에 그 진동을 전달하여 소리를 냅니다. 줄의 진동은 공기에 잘 전달이 안 되기 때문에, 줄 바로 근처에는 대부분 소리 크기를 키우는 울림통(sound box)이 달려 있습니다.[4]

줄을 이루는 물질과 굵기가 줄의 어느 곳에서나 균일하다고 가정하면, 문제를 비교적 단순하게 다룰 수 있습니다. 그림 2-3에서 왼편 위는 길이가 L이고 팽팽히 당겨진 상태로 양 끝이 고정된 줄입니다. 이 줄을 손으로 잡아 흔들든지, 아니면 바이올린계 악기들

4　피아노는 음향판(soundboard)이, 하프는 울림통이 있습니다. 여담으로, 요즘의 전자 현악기들은 울림통 대신 전기적으로 소리를 키웁니다. 그래서 다 스피커가 달려 있지요.

　　　　　클래식의 클래식

처럼 활(bow)로 켜든지 해서 아주 천천히 움직이다가 점차 빨리 움직이면, 특정한 빠르기에서 줄이 크게 움직입니다. 이 현상을 **공명**(共鳴: resonance)이라 합니다. 양 끝이 고정되어 움직이지 못하므로, 한 주기 동안의 움직임은 ①처럼 되지요. 빠르기를 계속 올리다 보면 두 번째 공명(②)이 나타납니다. ①처럼 진동 폭이 최대인 '배(antinode)'가 한 개(=움직이지 않는 '마디 *node*'는 한 개), ②처럼 두 개, ③처럼 세 개… 이런 식으로, 공명을 일으키는 빠르기는 무한히 많습니다. 공명 상태가 중요한 이유는, 그렇지 않은 경우보다 훨씬 크게 진동하므로 그렇지 않은 때의 소리를 압도하기 때문입니다.

줄 전체가 균일하다고 가정했으니, 줄을 타고 전파되는 소리의 속도는 어느 점에서나 같습니다. 그러면 같은 모양의 진동이 반복되는 단위의 길이만큼 – 이것을 파장(波長: wavelength)이라 합니다 – 소리가 줄에서 전파되는 시간이 바로 앞에서 말한 주기이며, 공명

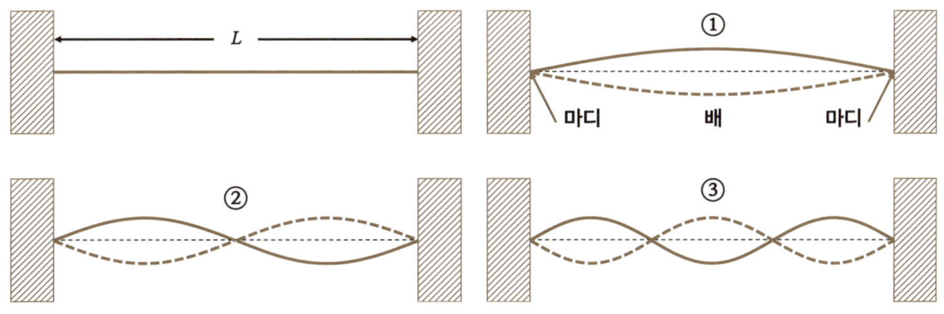

그림 2-3. 길이 L인 줄 위의 진동: ②부터 줄 위에 마디가 생김

상태의 파장만 비교하면 진동수를 확인할 수 있습니다.[5] 그림 2-3에서 ①은 줄의 가운데가 올라갔다 내려가는(굵은 점선) 것을 합쳐, 반복 단위인 파장이 줄 길이의 두 배입니다. 같은 식으로 ②는 줄 길이와 같습니다. 그리고 ③은 줄 길이의 2/3배입니다. 그림 2-3에서 ②와 ③을 보면 줄 위에 움직이지 않는 부분인 마디가 생기는데, 이것을 하나씩 늘려 가며 살펴보면, 반복 단위가 $2L/n$(n=1, 2, 3···)으로 점차 줄어들고, 이에 따라 대응하는 진동수는 $n/(2L)$의 관계로 줄의 길이에 반비례하며 정수 비율로 올라간다는 것을 알 수 있습니다.

이러면 오히려 더 궁금하시다는 분이 반드시 계실 것입니다. "줄 하나에서 동시에 진동수 여럿이 나온다고요? 그러면 줄 하나를 팅기기만 해도 여러 음이 화음처럼 동시에 들린다는 말씀이셔요? 현악기에서 그런 일은 한 번도 못 봤습니다!"

아, 전 거짓말은 하지 않습니다. 줄을 울리면 n개의 – 즉 가장 낮은 진동수인 ①을 기본으로 차례대로 1, 2, 3, 4, ···, n배의 진동수를 가진 – 음들이 다 나오는 것은 사실입니다. 단 보통은 ①번, **가장 작은 진동수인 가장 낮은 음의 음량이 압도적으로 크기 때문에 우리는 더 큰 진동수의 (즉 더 높은) 음들을 잘 인식하지 못할**

---

5 엄밀히 말하면, 소리의 속도는 한 진동 주기의 길이(=파장)와 진동수의 곱입니다. 한 번 진동하면 그 파장만큼 소리가 나아가는데, 초당 진동수만큼 '파도 숫자'가 있으니 둘을 곱해야 초당 이동 거리가 되지요. 따라서 본문처럼 줄 위의 소리 속도가 일정한데 파장이 그림 2-3처럼 줄어들면, 진동수가 반대로 늘어나서 둘의 곱을 일정하게 유지하는 것입니다.

뿐입니다. 그림 2-2에서 바이올린 음의 파형을 보면, 크게는 한 주기가 0.00337초(=3.37 밀리초)인데 뭔가 자잘한 모양도 많이 보이죠. 만약 음에서 가장 작은 진동수만 존재한다면, 파형은 ②에서 보듯이 한 번 정점으로 올라갔다가 아래로 떨어졌다 원점으로 돌아가는 아주 단순하고 매끈한 파도 모양이겠지만, 실제는 그렇지 않고 작은 변화가 많습니다. 이는 더 큰 진동수의 진동 성분들이 모양을 바꿔 놓았다는 증거입니다.

그런데, 실제 줄을 울릴 때 더 큰 진동수의 여러 음이 같이 울린다면, 대체 그 음높이가 구체적으로 어떻기에 소리가 불쾌하게 들리지 않을까요? 아무리 가장 작은 진동수인 ①이 가장 크다고 해도, 피아노에서 반음 사이인 두 음을 동시에 치면 '안 어울린다'는 것은 누구나 다 압니다. 이렇게 한 쪽이 약해도 안 어울리는 소리들이 같이 울리면, 불쾌한 음향이 섞이지 않을까요? 이 문제를 이해하기 위해서는 ①보다 큰 $n{\geq}2$의 높은 진동수들에서 나오는 음이 $n{=}1$일 때와 어떤 관계인지 살펴봐야 합니다.

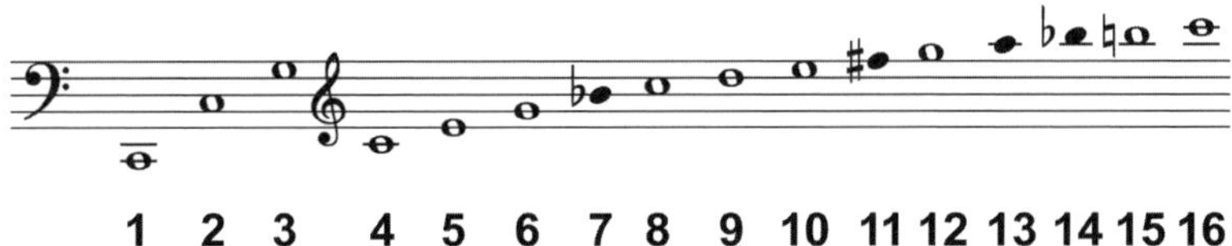

그림 2-4. 낮은 C음(다)에서 출발하여, 진동수를 2, 3, 4…16배까지 올린 음들. 기본음을 포함해, 이 배음들의 순서에는 화성 배음렬이라는 이름이 붙어 있음

그림 2-4는 낮은 C음을 1번($n=1$)으로 하고, 그 진동수에 2~16배를 곱한 진동수를 갖는 음들을 표시했습니다. 1번 음을 보통 '기본음'(또는 기초음 *fundamental*)이라 하며, $n>1$인 음들을 '배음(harmonic)'이라 합니다. 번호에 따라 2차 배음(second harmonic), 3차 배음(third harmonic)… 이렇게 말합니다. 소리로도 직접 들어 보시지요.

제가 처음 알았을 때 정말 놀랐던 점은, 기본음과 비교하여 옥타브가 정확히 진동수 2배, 5도(3차와 2차 배음)가 진동수 3/2(=1.5)배며, 장 3도(5차와 4차)가 5/4(=1.25)배, 단 3도(6차와 5차)가 6/5(=1.2)배로 정수들의 간단한 비율이며, 이 여섯 개의 음으로 '도−미−솔'의 으뜸 3화음을 만든다는 것이었습니다.[6] 결국 **크지 않은 몇 개의 자연수 비율로 표현되는 소리들을 우리는 '잘 어울리는 음들'이라 생각한다**는 것입니다. 어딘가 음악의 정서적 측면과는 아주 거리가 멀어 보이고 딱딱한 수학 냄새(!)가 나는 '소리의 진동수'가 '음들이 잘 어울린다'와 연결된다는 것은, 이제는 익숙해질 만한데도 여전히 신기합니다. 그림 2-4에 나온 음들은 여기저기에 매우 자주 나오고 중요하기 때문에, **화성 배음렬**(harmonic series)이라고 이름까지 붙어 있습니다.

이 배음들의 음렬은 – 소리를 순서대로 나열한 것 – 조금 더 자세히 뜯어볼 가치가 충분합니다.

---

6 장 3도는 반음 4개, 단 3도는 반음 3개 거리인 음정입니다. Ⅲ장의 3절 '화성'에서 제대로 다루겠습니다.

① 6차 배음까지는 완전히 어울리는 음들이라는 데 이의가 없을 것입니다. 그러면 7번은 어떨까요? 소리를 다시 들어보세요. 뭔가 음높이가 이상하다는 느낌 안 나십니까?

그림 2-4를 보시면, 피아노 건반 상으로는 5-6번 사이와 6-7번 사이는 완전히 똑같은 '단 3도'입니다. 그런데 진동수 비율은 전자가 6/5(=1.2), 후자가 7/6(=1.167)이라 두 음정이 똑같이 들리지 않는 것입니다.

② 마찬가지로, 8~10번의 세 배음에서 8-9번 사이와 9-10번 사이는 다 온음입니다. 그런데 주의 깊게 들어 보면, 두 온음 사이가 같지 않습니다. 7번과 마찬가지 이유로, 전자는 9/8(=1.125), 후자는 10/9(=1.111)이니 두 음정이 약간 다릅니다.

③ 이런 이유 때문에, 그림 2-4에서 검게 표시한 음들은 보통 익숙한 피아노 음에 비해 뭔가 음높이가 이상하다는 느낌을 받습니다. 11차 배음도 그렇고, 13-16번의 음정도 5-6번 사이와 단 3도로 같아야 하는데 비율이 16/13(=1.231)이니 이상하게 들릴 수밖에 없습니다.

뒤에서 조금 더 자세히 살펴보면 C음들을 빼면 완전히 일치하는 것은 하나도 없습니다만, 검게 표시한 음들은 특히 이상합니다. 왼편 스피커에서는 화성 배음렬, 오른편 스피커에서는 피아노 음을 나게 하면 이렇습니다. (가능하면 소음이 없는 장소에서 스피커로 들어주십시오. 헤드폰으로는 효과가 훨씬 적습니다. 소리가 커졌다 작아졌다 하는 현상에 주목해 주십시오)

화성 배음렬과
피아노의 소리

④ 결론적으로, 배음의 숫자가 클수록(즉 진동수 비율이 클수록) 잘 안 어울리는 소리가 점점 더 많아집니다. 11~16번에서는 6개 중 3개나 1~6차 배음들과 잘 안 어울리죠.

이러한 모든 소리가 한 번에 다 난다고 했는데, 그래도 잘 안 어울리는 소리가 꽤 크게 들릴 것 같지 않습니까? 하지만 그렇지는 않은데, 앞에서 말했듯이 그림 2-4에서 숫자가 큰 배음일수록 급격하게 음량이 줄어들어서 일반적으로 6차 배음 이상은 거의 인식하지 못하기 때문입니다. 이런 현상이 실제 줄을 울릴 때 일어난다는 것을 확인하려면, 피아노에서 상당히 낮은 쪽 음, 가령 그림 2-4의 기본음 C를 맨 오른쪽 페달을 밟은 채 누르면, 희미하게 3, 5배음이 들릴 것입니다. 맨 오른쪽 페달을 밟으면 3, 5배음과 같은 음높이의 현이 바로 공명하기 때문에 소리가 더 분명하게 들리지요. 높은 음 쪽으로 가면 배음들도 따라서 아주 높아지기 때문에 잘 들리지 않습니다.

지금까지 현을 울려 소리를 내는 원리를 설명했습니다. 그런데 고정된 길이의 줄을 울릴 때 나는 소리의 높이만 말했지, 그 줄의 기본음(1차 배음) 외에 다른 음높이를 얻는 방법은 말하지 않았습니다. 피아노처럼 연주 중에 사람이 줄을 전혀 안 건드리는 악기가 아니라면, 대부분의 현악기는 연주 중 특정 현의 음높이를 바꿀 수 있습니다. 이 외에도 기본음의 높이를 조절할 방법이 있을까요?

① 앞에서 "파장만큼 소리가 줄에서 전파되는 시간이 바로 앞에서 말한 주기이며…"라 설명했습니다. 소리가 줄에서 전파되는 속도가 바뀌면, 한 주기를 거치는 시간 즉 진동수가 바뀌어 음높이를 바꿀 수 있다는 것입니다. 이것이 가능할까요?

그렇습니다. 줄의 재료와 굵기, 줄을 얼마나 팽팽하게 잡아당기는지('장력')를 바꿀 수 있기 때문입니다. 바이올린이나 기타(guitar)의 음높이를 조절할 때 줄감개(peg)를 돌리는 모습을 보신 분이 많을 것입니다. 더 팽팽하게 하면 기본음이 올라갑니다. 또한, 바이올린이나 기타 줄을 유심히 본 분들은 줄마다 굵기가 다르다는 것을 아시겠지요. 재질이 같을 때 줄이 더 굵으면 빨리 진동하기 어려워져서 음높이가 낮아집니다. 바이올린에서는 줄마다 재질이 다르기도 하죠(현대 악기에서, 일부 줄은 강철을 씁니다). 길이 L만이 음높이를 결정한다면, 바이올린의 네 줄은 전부 음높이가 같아야 할 것입니다.

② 가장 잘 알려진 방법으로, 기타나 바이올린은 줄을 손가락으로 눌러 줄의 길이를 짧게 만들지 않습니까? n차 배음의 진동수가 $n/(2L)$에 비례하니, 줄 가운데를 손가락으로 눌러 지판에 닿게 하면 L이 줄어들고, 따라서 진동수가 증가합니다. 이런 악기를 연주할 때, 왼손 손가락들이 바삐 움직일 때마다 음높이가 바뀝니다.

요약하면,[7]

- 현의 진동으로 얻는 음의 음높이는 재질, 굵기, 팽팽한 정도 외에 길이가 중요하다.
- 가장 낮은 음(기본음)의 음높이를 가장 빨리 올리는 방식은, 주로 손가락으로 현의 길이를 짧게 만드는 것이다.
- 기본음이 제일 크게 울리고, 그 외에 그림 2-4의 화성 배음렬의 여러 음이 동시에 난다. 우리가 들을 때는 실질적으로 기본음만을 인식한다.
- 화성 배음렬의 첫 6개 음은 같이 울릴 때 완전하게 어울린다. 기본음보다 더 높은 고차 배음을 들을 수 있을 때도 안 어울린다고는 들리지 않는 이유다.

관악기 wind instruments

줄을 울리는 악기들에서 소리가 나는 근본 원리 및 음높이를 바꾸는 방법과, 화성 배음렬을 같이 설명했습니다. 이번에는 서양 음악에서 현악기 다음으로 중요한 역할을 하는 관악기, 즉 단면이

---

7 사람이 조절하지 않는 요소가 하나 있는데, 바로 온도입니다. 온도가 올라가면 진동이 전달되는 속도가 빨라지기 때문에, 진동수에 변화가 일어납니다. 단 현악기보다는 다음에 설명할 관악기에서 더 영향이 큽니다. 숨을 불어넣기 때문에 연주 도중 온도가 올라가기 때문입니다.

원형인 관 안의 공기를 진동시켜 음을 내는 악기의 순서입니다. 공기로 진동이 직접 전달되기 때문에 대체로 현악기의 울림통이 필요하지 않습니다.

병의 입구를 불어 소리를 내 본 분이시라면 바로 이해하시듯이, 관에 공기를 불어넣었을 때 특정 공기 속도에서 갑자기 소리가 크게 들리는 공명 현상은 현만이 아니라 관에서도 똑같이 일어납니다. 전체 길이가 L로 정해진 관에서 공명이 일어나는 진동수를 알려면 관의 양끝의 상태가 중요한데, 먼저 그림 2-5에서 묘사한 양끝이 열린 관, 소위 **개관**(開管 open tube)부터 분석하겠습니다. 거의 대부분의 관악기가 개관이기 때문에 중요합니다.

①이 가장 작은 진동수(=가장 긴 파장)의 양상입니다. 양끝이 열려 있기 때문에 공기가 끝에서 자유로이 진동할 수 있어서, 현처럼 양끝이 고정되어 움직이지 않는 상황의 정반대입니다.[8] 그런데 한 주기의 길이를 그림에서 보면 $2L$임을 알 수 있고, 그림 2-3의 ①에서 본 현의 진동과 파장이 마찬가지입니다. 단지 진폭이 가장 큰 배와 마디 부분이 바뀌었을 뿐입니다. 그 다음으로 가능한 모양이 ②인데, 파장이 L이므로 진동수는 ①의 두 배가 됐습니다. 진동하지 않

---

8 공기 분자의 이동은 이렇습니다만, 압력으로 따지면 정반대입니다. 열린 쪽은 압력이 일정한 대기와 바로 인접해 있어서 압력 변화가 0인데, 개관 가운데에서는 양쪽에서 안으로 밀어주기 때문에 압력이 올라갈 수 있습니다.
그리고 줄 위를 움직이는 소리의 속도를 줄의 재질이나 굵기로 바꿀 수 있는 현악기와는 달리, 관악기에서는 공통적으로 공기 기둥이 진동하기 때문에 길이가 같으면 음정도 고정됩니다. 즉, 기본음 높이가 같으면 악기가 달라도 울리는 공기 기둥의 길이는 똑같습니다.

는 마디의 수가 하나씩 늘면서 파장은 $2L/n$이 되고, 진동수는 그 역수 $n/(2L)$에 따라 관의 길이에 반비례하며 정수 비율로 올라간다 는 것을 알 수 있습니다. 이 결과는, 놀랍게도 현악기와 완전히 동 일하며, 고차 배음이 나는 원리도 같습니다. 배음의 크기에 대한 설 명도 대체로 같다고 할 수 있지요.

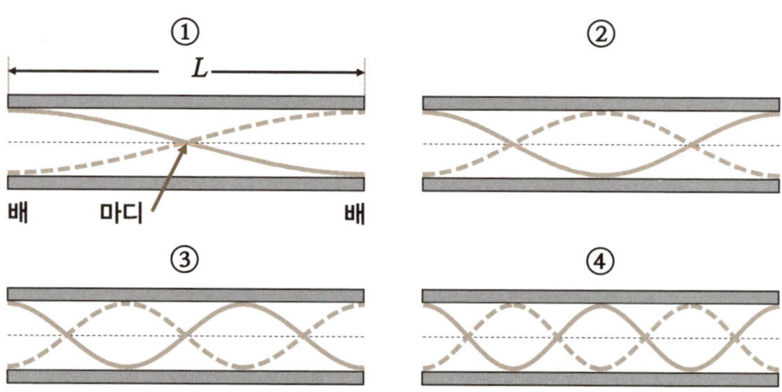

그림 2-5. 양편 끝이 다 열려 있는, 소위 '개관(open tube)' 내의 공기 진동

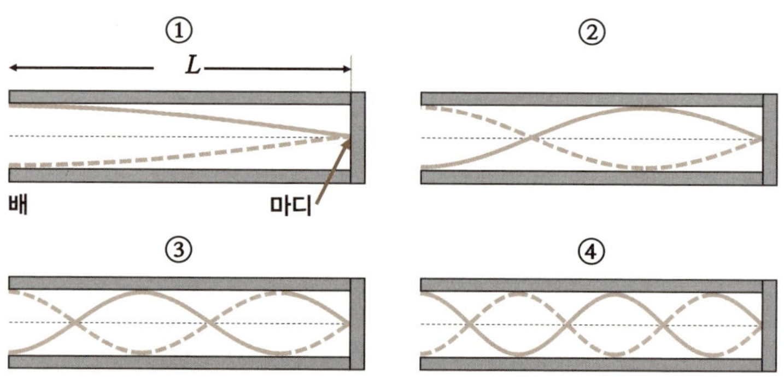

그림 2-6. 한 쪽은 막히고 다른 쪽 끝은 열려 있는, 소위 '폐관(closed tube)' 내의 공기 진 동

하지만 한 쪽 끝이 막혀 있는 **폐관**(閉管 closed tube)의 공명은 개관
과는 다릅니다. 막힌 쪽이 자유로이 진동할 수 없기 때문에, 그 편
은 그림 2-6처럼 마디가 됩니다. 열린 반대쪽 끝이 배가 되기 때문
에, 가장 긴 파장의 기본음은 ①처럼 *4L*이 될 수밖에 없습니다. 개
관 진동의 기본음 파장이 *2L*임을 고려하면, 단지 한 쪽 끝만 막았
는데도 (파장이 두 배이므로) 음이 한 옥타브나 내려가는 것입니다. 그
리고 더 중요한 것은, 마디가 한 개인 ②의 파장은 ①의 절반이 아
니라 *1/3*인 *4/(3L)*이고, ③, ④를 더 보면 배음들의 파장은 *1/(2n-1)*
비율로 이어집니다. 따라서 기본음에 비해 배음들의 진동수는 짝
수 배가 없고 3, 5, 7…의 홀수 비율이 됩니다. 그림 2-4의 화성 배
음렬에서, 폐관의 배음은 기본음 다음 한 옥타브 위(2번)가 빠지고
그 5도 위의 3번이 처음 나타나며, 다음이 5번과 7번 순서입니다(그
림 2-7). 폐관 공명으로 울리는 관악기는 관현악단에 거의 항상 등
장하는 것 중에는 클라리넷(clarinet) 계열밖에 없습니다.

음이 나는 근본 원리는 현악기와 똑같으나, 실제 관악기에서 음
을 조절하는 방법은 꽤 다릅니다. 현악기는 대부분의 음들을 배
음을 쓰지 않고 기본음으로 연주하며, 배음을 쓰는 경우는 거의

그림 2-7. 폐관 진동의
배음렬: 짝수차 배음이
모두 빠진다.

다 작곡가가 악보에 표기해 놓습니다. 반면 관악기들은 목관악기 (woodwind instrument)이건 금관악기(brass instrument)이건 배음이 기본음 보다 훨씬 많으며, 특히 후자는 배음이 거의 다라고 보아도 무방합니다.[9] 현악기는 현의 굵기와 장력 등 길이가 아닌 요소로도 음높이를 조절할 수 있지만, 관악기는 길이가 거의 절대적입니다. 길이 외의 다른 요소들은 음색이나 여러 고차 배음들 중 어느 편을 내기 쉬운지 등에는 영향을 주나, 음높이 조절에는 효과가 미미합니다.

관악기에서 관의 길이를 조절해 음높이를 빠르게 조절하는 방법은 둘입니다: 목관은 관 옆에 뚫린 구멍을 열어서 관의 길이를 줄이고, 반대로 금관은 밸브를 써서 길이를 늘입니다. 하지만 사용하는 손가락 번호만 바꿔서는 필요한 넓은 범위의 음을 다 내지 못하기 때문에 – 현악기는 지판 위에서 누르는 위치를 달리해 충분히 가능합니다 – 위에서 말했듯이 2차 또는 3차 배음 이상의 사용으로 이 빈 틈을 채웁니다. 연주가는 입술을 주로 활용하여 필요한 배음을 선택합니다.

여기서 타악기의 음높이 변화를 직접 설명하지는 않겠습니다. 가장 자주 쓰이는 팀파니(timpani)는 음높이가 그리 안정적이라 보

---

9   여기서 자세히 설명하진 않지만, 금관악기 중에는 아예 기본음을 못 내는 것도 있습니다.

10   현악기처럼 치는 면의 장력을 조정하여 음높이를 맞추는데, 음의 파형이 현 및 관악기보다 현저히 불규칙합니다.

   클래식의 클래식

기 어려우며[10] 실로폰(xylophone), 첼레스타(celesta), 벨(tubular bell) 등은 위에서 설명한 음이 높아질수록 소리를 내는 울림판의 길이가 짧아진다는 기본 원칙을 준수하기 때문입니다. 마지막으로, 사람의 목소리는 팀파니처럼 막을 진동시키는 방식이며, 남성과 여성의 목소리가 다른 이유는 성적 성숙기가 되면 남성 호르몬이 막의 두께 등에 영향을 주기 때문입니다. 막이 두꺼워지면 빠른 진동을 방해해 더 낮은 음을 낸다는 것은 현의 굵기와 원리적으로 차이가 없습니다.

절대 음높이pitch와 조율법temperament

실제 연주를 할 때는 음높이에 대해 두 가지 문제를 해결할 필요가 있습니다. 첫째, **음의 절대적 높이**(피치 pitch)입니다. 앞에서 얘기했던 화성 배음렬은 어디까지나 음들 사이의 상대적 진동수 비율이지 절대값이 아니었습니다. 따라서, 특정 음의 진동수를 얼마로 할지는 순전히 합의에 달렸습니다. 둘째, 그림 2-4에서 본 화성 배음렬이 기본음 외 많은 음들의 진동수 비율을 정해 주지만, 우리들이 실제 악기를 사용할 때 꼭 그 비율을 정확하게 지키지는 않습니다. 심지어 다음 장에서 언급할 화성의 기본인 3, 5차 배음의 진동수 비율인 3:1과 5:1도 마찬가지입니다. 여러 가지 이유 때문에, 한 옥타브 내에서 12개의 모든 음에 대해 음높이의 상대 비율

을 맞추는 방식('조율법')은 하나가 아니라 여럿입니다.

보통 현대의 연주회 피치(modern concert pitch)는 그림 2-8의 'A음
=440Hz'라 하는데, 많은 경우는 이보다 약간 높아서 그림 2-2의
플루트 소리처럼 대개 442Hz 정도로 보는 편이 좋겠습니다. 다시
한 번 들어 보시지요.

그림 2-9. E음을 진동수 659Hz로 피치를 잡는 소리굽쇠.
A로는 439 또는 440Hz이다.(photos: ⓒ Wikimedia Commons)

그런데 이 값은 역사적으로 결코 고정불변이 아니었습니다. 현
대에도 모든 오케스트라가 이 기준을 엄격히 지키지는 않고, 장소
마다 다르기도 합니다. 많은 연주가들은 빈(Wien)의 음높이가 매우
높은 편이라고 말했는데, 한 때 450Hz가 넘었다는 얘기도 있습니
다. 높은 피치를 선호하는 경향이 한때 뚜렷했는데, 음이 밝고 화
려하게 빛나기 때문입니다. 그리고 시간이 흐르면서 현대 악기들
이 현대의 큰 연주회장에 적당한 큰 음량을 낼 수 있도록 개량되
고, 특히 피아노의 경우 몸체(frame)가 큰 장력을 버티도록 금속제
가 되면서 음이 점점 높아졌습니다. 이는 남아 있는 조율용 소리굽
쇠(tuning fork) 들에서 짐작할 수 있습니다. 모차르트(Mozart)는 1780

년 422Hz를 사용했으며, 베르디(Verdi)는 이탈리아의 오케스트라들이 법률로 A=432Hz를 쓰도록 법률로 제정하는 데 일조한 일화가 있습니다. 이 때문에 현대에 연주하는 바로크 시대의 음악에서는 대체로 442Hz보다 반음 정도 낮은 A=415Hz를 많이 채택하며, 심지어 이것보다도 반음 가까이 낮았던 사례도 있습니다.[11] 그러나 바로크 당시라고 모든 경우가 다 낮지는 않았는데, 가장 대표적인 사례가 교회의 파이프 오르간입니다. 소리를 내는 파이프가 다른 건반악기들보다 잘 보존되어 있는 것이 많으며, 한 번 만들고 나면 음높이를 큰 폭으로 낮추기가 거의 불가능해서 좋은 비교 기준입니다.[12] 흥미롭게도, 440Hz보다 낮은 것을 보기 힘들고 심지어는 온음 가까이 높은 경우도 많습니다.[13] 이렇게 시대와 분야별로 중구난방이었기 때문에, "현대는 A=442Hz 중심으로 연주하지만, 이전 시대에는 그보다 낮은 경우가 대체로 더 많았으며, 크게는 온음까지도 차이가 있었다" 정도만 알아도 충분하다 생각합니다.

기준음의 절대적 높이를 잡았으니, 다음에는 개별 음들의 위치

---

11   당시의 일부 건반악기에는 건반 자체를 좌우로 이동시켜서 조율을 다시 하지 않고도 반음 단위로 피치를 이동시킬 수 있는 경우도 있었습니다.

12   파이프를 쓰기 때문에, 관악기의 방식으로 소리가 납니다. 음을 낮추려면 관의 길이를 길게 만들어야 하는데, 수백 개의 파이프를 다 제작하고 난 뒤에 전체를 수정하기는 어렵지요.

13   네덜란드 츠볼레(Zwolle)에 있는 성 미카엘 교회(St. Michaëlskerk)의 슈니트거 오르간(Schnitger Organ)은 A=502Hz로, 442와 차이는 온음보다도 더 큽니다. 다음 페이지를 참고하십시오: https://www.sonusparadisi.cz/en/organs/netherlands/zwolle-st-michael.html (2023년 11월 1일 최종 확인)

1 2 3 4 5 6 7 8 9 10 11 12 13 14 15 16

C_0 C_1 G_1 C_2 E_2 G_2 $B^\flat_2$ C_3 D_3 E_3 $F^\sharp_3$ G_3 A_3 $B^\flat_3$ B_3 C_4

그림 2-10. 화성 배음렬; 낮은 C음(C_0)를 기준으로 한 음들. 아래 첨자는 기준음에서 몇 번째 옥타브 안에 있는지를 의미. 개별 음이름은 영어로 표기.

를 정할 차례이지요. 즉 A음의 진동수를 결정했으니, 그림 2-10의 화성 배음렬을 이용하여 다른 음들의 진동수를 정하면 기준음 A와 가장 잘 어울릴 것입니다. 현악기 항에서 설명한 내용을 다시 가져오지요. 기본음을 C_0(다)로 놓으면, 이 음 외에 처음 등장하는 다른 음은 3차 배음 G_1(사)이며, 2차 배음인 C_1과는 '5도 차이'입니다. 진동수 비율은 3:2(=1.500)이지요. 다음은 5차 배음 E_2(마)이며, 4차 배음인 C_2와는 '3도 차이'이고 진동수 비율은 5:4(=1.250)입니다. 6차 배음 G_2와 5차 배음의 진동수 비율은 6:5(=1.200)가 되지요. 이렇게 진동수 비율이 가장 단순한 정수 비율로 딱딱 맞기 때문에, 이 이상 더 잘 어울리는 C-E-G의 화음을 만들 수는 없습니다(그림 2-11). 이 '으뜸 3화음'이 가장 잘 어울린다는 것은 무시할 수 없

그림 2-11. 기준음을 중심으로 3, 5차 배음으로 만든 3화음. 현대 피아노로 친 이 화음을 들어 보십시오.

는 장점입니다.

그런데 화성 배음렬에 등장한 음들의 진동수 비율만으로는 실제적으로 옥타브 안의 12개의 음을 고르게 사용할 수 없습니다. 앞에서 이미 보았듯이, 그림 2-10에서 검게 나타낸 음들은 우리 귀에도 너무 많이 어긋나게 들리고, 단순한 온음(반음 2개 거리)에도 9-8, 10-9차 배음 사이의 진동수 비율이 상당히 다른 등 문제점이 많기 때문입니다. 이 때문에 전체 조율에 자연 화성 배음렬만 사용하는 경우는 전혀 없고, 그나마 이에 좀 가까운 것이 소위 '순정률(just or pure temperament)'입니다. 그러나 이것도 너무 문제가 많아서 실제 거의 쓰지 않으니, 많이 사용하는 방법 세 가지만 검토해 보겠습니다.

누가 뭐라고 해도 가장 기본으로 알아야 하는 것은, 현대에서 피아노를 위시해 목관악기와 하프, 타악기 등의 조율 기반인 **12등분 평균율**(12-tone equal temperament)입니다. 보통 '평균율'이라고만 칭하면 바로 이것이고, 간단히 '12평균율'로 적겠습니다. 이 방법의 아이디어는 아주 이해하기 쉽습니다. 옥타브 사이는 진동수가 2배이기 때문에, 그 사이 12개의 반음을 인접한 어느 반음끼리도 진동수 비율이 똑같이 되도록 맞춘다는 것입니다. 이 조건을 만족하려면, 반음 사이가 $2^{1/12}(=1.0595)$ 의 비율이면 되겠지요. 반음을 12번 올리면 $(2^{1/12})^{12}=2$가 되니 당연합니다.

우리는 거의 항상 이 방법으로 조율한 악기로 음악을 듣는 데 익숙하기 때문에, 다른 조율 방식도 가능하다는 것을 잊는 경향이 있습니다. $2^{1/12}$를 계산하기가 어려웠기 때문에 비교적 늦게 이론이 등장했고 18세기가 거의 끝날 무렵에야 실제 건반악기의 조율법으로 정착했지만, 지금은 다른 방법을 이해하려면 일부러 배워야 할 정도로 대세입니다.

- 자연 화성 배음렬과 그리 크게 어긋나지 않습니다. 3차 배음(5도)은 반음이 7개이므로 $2^{7/12}$=1.4983 , 5차 배음(3도)는 반음이 4개이므로 $2^{4/12}$=1.2599로 오차는 1%도 안 됩니다. 즉, 으뜸 3화음의 울림이 크게 흐리지 않습니다.

- 어느 음을 기준으로 잡아도 결과가 동일합니다. 매우 중요한데, 다음 장에서 설명할 화성과 뗄 수 없는 조바꿈(轉調 *modulation*)이 완전히 자유롭다는 의미이기 때문입니다. 그렇다면 다른 조율법에서는 조가 달라지면 - 예를 들어 C장조(C major)와 A장조 - 울림이 달라질 수 있나요? 예, 그렇습니다. 이는 뒤편에서 설명하겠습니다.

- '딴이름한소리(異名同音 *enharmonic*)'가 **완전히 같습니다**. 예를 들자면, C#과 D♭이 완전히 일치합니다. 바그너(Wagner)를 위시한 낭만파 작품들의 자유로운 조바꿈과 신 빈 악파(second Viennese school)의 12음 기법(twelve-tone technique) 등은 12평균율이 아니었으면 모습이 지금 같지는 않았겠지요.

그림 2-12. 곡의 끝: 이끔음의 개념.
갈색으로 표시한 가장 높은 성부에 주목

물론 단점도 있는데, 제일 많이 지적받는 것은 위의 두 번째 점인 '조성별로 다른 특징이 없어진다'는 것입니다. 뒤에서 다시 말하겠지만, 작곡가가 어떤 느낌을 내려 할 때 특정 조를 선호한 사례는 매우 많습니다. 12평균율은 이 의미를 완전히 없애 버립니다.[14] 그리고 딴이름한소리를 걱정하지 않아도 된다는 것은 건반악기에게는 매우 편리하고 사실 어느 정도 불가피한 선택입니다만[15] 음악적으로는 최선이 아닙니다. 이끔음(leading tone)을 전혀 사용할 수 없게 만들기 때문입니다. 여기서 간단히 설명하면, 그림 2-12처럼 계명으로 '라-시-도' 순서로 끝나는 곡이 있다고 해 봅시다. 맨 끝의 반음 사이 '시-도'에서, 시 음을 (피아노 건반 높이보다) 약간 높여 도 음에 가깝게 연주하면 '더 자연스럽게' 들립니다. 다음에 도 음이 나온다고 예견할 수 있으므로 '곡의 끝을 알려 주는' 기능을 하기 때문입니다. 또한 딴이름한소리에서 예로 든 C#과 D♭의 기능도 마찬가지입니다. 대체로 C#은 D에 가깝게, D♭은 C에 가깝게 연주

이끔음

---

14 12등분이 아니라 53등분 등 다른 평균율도 있고, 이 때는 조성마다 느낌이 다를 수 있습니다. 하지만 12등분 평균율에서는 의미가 없지요.

15 위에서 언급한 사례처럼 C#과 D♭의 건반을 따로 만들고, 악보를 따라 다른 건반을 쳐야 한다고 생각해 보십시오. 그런데 더 놀라운 점은 실제 그런 악기도 나온 적이 있다는 것입니다!

해야 '더 자연스럽게' 들린다고 볼 수 있습니다.[16] 건반악기에서는 현실적으로 어렵지만, 연주 중에도 즉석에서 음높이를 조정할 수 있는 현악기 및 약간 조정이 되는 관악기에서는 의미가 있고, 프로급 연주가들은 거의 어느 정도 그렇게 한다고 알고 있습니다.

이런 단점에도 불구하고 전반적으로 장점이 더 크기 때문에, 건반악기는 말할 것도 없고 19세기 중반 이후 관악기의 기본 조율에도 쓰이며[17] 조율법의 대명사가 됐습니다.

다음으로 실제 연주 현장에서 볼 수 있는 조율법은 '**피타고라스 조율법**(Pythagorean temperament)'입니다.[18] 바이올린계 현악기는 지금도 이 조율법으로 여러 현 사이의 음정을 맞춥니다.

피타고라스 조율법은 화성 배음렬에서 기본음 다음에 가장 처음에 나오는 3차 배음인 완전 5도를 기준으로 다른 음들을 정합니다. 옥타브 내의 반음은 12개인데 완전 5도는 반음 7개이니, 11

---

16 즉, 대체로 C#을 D♭보다 높게 연주하는 셈이죠. 낭만파 시대까지 작곡가들은 딴이름한 소리라도 대체로 구별을 했다고 볼 수 있습니다. C#과 D♭을 그냥 무작위로 섞어서 표기하지는 않았다는 말이지요. D♭장조의 으뜸화음을 C#–F–A♭로 표기하지는 않지 않습니까?

17 하나 더 적자면, 현악기 중에도 있습니다. 기타나 류트(lute)의 지판에 있는 프렛(fret)의 간격은 12평균율로 맞춥니다.

18 5도(2차와 3차 배음의 거리)의 진동수 비율이 3:2라는 것을 '피타고라스의 정리'로 유명한 바로 그 피타고라스가 발견했다고 알려져 있기 때문에, 그의 이름을 딴 것입니다.

    클래식의 클래식

번 올리면 기준음 외의 모든 음을 다 얻는 셈입니다.[19]

이 조율법의 원리적인 문제는, 3차 배음의 진동수 비율인 3/2를 아무리 반복해도 옥타브 음정의 2와 맞지 않는다는 것입니다. 간단히 말해, 3/2가 12평균율의 반음 7개인 $2^{7/12}$(=1.4983) 보다 약간 크기 때문에 단계를 반복할 때마다 오차가 조금씩 쌓입니다. 이렇게 옥타브를 만들고 정확한 옥타브(진동수 2배)와 비교하면 오차가 1.36%(약 1/4 반음)며, 이를 피타고라스 코마(Pythagorean comma)라 부릅니다. 정확한 옥타브와 동시에 울리면 뚜렷이 이상하게 들리는데, 직접 들어 보시지요. 소리 크기가 커졌다 작아졌다 하는데, 진동수에 약간의 차가 있는 두 소리를 동시에 울렸을 때 나타나는 현상으로 맥놀이(beat)라 부릅니다. 제대로 음높이가 안 맞거나 묘하게 어울리지 않는 음들을 같이 울리면 들을 수 있는 현상입니다. 그리고 3도 음정 두 개에도 같은 이유로 오차가 1.25%(약 1/5 반음) 생기는데, 이를 디디모스 코마(Didymean comma, 또는 신토닉 코마(syntonic comma)라 부릅니다.

표준 A와 '피타고라스 A'

이렇게 5도는 완벽하지만 3도가 덜 어울리기 때문에, 3도 음정이 매우 중요한 조성 시대의 음악에는 적당하다 보기 어렵습니다. 주로 5도가 중요했던 중세의 음악에는 피타고라스 조율법이 적절했으나, 중세 말부터 점차 3도가 쓰이기 시작했습니다. 1300년 영국

---

19 옥타브의 반음 12개에 비해 완전 5도는 반음이 7개라 약분이 되지 않으므로, 12번 반복하면 모든 음이 다 나옵니다(물론 옥타브 차이는 같은 음으로 취급하죠). 반면 12의 약수인 2, 3, 4, 6을 쓰면 12개를 다 얻지 못합니다.

의 이론가 월터 오딩턴(Walter Odington)이 3도의 진동수 비가 화성 배음렬에서 본 5:4와 6:5로 상당히 잘 어울리고, 실제 연주에서 자주 사용된다고 지적했습니다. 따라서 이미 1200년대 후반부터 적어도 영국에서는 흔히 쓰이고 있었습니다.[20] 이 때는 순정률을 의미하며, 르네상스 때부터는 순정률의 큰 문제를 완화시키는 방법이 나왔습니다. 전형적으로 거론되는 것은 중전음률(meantone temperament)입니다.

중전음률은 피타고라스 조율법이 5도가 기반인데 비해, 화성 배음렬에서 진동수비 5:4의 장 3도(가령 E–C 사이)나 6:5의 단 3도(가령 G–E 사이)를 기반으로 삼아 나머지 음들을 맞추는 방법입니다. 지금은 어차피 거의 안 쓰는 방법이니 문제점만 언급하면, 장 3도는 반음 4개의 거리이므로 두 번 더 반복하면 반음 12개인 옥타브가 되고, 단 3도는 반음 3개이므로 세 번 더 반복하면 됩니다. 그런데 5/4건 6/5이건 몇 번 곱한다고 해도 옥타브 비율인 2와 딱 맞지 않는다는 것은 자명하고, 심지어 이 오차는 피타고라스의 코마보다 훨씬 더 큽니다. 이 오차를 대개 임시표가 많은 조성(즉 곡 중에서 잘 사용하지 않는 조성) 쪽으로 밀어넣어서, 대부분의 연주 시간 동안 좋은 울림을 들을 수 있도록 만들지요. 이 때문에 등장하는 전형적인 오차가 소위 A$^\flat$과 D$^\sharp$ 사이에서 들리는

20 D. J. 그라우트(D. J. Grout), C. V. 팔리스카(C. V. Palisca), & J. P. 버크홀더(J. P. Burkholder), 「서양음악사(A history of western music)」, 7th ed., W. W. Norton & Company, 2006; 민은기 외(번역), 이앤비플러스, 2013(3쇄), 상권 p.188

'늑대의 5도(wolf's fifth)'입니다. 따라서 자유로운 조바꿈은 어려울 수밖에 없습니다.

늑대의 5도

이 문제 때문에, 현재 건반악기에서 12평균율 외에 주로 고전파 이전의 작품들을 연주할 때 사용하는 조율법은 대부분 피타고라스 코마를 어느 정도 완화시키고, 3도와 5도의 완전함을 필요에 따라 약간 희생하여 모든 조성을 큰 문제없이 연주할 수 있도록 하면서도, 조성에 따른 느낌 차이가 없어지는 12평균율의 문제를 피하는 길을 택했습니다. 이 방법에는 여럿이 있으며, '좋은 조율(well temperament)'이라 통칭합니다.

'좋은 조율'은 아직 번역이 통일되지 않았고, 단일한 조율법도 아닙니다. 대체로 16세기부터 등장했고, 현재까지 이름이 남아 있는 것은 제안자의 이름을 딴 베르크마이스터(Werkmeister), 발로티(Vallotti), 키른베르거(Kirnberger) 등으로 적어도 7~8개가 알려져 있습니다.

이 책에서 이들의 세세한 차이점을 언급할 필요는 없을 것입니다.[21] 그림 2-13에서 밑음 12개에 대해 해당하는 으뜸 3화음을 악보로 표시했는데, 각 조율법에서 이들의 울림을 비교해 들어 보는 것이 가장 직관적인 방법이겠지요. 12평균율, 피타고라스, 순정률,

조율법 5개 비교

---

21 흥미가 있으신 분은 'Carey Beebe Harpsichords' page(https://www.hpschd.nu/)에서 'Resources → Technical library → Temperament'를 일독하시기 권합니다. 더 쉬운 설명은 영문 Wikipedia의 'Musical temperament'(https://en.wikipedia.org/wiki/Musical_temperament)및 내부 링크들입니다. (2023년 11월 1일 최종 확인)

그림 2-13. 밑음을 5도 간격으로 나열한 으뜸 3화음들

키른베르거, 발로티의 다섯 개입니다. 한 화음을 울리고 나서 다음 화음 전에 충분히 소리가 사라지도록 템포를 느리게 했습니다(순서는 임의입니다).

제가 듣기에 대형 스피커나 헤드폰으로는 12평균율, 순정률, '좋은 조율'들이 다르다는 것은 알 수 있었고, 순정률은 PC 스피커로도 분명하게 차이가 들렸습니다. 단 '좋은 조율'들 사이는 구분이 어려운데, 12평균율과 비교하면 거의 모든 음이 1/10 반음보다 차이가 작기 때문입니다.[22] 약 1/4 반음인 피타고라스 코마보다도 훨씬 작습니다. 실제 건반악기를 조율하며 비교하면 PC 스피커나 헤드폰보다는 훨씬 세세한 울림을 들을 수 있겠지만, 훈련되지 않은 귀로 개개의 '좋은 조율'들을 구분해 인식하기는 상당히 어렵습니다.[23]

우리는 이제 J. S. 바흐(J. S. Bach)의 「48개의 전주곡과 푸가

---

22 음악 프로그램인 MuseScore™의 'tuning' 메뉴에 나온 값들을 분석해 보면, 12평균율과 차이는 임의의 완전 5도가 1/20 반음 이하, 임의의 장/단 3도는 대개 1/10 반음 이하입니다.

23 앞에서 조율법의 순서는 각각 12평균율, 발로티, 피타고라스, 순정률, 키른베르거였습니다.

클래식의 클래식

(fugue)」, 통칭 「평균율 클라비어 곡집」을 이해할 수 있습니다. 원어는 「Das wohltemperierte Klavier」, 영어로 「The well-tempered clavier(WTC)」인데, 'well tempered(잘 조율된)'가 12평균율과 같은 특정한 방법을 지시하지 않기 때문입니다. 그리고 바흐 생전의 조율 방식 등에 대해 남은 정보가 12평균율과 잘 안 맞기 때문에, 근래에는 「WTC」 1, 2권의 조율이 12평균율을 의도했다는 견해는 그다지 지지받지 못합니다.

오케스트라에서 연주하는 악기의 음정을 조율할 때는 이 다양한 조율법들이 섞여 있습니다. 현악기는 피타고라스 조율이고, 목관악기는 12평균율, 금관은 대체로 자연 배음, 트롬본(trombone)은 완전한 자유 음정, 그리고 건반악기와 하프, 기타, 류트는 12평균율입니다. 음악을 듣기만 해서는 잘 알기 힘들겠지만, 가장 기본인 음높이와 음정을 정할 때도 이렇게 복잡한 노력과 절차가 숨어 있습니다.

음색 tone color, or timbre

다른 악기가 같은 음을 내어도, 대개 구분할 수 있습니다. 이 현상을 "두 악기가 음색이 다르다"고 합니다. 만약 다양한 음색이 없다면, 음악 감상의 많은 즐거움이 사라지겠지요.

현악기의 소리 부분에서 악기가 다르면 음의 파형도 다르다고 이미 설명했습니다만, 이번엔 그림 2-2의 바이올린과 플루트 외에 오보에(oboe)와 A=442Hz의 '단일 진동수' 파형을 그림 2-14에서 보겠습니다. 눈으로 보기에도 차이는 명백합니다.

그러면 소리는 어떨까요? 오보에의 음향과 앞에서 나왔던 A=442를 비교하면, 둘 중 어느 편이 더 좋게 들리시나요? 그림 2-2에서 나온 바이올린과 플루트 소리하고 비교하면 어떻습니까? 적어도 제게는 후자가 기계음처럼 들립니다. 현대 음악에서 누군가 일부러 쓴다면 모를까, 단순히 '음'만 비교하면 잘 알려진 악기

오보에의 음향

A=442Hz '단일 진동수'

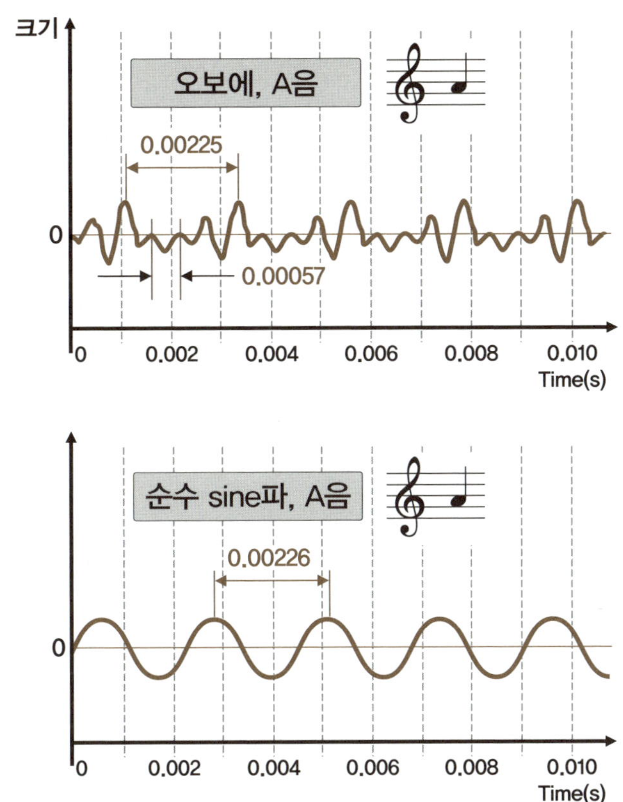

그림 2–14. 오보에의 소리 파형과, 순수하게 A=442Hz 진동만 포함한 음의 파형

들에서 나오는 음이 훨씬 듣기가 좋습니다. 다시 말하면 기본음의 진동수만 100% 포함한 소리는 그다지 아름답게 들리지 않습니다. 그림 2-4의 화성 배음렬 소리도 매한가지인데, 전부 한 진동수만 으로 만들었기 때문입니다.

이 사례처럼, **배음이 섞여 있지 않다면 음이 아름답게 들리지**

않습니다. 현이건 관이건 소리를 내면 기본음 진동수의 n배 진동수의 음들이 섞여 나오는데, 이것이 악기의 개성이자 음을 풍요롭게 만들어 줍니다. 바이올린과 플루트뿐 아니라 그림 2-14의 오보에 소리도 0.00225초(2.25 밀리초) 단위의 큰 주기의 소리보다 ― 이것이 우리가 듣는 음높이지요 ― 더 짧은 주기의, 즉 더 높은 소리들이 더 작은 크기로 섞여 있음을 확인할 수 있습니다. 그림에 표시한 것처럼 0.57 밀리초 단위의 진동은 아주 명확하고, 225/57이 4차 배음이겠네요. 눈으로 식별할 수 있는 성분은 일부이고, 더 잘 안 보이는 성분도 매우 많습니다.

하지만 어느 악기이건 배음이 풍부하게 섞여 있기는 어차피 마찬가지입니다. 그런데도 개별 악기들의 음색이 다른 이유는, 크기, 구조, 음이 나는 방식과 연주하는 방식에 따라 개별 배음들의 크기 분포가 다르기 때문입니다. 이 때문에 그림 2-2와 2-14처럼 눈으로 보이는 파형이 달라 보이지요. 음색은 클래식에서 결코 가볍게 다룰 수 없는 매우 중요한 수단이라, 악기군에 따른 음색 변화 수단을 간단히 짚어 보겠습니다.

악기의 음색에 대해 잊지 말아야 할 점이라면, <u>개별 악기의 음역별로 음색도 달라진다는 것</u>입니다. 가령 플루트가 중앙 C음(middle C) 부근의 낮은 옥타브를 낼 때와 가장 높은 옥타브에 있을 때는 음의 '힘'이 완전히 다릅니다. 심지어 매우 넓은 음역에서 상당히 균일한 소리를 내는 피아노조차도 가장 낮은 옥타브와 맨 위 두 옥타브에서는 음색이 매우 다릅니다. 작곡가들과 연주가들은 이 특성을 아주 효과적으로 구사합니다.

현악기

오케스트라에서 보는 바이올린계 현악기들은 공통점이 많죠. 줄
이 4개, 5도 간격의 피타고라스 조율, 줄 밑의 상당히 큰 울림통,
활로 소리를 내는 것이 공통점입니다.[24]

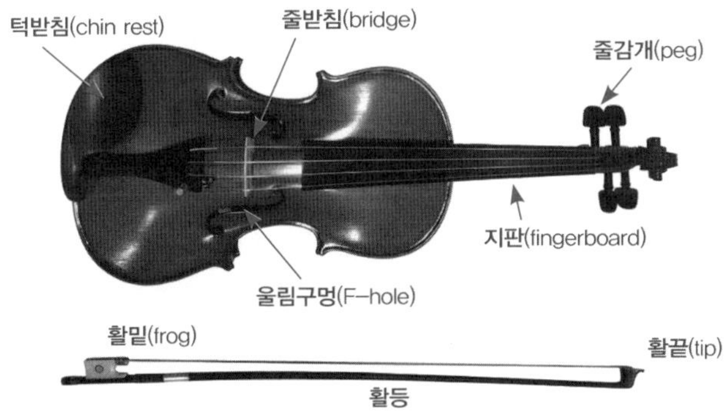

그림 2-15. 바이올린과 활; 현대 바이올린 기준. (바이올린과
활 모두 저자 촬영)

이들이 음색을 바꿀 때 일상적으로 쓸 수 있는 수단 중 제일 쉬

---

24   더블 베이스(double bass, 콘트라베이스라고도 하죠)가 좀 예외인데, 조율이 4도 조현이
     고, 요즘은 줄이 5개인 것도 많이 쓰입니다. 하지만 기본 연주 방식은 첼로(cello)와 거의
     같습니다.

운 것은 **활을 켜는 위치를 바꾸는 것**입니다. 통상적으로 줄을 켜는 곳은 f자 모양의 울림 구멍(f-hole)의 맨 꼭대기 부근과 손가락을 짚는 지판(fingerboard)의 끝 사이입니다. 그런데 다른 곳을 켜면 소리가 상당히 바뀝니다. 활은 줄을 지속적으로 켜 기본음을 내지만, 활이 닿는 위치가 그림 2-3에서 고차 배진동의 마디로도 작용합니다. 따라서 줄받침(bridge) 쪽으로 활을 옮기면, 마디 길이가 짧은 고차 배음 성분이 더 늘어납니다. 지판 쪽으로 옮기면 그 반대로 기본음에 가까운 배음 성분이 많이 나오지요. 전자는 술 폰티첼로(sul ponticello), 후자는 술 타스토(sul tasto)라 부릅니다. 양편 다 활을 켜는 위치가 울림구멍에서 멀어지기 때문에, 음량을 키우면 그다지 소리가 좋지 않습니다.

술 폰티첼로의 좋은 예는 베토벤 현악 4중주곡 14번 C#단조 op.131의 5악장입니다. 이 동영상에서, 29:58부터 악장 끝까지 소리와 함께 활이 움직이는 위치를 보십시오. 술 타스토는 상당히 부드러운 소리로 바뀌는데, 드뷔시(Debussy) 「목신의 오후 전주곡 (Prélude à l'après-midi d'un faune)」 L.87a[25] 맨 처음의 유명한 플루트 독주가 아주 부드러운 현의 반주를 동반할 때는 드뷔시 자신이 거의 반드시 술 타스토를 지시했습니다.(1:03부터, 7:23부터 배경의 현)[26]

25 　드뷔시의 작품 번호 L은 음악학자 프랑수아 르쉬르(François Lesure)가 정리했고, 2001년의 2판을 사용하겠습니다. 1판 번호는 2판과 좀 다르고, 이 「목신의 오후」(관현악판)는 86a입니다.

26 　악보에는 'sur la touche'(on the fingerboard)라 불어로 지시되어 있습니다. 링크 영상에서는 이 부분에서 거의 플루트에 초점을 맞추기 때문에 잘 안 보입니다.

활을 쓰는 위치를 옮기지 않아도 쉽게 음색을 바꿀 수 있는 수
단은 <u>약음기</u>(mute)입니다. 줄받침에 살짝 끼워서, 현의 진동이 바
이올린 몸체로 전달되는 것을 줄입니다. 얇은 베일 뒤에서 소리를
듣는 느낌이랄까요. 전형적인 예는 모차르트 교향곡 41번 C장조
K.551「주피터(Jupiter)」2악장의 첫 부분입니다(줄받침에 검은 조각 같은
것이 붙어 있는 것을 확인하세요).

현의 약음기

활을 쓰지만 음색이 극단적으로 바뀌는 예는 <u>콜 레뇨</u>(col legno)
가 있습니다. 활등으로 현을 때리기 때문에, 매우 건조하고 희미한
소리가 들립니다. 가장 잘 알려진 사례는 베를리오즈(Berlioz)「환상
교향곡(Symphonie Fantastique)」op.14의 5악장 끝 무렵입니다(52:57부터).

콜 레뇨

활을 쓰지 않으면 당연히 음색이 크게 바뀝니다. 손가락으로 팅
기는 기법을 <u>피치카토</u>(pizzicato)라 부르는데, 콜 레뇨보다 상당히 더
큰 음량도 낼 수 있습니다. 가장 인기 있는 사례는 아마 요한 슈트
라우스 2세(J. Strauss Jr.)와 그의 동생 요제프(Josef)가 합작한「피치카
토 폴카(Pizzicato polka)」op.449일 것입니다.

피치카토 폴카

이 피치카토에도 기법이 여럿인데, 뉘앙스를 다양하게 개발한 사
람이 버르토크입니다. 특히 금속성이 두드러지는 기법은 '스냅(snap)
피치카토'인데, 줄을 지판 반대로 당겨 팅겨서 줄이 되돌아가며 지
판에 부딪히게 만듭니다. 그의 현악 4중주곡 4번 Sz.91 4악장의 연
주 영상에서 다양한 피치카토 음향을 들을 수 있습니다.

스냅 피치카토

그 외에 <u>왼손 피치카토</u>가 있는데, 둘째나 셋째 손가락으로 음

왼손 피치카토

을 잡고 넷째나 다섯째 손가락으로 튕깁니다. 튕기는 장소가 통상의 오른손 피치카토보다 훨씬 줄감개에 가깝기 때문에 음색이 약간 다릅니다. 사라사테(Sarasate)의 「지고이네르바이젠(Zigeunerweisen)」op.20과 라벨(Ravel)의 「치간느(Tzigane)」M.76이 유명하며, 전자를 들어 보시겠습니다(영상을 보면 분명히 오른손으로 활을 잡고 있는데도 피치카토 음이 들립니다. 왼손으로 튕겼다는 말입니다).

음색을 크게 바꿀 수 있는 방법이 하나 더 있는데, 바로 **하모닉스**(harmonics)입니다.

화성 배음렬의 원어 'harmonic series'와 같다고요? 네, 현악기 또는 관악기에서 말하는 n차 배음 맞습니다. 관악기에서는 입술로 배음을 골라내는 것이 음을 높이는 '정상적인' 선택인 반면, 현악기에서는 줄 길이를 줄여 기본음 높이를 높인다고 이미 언급했습니다. 그러면 현악기에서는 어떻게 배음만 들리게 할까요?

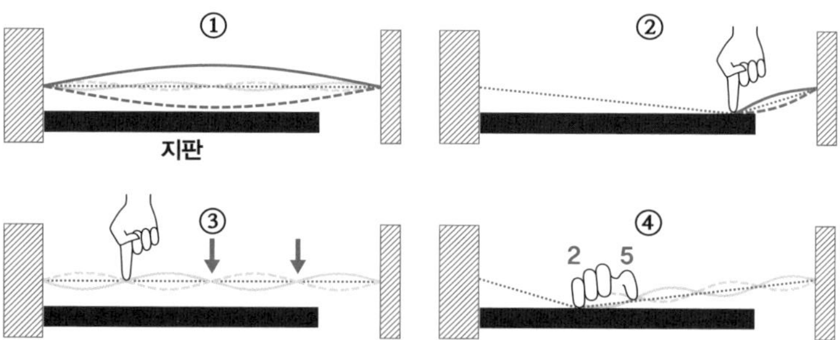

그림 2-16. 현악기의 하모닉스: 자연 하모닉스와 인공 하모닉스의 차이

클래식의 클래식

현악기가 소리를 내는 방법을 찬찬히 짚어 봅시다. 그림 2-16은 바이올린계 현악기의 지판과 줄을 묘사한 것입니다.

① 줄을 손으로 누르지 않은 '개방현(open string)'의 울림. 기본음 진동이 가장 크고, 4차 배음은 작게 숨어 있습니다(2차 배음은 생략했습니다). 활로 켜면 사실상 기본음만 들립니다.

② 2옥타브 위의 음을 내는 통상의 방법은, 줄 길이의 $1/4(=1/2^2)$이 되는 곳을 (꽉) 누르고 그 오른편을 활로 켜면 됩니다. 기본음을 2옥타브 위로 올린 것입니다.

③ 개방현에서 2옥타브 위의 배음을 분리하려면, 줄 길이의 1/4이 되는 곳에 손가락을 **살짝** 대고 통상의 위치에서 활을 켜면 됩니다. 그러면 기본음 진동이 힘들어지고 4차 배음이 우세하게 됩니다.

이 그림에서 마디는 화살표 두 군데에 더 있는데, 1/4이 되는 마디는 맨 오른쪽 화살표에도 있지요. 그런데 여기는 ②와 다르지 않습니다. 그리고 손 바로 오른쪽 줄 중간은 2차 배음(=옥타브 위)이라 4차 배음을 낸다는 목적에 맞지 않죠.

④ 개방현이 아니라 손가락으로 음을 옮긴 상태에서도 배음을 낼 수 있습니다. 보통 둘째 손가락으로 현을 누르고, 울리는 길이의 1/4이 되는 곳에 새끼손가락을 살짝 댑니다. 그러면 누른 위치의 음보다 2옥타브 위의 배음이 나옵니다.

1/4뿐 아니라 1/2, 1/3, 1/5…도 가능하지만, 1/2과 1/3은 둘째와 새끼 손가락을 벌리는 데 한도가 있어서 개방현 아니면 마음대로 쓰기 어려우며, 1/5은 꽤 까다롭기 때문에 잘 쓰지 않습니다. 꼭 휘파람 부는 듯한 소리가 들리지요.[27]

개방현으로 울리는 배음(③)을 자연 하모닉스(natural harmonics), 그렇지 않으면(④) 인공 하모닉스(artificial harmonics)라 부릅니다. 후자를 들을 수 있는 유명한 사례는 생상스(Saint-Saëns) 바이올린 협주곡 3번 b단조 op.61의 2악장 마지막, 시벨리우스(Sibelius) 바이올린 협주곡 d단조 op.47의 3악장입니다. 후자를 감상해 보시겠습니다.

(33:45부터 독주 음색이 갑자기 바뀝니다. 연주가의 왼손이 나올 때를 주목하셔요)

바이올린 중심으로 소개했지만, 이 기술들은 비올라(viola), 첼로, 더블 베이스에서도 똑같이 사용합니다. 이들은 줄이 더 길기 때문에 피치카토나 하모닉스의 울림이 바이올린보다 좀 더 부드럽습니다.

마지막으로 아주 간단한 방법도 있습니다. 낮은 현에서 높은 음을 연주하는 것입니다. 어떤 음을 낼 때는 보통 그 음에서 가장 가까운 현에서 연주합니다. 그림 2-17의 프로코피예프(Prokofiev) 바이올린 협주곡 2번 3악장의 독주처럼 중앙 C음보다 한 옥타브 위 부근의 선율을 연주하려면 낮은 D와 G의 두 음을 빼면 A현이 가

---

27 술 폰티첼로의 음질이 특이한 이유는 배음 성분이 매우 커지기 때문입니다. 2차 이상의 배음만 들으면 휘파람처럼 들립니다.

그림 2-17. 프로코피예프: 바이올린 협주곡 2번 g단조 op.63, 3악장 129~138마디, 독주

장 적당합니다. 그런데 'sul G'라 써 가장 낮은 G현에서 높은 음을 내도록 지시하면(high position) 음색이 뭔가 묘하게 달라집니다.

G현: high position

이는 가는 줄(높은 음의 현)에서 길이가 긴 상태로 낮은 음을 내는 것과, 굵은 줄(낮은음의 현)에서 길이를 줄여 높은 음을 낼 때 주로 발생하는 배음이 다르기 때문입니다. 길이를 줄이면 전체적으로 기본음에 비해 배음의 상대 강도가 줄어들고, 늘이면 반대가 됩니다. 비슷한 현상이 같은 음을 다른 현악기에서 – 가령 같은 중앙 C음을 바이올린, 비올라, 첼로, 더블 베이스로 – 연주할 때도 음색 차이로 나타나는데, 줄 길이와 굵기뿐 아니라 울림통 크기 등 많은 것이 영향을 줍니다.[28]

현악기 중 바이올린족 다음으로 애호층이 넓은 악기는 기타인

---

28 비올라와 첼로는 팔에 들고 연주해야 하는 등의 음향 외적인 문제로 크기가 정해진 악기라서, 음역에 울림통 크기가 잘 안 맞는 측면이 있습니다. 드보르자크(Dvořák)는 "(첼로는…) 중간 음역은 훌륭하지만, 높은 음역의 음은 코가 막힌 것 같으며, 저음역은 중얼거리는 소리밖에 나지 않는다"고 불평한 일이 있습니다. 이 주된 이유는 울림통 크기가 음역에 비해 너무 작다는 것입니다. 그렇게 생각했던 사람이 그 훌륭한 첼로 협주곡을 썼다는 것이 신기할 정도지요(https://en.wikipedia.org/wiki/Cello_Concerto_(Dvo%C5%99%C3%A1k)#History, 2023년 11월 1일 최종 확인)

데, 제 설명은 활을 쓰는 것 외에는 거의 그대로 기타에도 적용할 수 있습니다. 단 기타에서는 줄을 뜯는 방법이 음색에 중요한데, 픽(pick 또는 plectrum), 손톱, 손가락 끝 중 선택할 수 있지요. 현대의 클래식 기타에서는 대부분 손톱으로 튕기며, 그 정도를 조절하여 음색을 바꿉니다.

관악기

관악기, 특히 목관악기는 현악기에 비해 음색을 크게 변화시키기 어렵습니다. 대신 그룹 전체로 볼 때 플루트, 오보에, 클라리넷, 바순(bassoon)의 음색이 상당히 다르기 때문에 이 단점을 보충한다고 생각할 수 있습니다.

현대 목관악기들은 19세기 중반의 테오발트 뵘(Theobald Böhm)이 정립한 뵘 시스템이 근간입니다. 그의 목표는 12평균율에 맞춰 반음 음정이 완벽하게 나도록 구멍 위치를 옮기고, 손이 안 닿는 위치도 키로 조작 가능하게 만드는 것이었습니다. 단 이전의 '손가락을 누르면 닫힌다'의 동작 방식은 기본적으로 동일합니다. 따라서 전부 다 막으면 관의 길이가 가장 길어지는데, 그림 2-18의 플루트는 그 때 울리는 길이가 대략 67cm입니다. 맨 끝의 구멍을 열면 열린 구멍의 위치에서 공기가 빠져나가고, 그만큼 관의 길이가 짧아지는 셈입니다. 단 구멍은 열리더라도 관이 그곳에서 정말 '뚝 끊

그림 2-18. 플루트: 현대 'B-foot' 모델(오른쪽 끝에 같은 모양의 키가 3개).
맨 왼편의 큰 구멍이 있는 부분이 입술을 대는 마우스피스. 사진 저자 촬영.

어지지'는 않기 때문에, 음색에 약간의 효과를 미칩니다. 그래서 목
관악기의 최저음 두셋 정도는 더 높은 음들과는 음색이 약간 다릅
니다.

플루트와 다른 목관악기 사이의 가장 큰 차는 리드(reed)의 사용
여부입니다. 클라리넷은 하나, 오보에와 바순은 2개입니다. 리드는
입술에 닿은 채 진동하며 관 속의 공기와 공명을 일으킵니다. 플루
트는 리드 대신 그림 2-19처럼 공기를 관에 불어넣을 때 각진 모서
리에 맞고 들어가게 합니다.[29] 클라리넷 마우스피스(mouthpiece)의 열
린 부분은 그림 2-20처럼 리드로 거의 막혀 있기 때문에, 클라리넷
이 그림 2-6의 폐관 진동인 이유를 설명해 줍니다. 이것이 그 특징
적인 낮은 옥타브의 음색에 큰 역할을 합니다.[30]

29 이 방법은 리코더(recorder)에서도 기본적으로 동일합니다. 플루트는 공기가 닿는 곳을
    연주가가 입술로 조정하지만 리코더에서는 그렇게 못 한다는 점만이 다릅니다.

30 클라리넷의 옛 이름을 따 샬뤼모 음역(chalumeau register)이라 부릅니다. 이 음역에서는
    폐관 진동의 특색인 홀수차 배음만 주로 나지만, 높은 음역에서는 짝수차 배음이 매우
    많이 섞이기 때문에 음색이 차이가 나는 것입니다. (D. E. 홀 *Donald. E. Hall*, 「음악을 위
    한 음향학(Musical acoustics)」, 박관우 & 안정모 역, 삼호출판사, 1990, 초판, p.324)

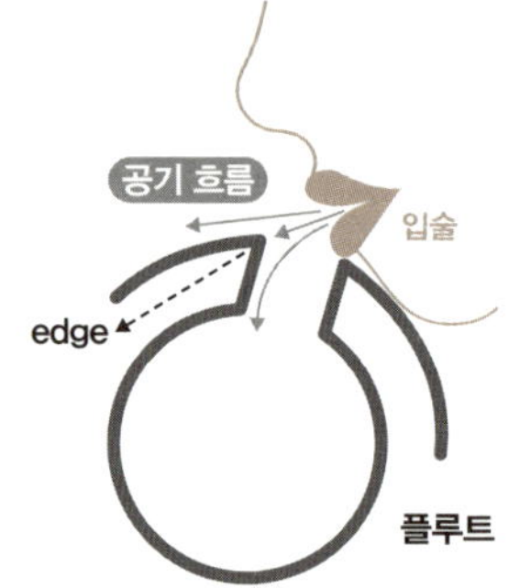

그림 2-19. 플루트의 마우스피스. 입술에서 나온 공기가 반대편의 구멍 가장자리(edge)에 부딪혀 일부는 악기 안으로, 일부는 바깥으로 들어가며, 이 때 생기는 공기의 진동이 악기를 울린다.

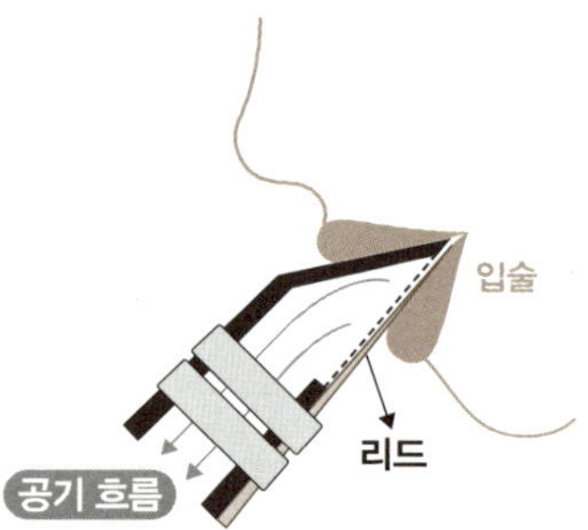

그림 2-20. 클라리넷의 마우스피스. 검게 표시한 부분이 마우스피스고, 거기 리드를 고정시킨다. 입술이 리드에 닿아 있고, 공기는 리드와 마우스피스 사이의 좁은 틈을 통해 악기로 들어가며 리드를 진동시킨다. 이 진동이 관 속의 공기를 울린다.

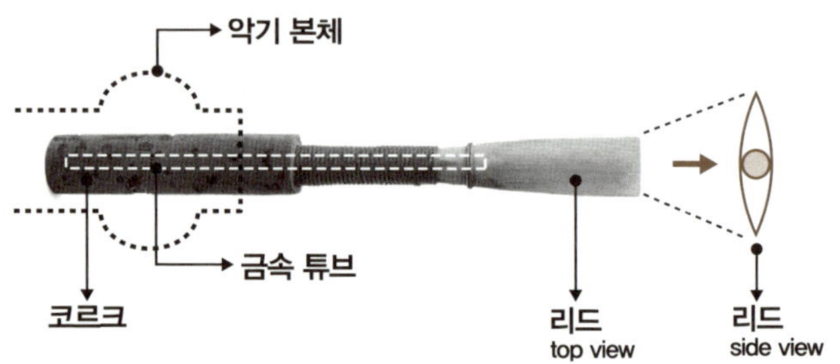

그림 2-21. 오보에의 마우스피스.
리드는 2개이고, 흰 점선으로 표시한 금속 튜브가 속에 박혀 있다. 리드 2개 사이에 금속 튜브가 보인다. 튜브 끝과 리드 끝의 중간 정도를 입술로 물고 연주
(photos: (c) Wikimedia Commons)

오보에의 마우스피스는 그림 2-21처럼 악기의 본체(현대 모델은 검은색)에 연결된 가는 금속 튜브의 앞뒤로 리드가 위치한 모양입니다. 그림 2-21의 굵은 화살표 방향에서 보면, 꼭 사람 눈동자 모양으로 튜브가 보입니다. 이런 방식은 바순도 거의 같은데, 차이라면 오보에와는 달리 금속 튜브가 바깥에서 잘 보이고, 리드가 낮은 음에 걸맞게 더 두텁고 크다는 것이지요.

마우스피스(리드 포함)가 음색 차의 큰 부분이지만, 그 외에도 다음 요인들이 복합적으로 작용합니다.

- **관의 모양:** 현대의 플루트와 클라리넷에서 키가 있는 부분은 반지름이 균일한 원통형입니다. 반면에 오보에와 바순은 원추형으로, 마우스피스에서 끝으로 갈수록 굵어집니다.

- **관과 옆 구멍의 크기:** 현대 표준 모델들 기준으로 구멍이 가장 큰 것은 플루트고, 다음이 클라리넷이며, 가장 작은 것은 오보에입니다. 대체로 관의 지름 순서도 비슷한데, 이에 대한 구멍 크기의 상대 비율도 점차 작아집니다.

- **재질:** 현대 모델에서 플루트는 대개 전체가 금속이라 금관악기 아니냐는 분들도 있을 정도지만, 나머지는 고급 나무 혹은 에보나이트(ebonite) 같은 플라스틱 재질입니다.

- **키:** 그림 2-18의 플루트를 보면 현대 모델들은 뭔가 장치가 복잡하지요. 모두 뵘 시스템이 악기의 정확한 음높이를 확보하려 한 결과입니다. 이들이 악기의 중량을 늘리기 때문에, 울

림에 차이를 가져옵니다.

- **벨**(bell) **모양:** 오보에나 클라리넷은 끝 부분의 직경이 넓게 퍼져 있고, 종 모양이라 벨이라고 부릅니다. 가장 낮은 몇 음의 소리에 상당한 영향을 줍니다.[31]

앞에서도 말했지만, 목관악기는 현악기의 활과 손가락처럼 음색을 다양하게 바꿀 수단이 없습니다. 금관악기에서 가능한 약음기의 사용이 사실상 크게 의미가 없다는 것도 한 몫 하지요. 하지만 한 악기 안에서 음역에 따른 음색의 변화는 매우 분명하기 때문에, 이를 이해할 필요가 있습니다. 이는 목관악기가 대개 3옥타브에 근접하는 상당히 넓은 음역을 내는 방법 때문인데, 대개 가장 낮은 옥타브는 기본음, 그 한 옥타브 위는 2차 배음, 그 위는 3차 이상의 배음을 사용하기 때문입니다. 클라리넷은 특히 음역간 음색 차이가 선명한데, 브람스 클라리넷 5중주곡 b단조 op.115의 1악장 처음에서 단번에 알 수 있고, 낮은 음역과 높은 극단 둘을 다 보려면 2악장이 적절합니다(특히 16:12부터 시작되는 2악장 중간은 클라리넷 음색을 짧은 시간에 익히는 데는 최고입니다. 가장 높은 음은 19:24에 나옵니다).

하나 덧붙인다면, '자매 악기'들은 작곡가들에게 새로운 음색 자원으로서 중요합니다. 플루트보다 한 옥타브 높은 피콜로(piccolo), 오보에보다 5도 낮은 잉글리시 호른(English horn), 클라리넷보다 한

브람스: 클라리넷 5중주곡, 1악장

31　*Ibid.*(바로 앞 각주의 인용서), p.309

　　　　클래식의 클래식

옥타브 낮은 베이스 클라리넷(bass clarinet), 바순보다 한 옥타브 낮은 더블 바순(double bassoon)이 오케스트라의 기본 편성에 들어가 있고, 곡에 따라 E♭클라리넷, 색소폰(saxophone), 알토 플루트(alto flute) 같은 특이한 것이 출연하기도 합니다. E♭클라리넷은 통상의 클라리넷 크기의 3/4밖에 안 되는데, 이 작은 악기가 고음에서 삑삑대는 소리는 잊기 힘듭니다.

자매 악기들을 기본 악기들의 음색과 비교하면, 대체로 더 크게 만든 것은 낮은 음역에서, 작게 만든 것은 높은 음역에서 음질이 만족스럽다고 할 수 있습니다.[32] 가령 피콜로의 가장 낮은 옥타브는 플루트의 중간 옥타브 음역인데, 후자가 상당히 음질이 좋게 들린다는 말입니다. 저에게 자매 악기의 독주로 가장 인상적인 부분은 베를리오즈의 「환상 교향곡」 3악장 처음인데, 여기서도 이 원칙에 따라 잉글리시 호른보다 오보에(무대 뒤에서 연주)가 옥타브 높은 음역에서 연주합니다.

금관악기의 음색은 목관악기보다는 훨씬 균일하지만, 호른(horn)과 다른 악기들은 상당히 다릅니다. 트럼펫(trumpet)과 트롬본은 호른보다 훨씬 힘이 세고 찬란하며, 튜바(tuba)는 좀 부드럽지만 호른보다는 트롬본과 성격이 더 가깝습니다. 호른은 목관악기들보다는 강한 음을 낼 수 있으나, 금관악기들보다는 힘이 달리고 부드

---

32 월터 피스턴(Walter Piston), 「관현악법(Orchestration)」, 7th Ed., 최동선 역, 태림출판사, 1994, p.148

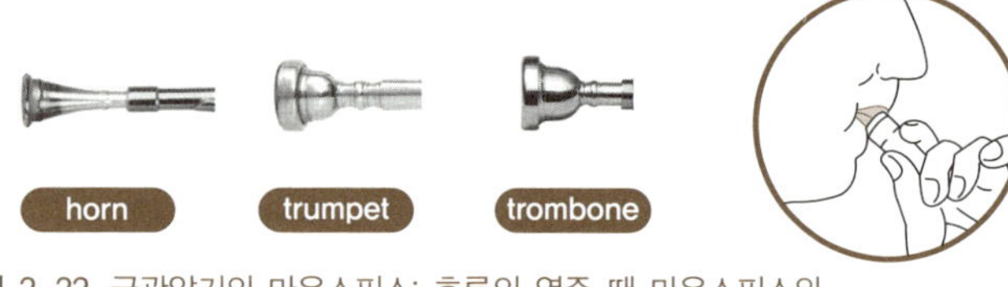

그림 2-22. 금관악기의 마우스피스: 호른의 연주 때 마우스피스와
입술 위치 (photos: ⓒ Wikimedia Commons)

럽게 불면 음색이 목관과 매우 잘 어울리기 때문에 오케스트라 악
보(score)에서는 오히려 목관과 함께 연주하는 경우가 많습니다.

금관악기군의 특징이라 할 찬란하고 쭉 뻗는 소리가 나는 이유
는, **목관악기와는 마우스피스의 방식이 다르고, 구멍이 없는 관
전체를 울리기 때문**입니다.

금관악기의 마우스피스는, 그림 2-22처럼 닿아 있는 입술의 진
동을 관 내의 공기로 전하는 역할을 합니다. 호른의 원추형 마우
스피스는 악기의 반대편 끝 벨 모양의 좌우를 뒤집어 놓은 것처럼
부드럽게 관 본체와 이어지지만, 튜바까지 포함해 다른 셋의 모양
은 컵 모양이며, 이것이 호른보다 강주(*ff*)에서 음이 예리하고 쏘는
것처럼 들리는 큰 이유입니다.[33] 마우스피스의 끝이 입술 바깥에
닿고, 앞니가 뒤에서 힘을 지탱해 줍니다.

관의 길이는 가장 높은 음을 내는 트럼펫이 당연히 가장 짧고,
다음이 호른, 트롬본, 튜바의 순서입니다. 조금 뒤에 설명하겠지만,

---

33 *Ibid.*, p.222

트럼펫은 19세기 중반 밸브를 달기 전에 비해 관의 길이가 반으로 줄었기 때문에 음색도 달라졌습니다. 관의 모양은 튜바가 다른 셋보다 굵으면서 전체적으로 원추형에 더 가까운데, 이 때문에 마우스피스가 컵 모양인데도 트럼펫과 트롬본보다 쏘는 맛이 약한 편입니다. 통상보다 조금 작은 튜바에게 어울리긴 하나, 라벨 편곡의 무소륵스키(Mussorgsky) 「전람회의 그림」 중 '비들로(Bydlo)'가 튜바 음색을 알기에 제격입니다.

현대의 모든 금관악기를 이해하려면 ― 조금 복잡하긴 해도 ― 관 옆의 구멍을 없애면서 그 길이를 자유로이 바꿀 수 있게 해 준 밸브를 설명하지 않을 수 없겠습니다.

금관악기는 마우스피스 끝이 입술로 거의 닫혀 있기 때문에 폐관 진동처럼 보이나, 실제는 개관 진동처럼 거의 모든 배음을 자유롭게 냅니다. 따라서 길이가 정해져 기본음만 고정되면, 그 기준으

그림 2-23. 화성 배음렬: 1번 기본음과, 2, 3차 배음 사이를 주목

로 2, 3, 4… n차 배음을 낼 수 있습니다. 단, 대체로 관의 길이가 짧을수록 기본음과 낮은 배음은 내기 쉬워도 고차 배음을 내기는 힘들고, 길이가 길면 그 반대입니다. 관의 굵기도 영향을 주는데, 가늘면 고차 배음을 낼 때 더 유리하고 낮은 음은 불리합니다. 이 이유들 때문에, 금관악기 중엔 1번 기본음을 낼 수 없는 것이 있습니다.[34] 그렇다면 항상 가능한 것은 대략 2~16차 배음이라고 볼 수 있는데, 처음부터 슬라이드(slide) 방식으로 관의 길이를 마음대로 바꿀 수 있게 만들었던 트롬본을 제외하고, 호른과 트럼펫은 19세기 초까지 연주 중 관의 길이를 재빨리 바꿀 수는 없었습니다.[35] 따라서 연주 가능한 음들이 화성 배음렬에 나타난 음으로 한정되었지요. 호른은 그나마 오른손을 써서 음높이를 어느 정도 조절할 수 있었지만, 트럼펫은 그렇지도 못했습니다. 그래서 고전 시대에는 호른과 트럼펫 파트가 그림 2-24처럼 반음을 내기 위한 임시표가 상당히 적을 수밖에 없었습니다. 이 동영상에 등장하는 호른이 밸브가 없는 '내추럴 호른(natural horn)' 입니다(마찬가지로 밸브가 없는 트럼펫을 내추럴 트럼펫이라 하며, 같은 동영상의 1:59 부근에서 볼 수 있습니다).

내추럴 호른

그림 2-24에서 화성 배음렬에 딱 들어맞지 않거나 애매한 음을 갈색으로 표시했는데(그림 2-23과 비교해 보십시오), 이들은 일반적으로는 입술로 음높이를 조절해야 했습니다. 호른은 나팔 안에 오른손

---

34 호른과 트럼펫은 대체로 안 되고, 트롬본은 많은 경우 가능하며 튜바는 잘 되는 편입니다.

35 튜바는 19세기 중반에야 등장했기 때문에 처음부터 밸브를 갖추고 있었습니다.

클래식의 클래식

그림 2-24. 베토벤: 교향곡 8번 F장조 op.93, 3악장 트리오(45∼49마디). 자연 배음렬을 기반으로 한 호른 악보(F조, 2대)

을 넣고 음높이를 조정할 수 있어서 그나마 처음 A, B음이 안정적으로 되나, 트럼펫에서는 나팔에 손을 넣을 수 없지요. 반음을 자유로이 연주하기가 당시에는 무리였습니다.[36] 물론 목관악기처럼 관에 구멍을 뚫고 막았다 열었다 하면 기본음 높이를 바꿀 수 있습니다만, 앞에서 말했듯이 금관악기 본래의 음색에 손상을 입혔기 때문에 지금은 일부 예외를 빼면 사용하지 않습니다.[37] 요약하여, 금관악기는 연주하는 대부분의 음을 자연 화성 배음렬의 여러 음들 중에서 입술만을 이용해 선택해야 합니다. 연주회에서 틀린 음정을 자주 들을 수 있는 것도 무리가 아닙니다.

---

[36] 바흐의 「브란덴부르크(Brandenburg)」 협주곡 2번 F장조 BWV.1047의 화려한 트럼펫 파트를 궁금해하실 분이 계실 듯해 적습니다. 놀랍게도 자연 화성 배음렬에서 낼 수 없는 음이 하나도 안 나옵니다!

[37] 이 영상 처럼 구멍 있는 모델을 요즘 쓰는 이유는 바흐식으로 연주하기가 너무 어렵기 때문입니다. 하이든의 트럼펫 협주곡 E♭장조 Hob.VIIe:2은 관 옆에 구멍이 뚫린 **키 트럼펫**(keyed trumpet)을 위한 작품이라, 작곡 당시를 재현하려면 사용하는 것이 옳습니다. 곡을 들어 보시면 아주 저음역에서도 반음 진행이 나오는데, 이는 밸브 또는 구멍 없이는 불가능합니다.

내추럴 트럼펫:
구멍 있는 악기

키 트럼펫

이런 연주상의 어려움 외에 연주할 수 있는 음도 한정되었기 때문에, 꼭 감안해야 할 다른 문제도 있습니다. 예를 들어 기본음을 C로 맞춘 호른으로 C장조 음계인 그림 2-24의 악보를 연주하기는 문제가 없으나, E장조인 곡이라면 어떨까요? 아마 C음의 화성 배음렬에 포함된 음들이 거의 등장하지 않을 것이므로, 호른이 거의 쓸모가 없을 것입니다. 그렇다면 호른 연주가는 어느 조에서도 연주할 수 있도록 모든 조의 호른을 연주회장에 휴대해야 했을까요?

물론 작곡가나 연주가들은 E장조에서 호른이나 트럼펫 주자들을 놀리고 싶지 않았습니다. 이 문제의 해결책이 바로 크룩(crook)입니다.

그림 2-25에서 보듯, 크룩은 내추럴 호른과 트럼펫에 바꿔 낄 수 있는 길이가 다른 관입니다. 만약 기본음이 C인 악기에 더 긴

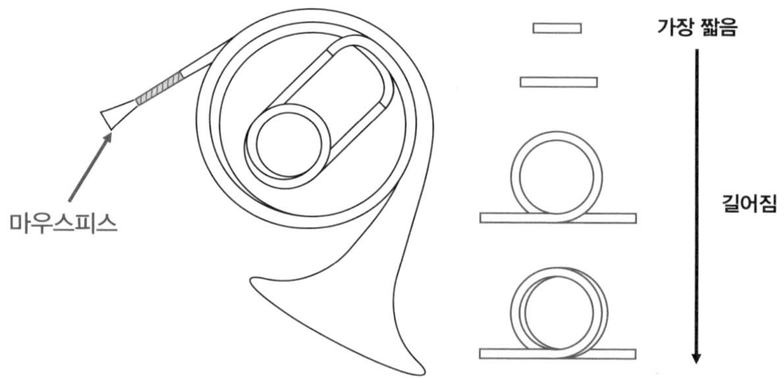

그림 2-25. 내추럴 호른과 크룩(crook). 맨 왼편의 마우스피스 오른쪽에 갈색으로 표시한 부분이 있는데, 이 부분을 빼 오른쪽의 다른 관과 바꿔 끼면 관 전체의 길이를 바꿀 수 있다.

크룩을 갈아 끼우면 기본음이 더 낮아질 것이고, 이런 식으로 다른 크룩들을 선택해 다른 조의 악구를 연주할 수 있게 만든다는 아이디어지요. 크룩을 갈아 끼는 데는 다소 시간이 필요했으므로, 악보에 약간 쉼표를 넣어야 했습니다. 하지만 그리 오래 걸리지는 않았으므로, 곡 중간에 크룩을 바꿔서 조바꿈에 어느 정도 대응할 수도 있었습니다.

호른은 F 크룩이 기본입니다. 그림 2-23의 화성 배음렬을 소리 낼 때 기본음이 C_0가 아니라 더 낮은 F로 소리나게 만든 것입니다. 즉, 이 크룩을 달았을 때 연주가들이 쓰는 악보는 그림 2-24처럼 C장조이지만 실제 소리는 그림 2-26처럼 F장조로 5도 낮게 납니다.

악보에 적힌 음과 실제 나는 음이 다른 셈인데, 이런 악기들을 **조옮김악기**(transposing instrument)라 부릅니다. 부르는 기준은 '기보음 C를 냈을 때 나오는 음이 무엇이냐'입니다. 앞에서 말했듯이 'F조 호른'이면 '이 호른에서 C음을 불면 실제 음은 F가 울린다'는

그림 2-26. 그림 2-24를 F조의 호른으로 연주했을 때 실제 나는 음(실음)

것입니다. 악보를 읽어야 하는 지휘자와 작곡자에게는 매우 귀찮은데도 이 관습이 유지된 이유는, 한 사람이 여러 크기의 악기를 연주할 때 목관악기의 손가락 쓰는 방법(운지법) 또는 금관악기의 배음 선택을 똑같이 유지하면 편하기 때문입니다. 그림 2-24를 연주할 때 F 크룩을 달면 2-26처럼 F장조로, D 크룩을 달면 D장조로 들리겠지만, 연주가가 보는 배음 선택은 양편 모두 2-24로 동일해서, 입술 쓰는 방법이 완전히 똑같습니다. 반면 직접 악보에서 조바꿈을 하면 배음 선택이 달라지기 때문에, 연주가가 오히려 더 귀찮지요.[38] 이 때문에 호른과 트럼펫의 악보는 항상 C조로 조표(key signature)가 하나도 없다가, 낭만파 중기 이후에야 조표가 등장하기 시작합니다.[39]

낭만파까지 사용한 호른의 크룩은 높은(즉 짧은) 것부터 G, F, E, E$^\flat$, D, C(bass), B$^\flat$(bass), A(bass)가 있습니다. C부터는 악보의 음(기보음)보다 1옥타브 이상 낮습니다. 반면 트럼펫은 F, E, E$^\flat$, D, C, B$^\flat$ 등이 쓰였는데, B$^\flat$이 유일하게 기보음보다 낮기 때문에 실제 최고음은 호른보다 상당히 높습니다. 실음 음역은 각각 그림 2-27과 2-28이며, 고전파 시대에는 두 악기 모두 기보음에서 가장 높은 G부터 C음까지 4도의 범위는 꽤 내기 어렵거나 음색이 튀기 때문에

---

38 앞에서는 설명하지 않았지만, 자주 쓰이는 목관악기 중에는 표준보다 약간 더 큰 악기인 B$^\flat$, A조를 선호했던 클라리넷과(색소폰도 마찬가지), 오보에보다 5도 낮은 음을 내면서 운지법이 같은(즉 F조) 잉글리시 호른이 조옮김악기입니다.

39 요즘에는 실제 음으로 모든 악기의 파트를 다 쓰는 작곡가도 있지만, 그 경우에도 연주가가 받는 것은 조옮김된 악보입니다.

    클래식의 클래식

많이 사용하지 않았습니다.[40] 호른의 실제 음이 낮은 쪽으로 치우쳐 있는데, 트럼펫이 높은 음을 맡아 주기 때문에 굳이 높은 음을 낼 필요가 없다는 이유도 있지만, 더 중요한 것은 짧은 크룩을 써서 관 길이가 짧아지면 우리에게 익숙한 부드럽고 따뜻한 음색이 점점 딱딱해진다는 점입니다. 반면 트럼펫은 마우스피스 모양 때문에 기본음뿐 아니라 2차 배음도 불안정해서, 실질적으로 3차 배음 G가 가능한 가장 낮은 음이었습니다.

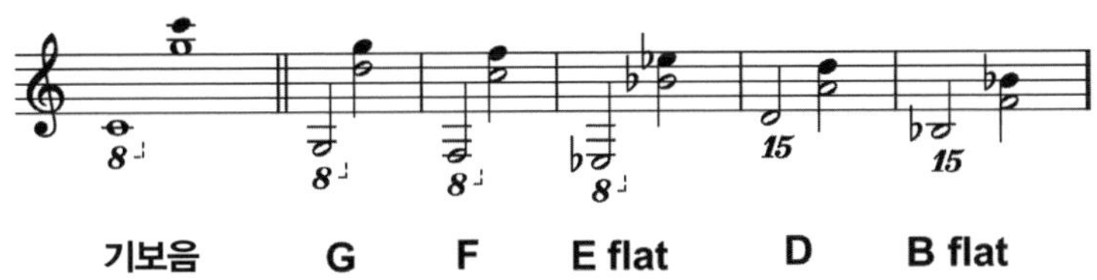

그림 2-27. 내추럴 호른의 음역과 조성별 실음: '15'는 기보음보다 두 옥타브 낮다는 의미.

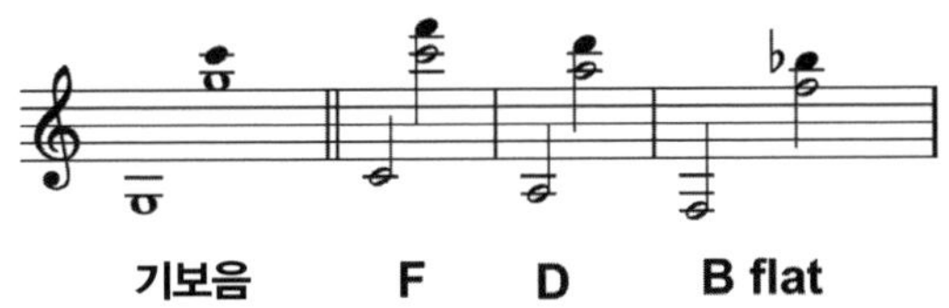

그림 2-28. 내추럴 트럼펫의 음역과 조성별 실제음: 기본음은 그림 2-23의 C_0로 호른과 같으나, 실제 3차 배음 G1부터 낼 수 있다. B♭ 악기를 빼면 기보 음역보다 높다.

---

40 실제 호른의 관현악 악보들을 보면, 조성이 낮을수록 더 높은 음역을 자주 쓰는 것으로 보아 긴 크룩을 끼면 기보음 기준 높은 음역이 쉽게 나왔던 모양입니다.

크룩이 많은 문제를 덜어주었지만, 낭만파 음악의 빠르고 빈번한 조바꿈을 다루기에는 여전히 불편했습니다. 이 문제는 밸브가 등장하면서 완전히 해결됐습니다. 밸브에도 두세 가지 방식이 있습니다만, 여기서는 기능만 설명하겠습니다.

밸브는 관의 우회로를 열어서 관의 길이를 <u>늘이는</u> 장치입니다. 따라서 누르면 음을 낮게 만듭니다. 그림 2-23의 자연 화성 배음렬에서 2차와 3차 배음의 간격은 5도고, 사이는 반음 7개입니다. 즉 이 틈을 채우려면 기본음을 반음 6개 낮출 수 있을 만큼 밸브를 달아야 하고, 이에 필요한 최소 숫자는 3개입니다. 이 밸브는 반음을 낮추는 것, 온음을 낮추는 것, 단 3도(G-E 간격)를 낮추는 것 이렇게 세 개로 구성됩니다.

가령 호른에서 반음 밸브를 눌러 기본음을 반음 낮추면, 그림 2-23의 화성 배음렬 전체가 반음 낮아져 최고음이 B_3으로 되는 것입니다. 온음 밸브를 누르면 마찬가지로 최고음이 $B_3^\flat$이 되겠지요. 셋을 전부 누르면 반음 6개만큼 내려가니 3차 배음 G_1이 $C_1^\sharp$으로 떨어집니다. 밸브를 안 누른 상태에서 2차 배음 C_1을 낼 수 있으니, 결국 2차 배음에서 반음 6개만큼 낮은 $F_0^\sharp$부터 시작하여 그림 2-23의 최고음 C_4까지 완전한 반음계를 얻을 수 있습니다. 현대 호른의 기본은 F조이므로, 기보음에 비해 실음은 5도 낮으며, 밸브를 단 모습 및 음역은 그림 2-29에서 볼 수 있습니다.[41]

---

41 그림 2-29는 현재 전 세계의 표준이라 볼 수 있는 형태로, 오스트리아 빈에서 사용하는 모델인 '빈 호른(Vienna horn)'은 모양이 다릅니다.

그림 2-29. 통상 관현악에서 사용하는 호른(F-B♭조 더블): 밸브가 (작은 원) 네 개인데, 셋은 본문에서 설명한 반음 변화용이고 하나는 F와 B♭조를 순간적으로 교체한다. 세 개의 반음 밸브를 조작할 때는 작은 원 위쪽의 타원형 레버를 그림의 '뒤쪽' 방향으로 누른다. 기보음과 F조의 실음이 오른쪽 악보이다. 실음은 검은 음표로 표시.(photos: ⓒ Wikimedia Commons)

트럼펫은 좀 다릅니다. 현대 호른은 F조 내추럴 호른에 밸브만 달았다고 볼 수 있는 반면에(따라서 음색은 크게 변하지 않았습니다), 현대의 밸브 트럼펫은 내추럴 트럼펫보다 관의 길이가 절반입니다. 따라서 그림 2-23의 화성 배음렬보다 기초음이 옥타브 높습니다. 기초음을 소리내지 못하는 것은 같지만 2차 배음은 잘 낼 수 있지요. 8차 배음 이상은 음색 때문에 오케스트라에서는 거의 사용하지 않습니다. 짧은 관에서 낮은 쪽 배음을 주로 사용하기 때문에 음색이 더 예리합니다. 바흐의 「브란덴부르크」 협주곡 2번 F장조 BWV.1047의 3악장을 내추럴 트럼펫과 현대의 작은 D조 트럼펫으로 연주한 것을 들어 보시겠습니다. 호른과 같은 논리로, 밸브 3개를 달 때 기보음은 F#까지 내려갑니다(그림 2-30). 현대에는 대개

내추럴 트럼펫

현대 트럼펫

그림 2–30. 현대 밸브 트럼펫의 음역과 실제음: 기본음은 그림 2–23의 C1로 호른보다 1옥타브 높고, 소리는 내지 못한다.

C조와 $B^\flat$조 둘이 사용되며, 전자는 기보음과 실음이 같습니다.

밸브 덕에 완전한 반음계를 내면서도 관 옆에 구멍을 뚫을 필요가 없어졌으므로, 금관악기의 음 특성을 그대로 보존할 수 있었습니다. 트롬본은 밸브가 없다는 점이 예외인데, 많은 동영상에서 보이듯이 팔을 밀어 슬라이드를 늘이면 관의 길이가 늘어나 음이 낮아지는 것을 쉽게 이해할 수 있지요.

마지막으로 금관악기의 공통점 중 하나인 벨과, 여기 장착해 음색을 바꿀 수 있는 약음기를 설명하겠습니다.

오보에나 클라리넷과 비교하면 금관악기는 옆 구멍이 없어서 벨 부분의 기능이 좀 다른데, 최대한 넓은 진동수 범위의 소리를 청중에게 들리도록 돕습니다.[42] 확성기 나팔의 모양이 그렇듯이, 벨을

---

42 D. E. 홀, 「음악을 위한 음향학」, 박관우 & 안정모 역, 삼호출판사, 1990, 초판, p.326

　　　　　　　　　　　　　　　클래식의 클래식

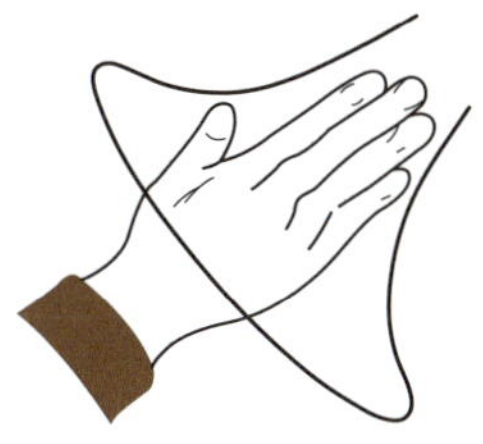

없애면 소리가 청중에게 잘 전달되지 않습니다.

금관악기의 벨은 지름이 급속히 커지기 때문에, 관의 '끝'을 개관 진동에서 설명했던 것처럼 명확히 고정할 수 없습니다. 호른이 오히려 이 점을 최대한으로 활용하는데, 앞에서 두어 번 언급했듯이 연주 중 손을 벨 속에 넣고 이 '끝 부분'을 조정해 음높이를 매우 융통성 있게 조절하기 때문입니다(그림 2-31). 이 기법을 '오른손 스토핑(right hand stopping)'이라 부르는데, 손을 밖으로 빼면 관 길이가 늘어나는 셈이라 음이 낮아지고, 안으로 넣으면 반대로 높아집니다. 다른 금관들은 연주 자세와 구조상 이 방식을 쓸 수 없고 미세 조절은 입술이나 슬라이드로 해야 하지요. 하지만 모두 약음기를 사용할 수 있습니다. 금관의 약음기는 원추형으로 만들어 벨에 끼워 사용합니다.

약음기를 끼고 부드럽게 불면 멀리서 연주하는 것 같은데, 세게 불면 딱딱한 '금속성' 소리가 납니다. 호른은 손으로도 약음기로도 막을 수 있는데, 브람스 「대학 축전 서곡」 op.80에서 손으로 막

은 사례를 들어 보시겠습니다(5:50부터 17초 정도 호른이 선율을 연주하는데, 좀 색다른 소리가 들립니다).

이제 현대 오케스트라의 현과 목관악기들은 기계적인 변화가 거의 다 끝난 듯합니다. 그러나 금관악기들은 아직도 개선하려는 시도가 많습니다. 한 예로, 호른은 2023년 현재 F조와 높은 B♭조를 하나로 합친 더블 호른(double horn)이 오케스트라에서 가장 널리 쓰이는데, 거기에 기보음이 실음보다 4도 높은 F조(소위 'Descant')를 더한 트리플 호른(triple horn)도 있습니다. 20년 뒤에 관현악기들의 설명 중 가장 많이 변할 것은 아마 금관일 것입니다.

타악기

타악기도 악기 별로 음색의 차이가 워낙 크기 때문에, 목관악기처럼 큰 음색의 변화는 다른 악기를 사용해 얻는 편입니다. 하지만 개별 악기에서도 상당한 변화가 가능한데, 가장 큰 요인은 채(mallet)입니다.

아마 오케스트라의 팀파니 주자 옆에 채 여러 개가 줄줄이 걸려 있는 모습을 많이 보셨으리라 생각합니다. 이는 팀파니 주자가 팀파니뿐 아니라 여러 타악기들을 다루기 때문입니다. 그림 2-32에 있는 여러 종류 중 머리가 가장 크고 흰 것은 큰북(bass drum) 용, 가

그림 2-32. 타악기에 사용되는 다양한 채들. 타악기 주자는 대개 여러 악기를 다루기 때문에, 상황에 따라 적절한 것을 고른다. (사진 촬영: 저자, 협찬: 나무악기사 https://blog.naver.com/namuhsax1)

장 아래 줄 맨 왼편 칸에 보이는 단단한 재질은 주로 작은북(side drum 또는 snare drum) 용, 사진에서 식별은 어렵지만 머리가 둥글고 붉은 것은 실로폰(xylophone) 용입니다.[43] 팀파니는 보통 크고 둥근, 솜을 거칠게 살짝 뭉친 듯한 부드러운 채를 사용합니다.

타악기에서 특이한 효과는 다른 악기용 채를 사용할 경우 얻을 수 있습니다. 심벌즈(cymbals)를 사람이 양편을 직접 부딪히지 않고, 받침에 한 쪽을 고정해 놓은 후 작은북의 채로 트레몰로(tremolo)를

---

43 초등학교 교육용 금속 재질의 '실로폰'은 글로켄슈필(glockenspiel)이 올바른 명칭이며, 실로폰은 재질이 나무입니다.

연주하는 사례가 상당히 많습니다.

　오케스트라에서 사용되는 악기들, 특히 (팀파니를 제외한) 타악기의 음색은 19세기 후반이 되기 전에는 작곡가들이 크게 탐구하지 않았습니다. 이 면에서는 베를리오즈와 리스트(Liszt)를 위시한 후기 낭만파 작곡가들의 공적이 매우 크며, 타악기를 처음 필수 요소로 전면에 드러낸 사람을 꼽자면 베를리오즈입니다.「환상 교향곡」3악장 끝 부분의 유명한 팀파니의 천둥 묘사 외에,「레퀴엠(Requiem)」op.5중 ‘투바 미룸(Tuba mirum)’ 중간의 팀파니와 큰북, 공(gong)의 트레몰로는 공포감까지 자아냅니다(금관이 팡파르 거의 끝낼 즈음 등장). 그 외에 곡의 분위기에 맞춰 일반적으로는 쓰이지 않는 타악기를 사용한 사례는 오페라「라인의 황금(Das Rheingold)」WWV.86a에서 모루(anvil)를 깎아서 쓰도록 지정한 바그너입니다. 이 영상에서는 I-빔(I-beam)과 맨홀 뚜껑을 망치로 두드립니다.

　20세기 작곡가들의 세련된 타악기 사용법은 드뷔시와 버르토크의 작품들 외에 브리튼(Britten)의「퍼셀의 주제에 의한 변주곡과 푸가(청소년을 위한 관현악 입문)」op.34가 걸작입니다. 이 곡이 청소년용으로 알려진 것은 곡의 정확한 이해에 방해가 된다 생각하는데, 20세기 중반의 오케스트라 변주곡으로서 필적할 작품이 거의 없기 때문입니다. 이 작품에서 타악기가 소개될 때뿐 아니라, 다른 악기들이 연주할 때도 꾸준히 등장하며, 여기서 간략히 소개한 악기들과 용법을 거의 다 실제 음향으로 들을 수 있습니다.

베를리오즈: 레퀴엠
‘투바 미룸’

바그너: ‘라인의 황금’
– 모루

브리튼「퍼셀의 주제에 의한 변주곡과 푸가」op.34

건반악기

보통 건반악기라면 피아노 외에 쳄발로(cembalo)와 오르간을 포함합니다. 첼레스타는 건반이 있으나 보통 타악기로 취급합니다.

쳄발로와 오르간의 특정 음색을 '스톱(stop)'이라 부릅니다.[44] 파이프 오르간의 수많은 파이프들은 대략 앞에서 설명한 관악기의 진동 방식들을 따르며, 폐관식과 개관식을 모두 사용합니다. 오르간의 음색을 바꾸기 위해서는 연주대 옆 손잡이 모양의 버튼들을 누르는데[45] 바로 이것이 울리는 파이프 종류를 달리하는 – 즉 스톱을 바꾸는 동작이죠. 쳄발로는 대개 건반의 한 쪽 끝에 스톱 버튼이 있고, 연주가가 직접 바꾸는 수가 많습니다. 바흐 「이탈리아 협주곡(Italienisches Konzert)」 F장조 BWV.971의 총주(tutti)와 솔로의 음량 변화 효과는 스톱을 바꿔 얻습니다(57초 부근을 보십시오).

바흐: 이탈리아 협주곡
– 총주와 솔로

피아노에는 손으로 바꾸는 스톱은 없습니다. 그렇다고 연주가가 바로 음색을 바꿀 수 없을까요? 전혀 그렇지 않습니다. 오히려 너무 익숙하기 때문에, 음색을 연주가가 얼마나 바꿀 수 있는지 망각하기 쉽습니다. 여기에는 손가락 터치(touch)도 매우 중요하나, 그에 못지 않게 페달이 핵심입니다.

44　많은 오르간에는 플루트 소리를 흉내낸 음색이 나는 파이프들이 있습니다. 이것을 '플루트 스톱'이라 부르는 식입니다.

45　스톱 노브(stop knob)라 합니다. 오래 전에 만든 오르간들은 대체로 원형 손잡이 모양이고, 최근에는 꼭 피아노의 흰 건반처럼 배열하기도 합니다. 가령 **이 영상**을 보면 후자입니다.

오르간: 스톱 버튼

페달을 '피아노의 영혼'이라고들 하는데, 수긍하시나요? 아마 '페달? 밟으면 소리가 계속 울리는 것뿐인데 뭐가 그리 음색에 중요하지?'라 생각할 수 있습니다. 하지만 익숙하다 해서 반드시 충분히 잘 안다는 말은 아닙니다. 일반적 연주회 무대에서 볼 가능성이 높은 그랜드와 가정용 주류인 업라이트 기준으로 볼 때, 다음 세 가지가 음악적으로 필요했다고 가정해 봅시다.[46]

- 소리를 크게 냈다가 갑자기 줄이는, *fp*(포르테피아노) 강약
- 낮은 음역에서 건반 한둘을 누른 채 양손으로 중간과 높은 음역에서 계속 바뀌는 화음을 연주. 단 소리가 탁하지 않아야 함

구체적인 사례로 보면, 그림 2-33 같은 악보를 연주할 때 왼손 베이스의 C음 옥타브를 유지하면서 오른쪽 페달을 여러 번 떼어서 밟을 수 있을지를 묻는 것입니다. 물론 피아노에서 C음을 다시 치지 않으면 시간이 어느 정도 지나서 소리가 거의 없어지지만, 그와는 별개로 건반을 '눌러 놓을 수' 있는지가 포인트이지요.

동영상으로는 오른쪽 참고. 맨 아래 갈색 선이 통상의 오른편 페달 지시입니다. 이렇게 하면 오른손 화음에 맞춰 페달을 밟을 수

드뷔시: '가라앉은 성당'

---

46 현재 가정용 '디지털 피아노'라 불리는 모델들(가령 HDC-영창의 RG120)을 보면, 페달은 업라이트보다 오히려 그랜드 피아노와 훨씬 비슷합니다.

클래식의 클래식

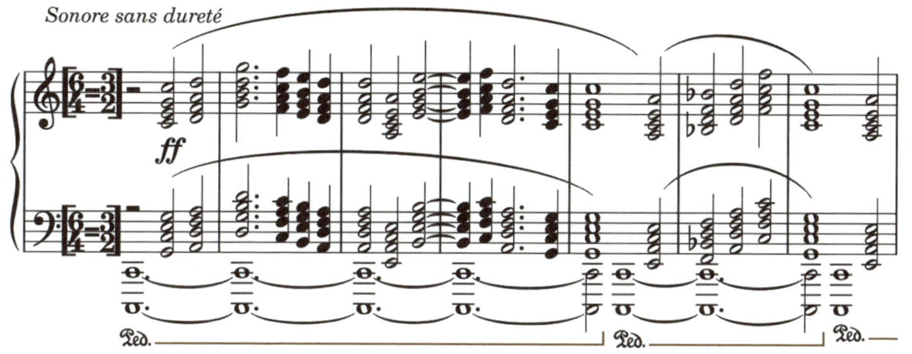

그림 2-33. 드뷔시: '가라앉은 성당(La cathédrale engloutie)'(「전주곡집」 1권 L.125, 10번), 28~34마디.

없지요.

■ 한 화음을 연주한 후 손을 떼지 않고 점점 크게(crescendo: ◁) 하기

셋이 다 불가능하다 생각하기 쉽습니다만, 실제는 **모두 페달을 써서 가능**하고, 첫째와 셋째는 심지어 업라이트에서도 됩니다. 둘째는 페달이 세 개 있는 그랜드 피아노에서만 됩니다.

■ *fp* 강약: 베토벤 피아노 소나타 8번 c단조 op.13「비창」의 첫 화음이 울리는 방식을 주목해 주십시오. 화음을 울리고 손을 건반에서 떼며, 오른쪽 페달을 뗐다 다시 밟아 재빨리 소리를

베토벤: 피아노 소나타
8번 1악장

줄이는 것입니다.

- 보통의 그랜드 피아노에서는 아주 쉽습니다. 왼손의 C음 옥타브를 누르고 있는 동안 오른쪽 페달을 뗀 다음 가운데 페달을 밟고, 다음엔 통상처럼 자유롭게 오른편 페달을 밟아 양손의 화음들을 연결하면 됩니다.

- 아주 큰 크레센도는 불가능하지만, 오른편 페달을 떼고 화음을 누른 직후 천천히 밟으면 약간 음량이 증가합니다. 넓은 장소에서는 의미가 없지만 작은 공간에서는 가능하죠.

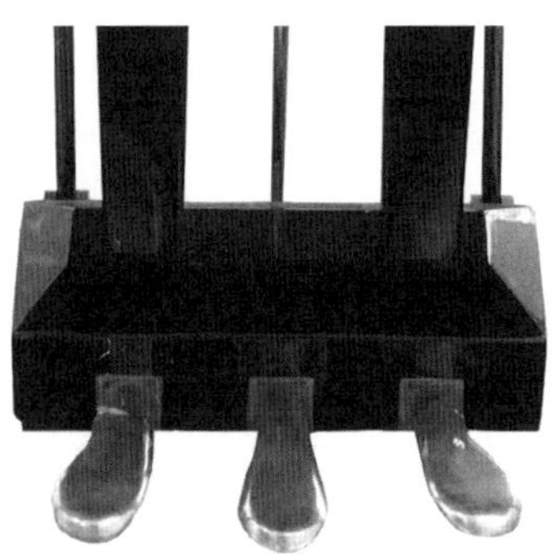

그림 2-34. 스타인웨이(Steinway) 모델 그랜드 피아노의 페달. 3개인데, 오른쪽부터 댐퍼 페달, 소스테누토 페달, 맨 왼쪽이 우나 코르다 페달. (사진 촬영: 저자, 협찬: 나무악기사 https://blog.naver.com/namuhsax1)

클래식의 클래식

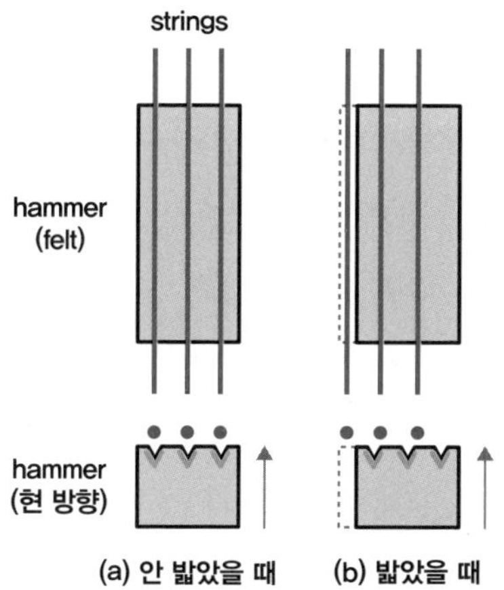

그림 2-35. 그랜드 피아노의 우나 코르다 페달의 동작; 화살표가 해머가 현을 때리는 방향이다. 해머가 반복해 현을 때리면 그 부분의 펠트(felt)가 패여서 현에 안 닿을 때도 움푹 들어가 있으며 더 딱딱해진다(황토색으로 칠한 부분). 우나 코르다 페달을 밟으면, 오른쪽 그림처럼 해머가 오른편으로 이동하여 **펠트가 부드러운 부분**이 현을 때린다.

그림 2-34에서 보듯이, 스타인웨이(Steinway)의 그랜드 피아노 모델들, 그리고 그에 따라 제작한 대부분의 그랜드 피아노들은 페달이 3개입니다.[47] 맨 오른쪽은 음을 멈추는 댐퍼(damper)를 올리기 때문에 '댐퍼 페달'이라 불리고, 업라이트의 맨 오른쪽 페달과 기능이 같습니다. 아마추어들이 통상 사용하는 페달이지요. 하지만 나머지 둘은 업라이트와는 기능과 동작 방식이 다릅니다. 맨 왼쪽은 역사적 이유로 '우나 코르다(una corda) 페달'이라 불리며, 그림 2-35

47　아직도 일부 유럽 모델들은 둘만 있기도 합니다. 그 경우 가운데 페달이 없습니다.

처럼 건반 전체를 이동시켜 해머의 부드러운 부분이 현을 치게 만듭니다.[48] 결과적으로 소리가 좀 약해지고 부드러워지지요. 가운데 페달은 보통 '소스테누토 페달(sostenuto pedal)'이라 불리며, 밟는 순간 댐퍼가 '충분히 올라가 있던' 건반만 댐퍼를 든 채로 유지하지만 나머지 건반에는 아무 효과도 미치지 못합니다. 예를 들면 중앙 C를 누른 상태에서 (그 다음) 가운데 페달을 밟은 채로 유지하면, 이 음에서 손을 떼고 다른 음을 아무리 연주해도 중앙 C음이 계속 울리고 있습니다. 이 때문에 그림 2-33에 대한 설명처럼 오른편 페달을 미리 뗀 후 밟아야, 다른 음들이 울리는 것을 피해 베이스의 C 옥타브만 소리를 유지시킬 수 있지요.[49]

반면 업라이트에서는 가운데 페달이 줄과 해머 사이에 펠트 천을 끼워 소리를 아주 많이 줄이며, 왼쪽 페달은 해머를 줄 쪽으로 접근시켜서 역시 소리를 줄이는 역할을 합니다. 오히려 가운데 페달이 음색 변화에서 그나마 그랜드 피아노의 왼쪽 페달과 약간 비슷하고, 왼쪽 페달은 그랜드 피아노에서는 아예 해당 기능이 없지요. 아마추어들이 대부분 그랜드 피아노의 소스테누토 페달을 상

---

48 현대 피아노에서는 대개 한 음에 현이 셋까지 있기 때문에, 그림 2-35처럼 세 현에서는 두 현만 때리게 됩니다. 한 현은 불가능하죠. 19세기 중반 정도까지는 una corda(영어로는 'one string')의 의미처럼 진짜 한 줄만 치게 만들 수 있었습니다(물론 건반을 움직이는 도중 두 줄 *due corde* 도 가능했습니다). 베토벤의 피아노 소나타 29번 B♭장조 op.106, 통칭 「하머클라비어(Hammerklavier)」의 3악장에서 이들 지시 기호를 볼 수 있습니다.

49 소스테누토 페달의 움직임을 직접 보시려면 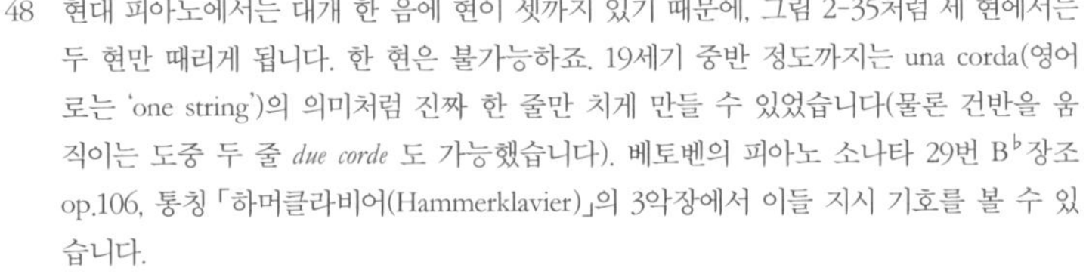 이 동영상이 좋습니다.

소스테누토 페달의 동작

상하지 못하는 것도 당연합니다.

댐퍼 페달은 누르지 않은 현도 배음에 공명하여 울리게 하기 때문에, 세 번째 문제처럼 소리를 약간 크게 만듭니다. 하지만 더 중요한 기능은 **손가락만으로는 불가능한 음들을 레가토**(legato)**로 연주할 수 있다는 것과 음색을 다르게 만드는 것**입니다. 한 예를 들면, 댐퍼 페달을 밟은 경우와 그렇지 않은 경우 스타카토(staccato)를 연주할 때 음색이 미묘하게 다릅니다. 그리고 음색 변화에서 중요한 점은, 건반을 울리는(touch) 순간과 페달을 밟는 시점을 다르게 하면 소리에도 역시 변화가 있다는 것입니다. 터치를 좀 빨리 할 수도 있고, 페달을 좀 일찍 밟을 수도 있습니다. 훈련된 피아니스트들은 이 둘을 다르게 취급합니다.

그랜드 피아노의 소스테누토 페달이나 업라이트 피아노의 왼쪽 페달은 음색을 바꾸지는 않습니다. 하지만 그랜드 피아노의 우나 코르다 페달이나, 업라이트의 가운데 페달은 다릅니다. 업라이트에서는 오히려 소리가 부드럽다 못해 너무 흐려졌다 생각할 수도 있죠. 반면 우나 코르다는 좀 더 미묘하지만, 확실히 부드러운 인상은 잘 들립니다.

제가 말로 하는 것보다 역사상 최고의 피아니스트 중 하나였던 블라디미르 호로비츠(Vladimir Horowitz)가 내는 매우 다채로운 음색을 들어 보시는 편이 좋겠습니다. 매우 부드럽고 희미한 음향에서부터 피아노 전체가 터져 나가는 듯한 포르티시모까지 다 들을 수 있지요. 동시대 대다수의 피아니스트들조차 그의 다이내믹과 음색

호로비츠의
피아노 음향

모두를 부러워했습니다(1:09~2:30 정도에서 우나 코르다를 밟았다 뗐다 합니다. 소리가 확연히 변하지요).

악보_{sheet music}와 그 재현

클래식을 들으려면, 연주가가 악보를 따라 악기로 음을 재현하는 과정을 거쳐야 들을 수 있습니다. 즉 **기록된 악보, 사용하는 악기, 연주가가 연주하는 방법**('연주법')**이 모두 중요**합니다. 여기서 어느 하나만 변해도, 듣는 입장에서는 상당히 다르다 느낄 수 있기 때문입니다.

우리가 듣는 음악은, 이 장의 앞에서 살펴본 음에 대한 사항들 외에 악보의 측면도 매우 중요합니다. 악보가 필요 없는 즉흥 연주(improvisation)가 현대에 완전히 없어지지는 않았으나, 대다수의 연주가들은 바로크와 고전파 시대만큼 자유롭게 하지는 못합니다.

21세기도 20년 이상 지난 지금, 거의 200년 이상 전에 살았던 베토벤이나 심지어 1,000년 이상 전의 그레고리오 성가도 들을 수 있는데, 이는 순전히 악보가 전해지는 덕입니다. 귀도 다레초(Guido

그림 2-36. 12세기의 네우마 기보법 (Sch ø yen collection – MS 207, 12th century: photos: ⓒ Wikimedia Commons)

d'Arezzo)가[50] 보표에 음을 적어 넣는 기보법이 음악을 훨씬 쉽게 익히게 해 준다고 주장한 이래[51], 지금까지 서양음악의 전통은 악보로 곡을 남기는 것입니다. 하지만 초기의 악보는 외관이 지금과 매우 다릅니다. 그림 2-36은 가장 초기의 기보법인 네우마(neume)입니다.

현대 악보와는 5선이 아니라 4선이라는 차이도 쉽게 보이지만, 더 중요한 점은 음의 높이는 있어도 길이가 명확하지 않다는 것입니다.[52] 이렇게 세부가 불명확해도 큰 문제가 안 됐던 이유는, 주로 교회에 상주하는 사람들이 연주하며 암묵적으로 세부를 전승할

50 우리에게 익숙한 계명 '도레미파솔라시'의 기본 개념을 창안한 사람이기도 합니다.

51 D. J. 그라우트, C. V. 팔리스카, & J. P. 버크홀더, 「서양음악사」, 7th ed., W. W. Norton & Company, 2006; 민은기 외(번역), 이앤비플러스, 2013(3쇄), 상권 p.70

52 이보다 더 초기엔 4선이나 높이 표기가 없는 것도 있습니다.

그림 2-37. 클라우디오 메룰로(Claudio Merulo)의 4성 칸촌(Canzon) 「La Bovia」의 1592
년 초판과 현대 판본(Bärenreiter, 1954)(from IMSLP)

수 있었기 때문입니다.

　하지만 구전으로만 100% 제대로 전달한다는 것은 불가능합니다. 13세기부터 이 문제를 감안한 표기가 나오기 시작하고, 아르스 노바 시대인 14세기에는 음표의 길이에 대해 5종류의 표기가 사용됩니다. 17세기 부근에야 가장 긴 음표 둘이 없어지고[53] 짧은 음표 셋과 마디줄이 추가되어 오늘날의 악보과 거의 같아집니다. 그림 2-37은 1592년 발간된 악보인데, 조표, 음자리표(clef), 박자 기호, 음표의 꼬리 등이 현재와 거의 비슷합니다. 음표 머리가 다이아몬드 모양에서 타원형으로 바뀐 것만 다를 뿐입니다.

53　현대의 온음표는 두 번째로 긴 음표입니다만, 이름이 'semibreve'인 것도 이 때문입니다.

악보 자체도 시간에 따라 이렇게 변했으니, 16세기 이전의 악보를 현대판으로 제대로 옮길 수 있을지 의문을 갖는 것은 당연합니다. 그레고리오 성가는 심지어 10세기 부근까지 거슬러 올라가기도 한다는데, 그림 2-36에서 음높이를 표시하는 선도 제대로 안 나와 있다면 제대로 재현하기는 매우 어려울 수밖에 없지요.

심지어 현대 악보라고 해도, 연주의 세부는 잘 표기하지 않습니다.

> ... 악보라 하는 것은 작곡가의 의도를 대충 암시하는 데 불과합니다. 스코어(score)에 적혀 있는 지시는 모두 상대적입니다. 가령 포르테는 몇 데시벨의 음량에 상당할까요?... 디미누엔도(점점 여리게 *diminuendo*)는 어떠한 음량의 경과를 거쳐야 하는지... 이러한 질문에 대해서 악보가 주는 대답은 불충분하기만 합니다.
>
> 헤르베르트 폰 카라얀 (Herbert von Karajan)[54]

현대 악보에서 음악을 100% 정확하게 재현하지 못하는 이유 중 하나는 작곡가가 악보를 적을 때 당시의 관례에 의거했다는 이유도 있습니다.

말러는 실제 소리가 나는 대로 악구(passage)를 표시한 첫 작곡가다:

---

54 로베르트 C. 바흐만(Robert C. Bachmann), 「음악의 황제 카라얀(Karajan, Anmerkungen zu einer Karriere)」, Econ Verlag, 1983. 반광식 역, 월간 오디오, 2판, 1990, p.380

[오케스트라의] 총주에서 작곡가가 모든 악기에 *ff*로 적으면 그들은 그렇게 연주할 것이고, 결과는 공포스러울 것이다. 그 경우 트롬본과 트럼펫만 들릴 것이다... 말러는 "그러면 안 된다. 나는 거기서 트럼펫에는 *f*나 *mf*로, 두드러져야 하는 클라리넷에는 *ff*로 적겠다"라 하기 시작했다. 이것이 말러의 스코어가 보이는 방식이다.

빌헬름 푸르트뱅글러 (Wilhelm Furtwängler)[55]

즉, 말러 이전의 작곡가들은 금관악기가 전체를 압도할 줄 알면서도 총주에서 그냥 모든 악기에 *ff*로 적는 일이 많았다는 말입니다.[56] 연주가가 자신이라면, 아니 적어도 현장에 작곡가가 있기만 해도 문제가 없었습니다. 그러나 현대에는 대체로 그렇지 않지요.

이렇게 관례 혹은 연주가의 지식에 맡기는 경우는 생각보다 많은데, 바로크 시대의 숫자 저음(figured bass)이 대표적입니다. 그림 2-38은 텔레만(Telemann)의 자필 악보인데, 베이스 악보에 숫자가 뚜렷이 보이지요. 이는 주로 숫자 저음을 담당한 쳄발로 주자에게 베이스 근음(根音 *root*. 이 악보에서는 A#와 G#)에서 5도와 6도 위의 음을 넣어서 연주하라는 지시이고, 나머지는 연주가의 자율에 맡깁니다.

---

55 「음악에 대하여」, 베를린 음악대학(Berlin Hochschule für Musik. 2023년 현재 '베를린 한스 아이슬러 음악대학 *Hochschule für Musik Hanns Eisler Berlin*') 학생과 대담(1950 & 51), DG 2740 260(LP: 존 쿰즈 *John Coombs* 영역) (성음 LP, SEL-RG 911: 라이너 노트)

56 앞에서 설명했듯이 트럼펫은 밸브를 달기 전에는 소리가 덜 예리했습니다. 하지만 그 뒤의 작곡가인 브루크너나 드보르자크 등도 총주에 거의 전부 *ff*로 표시해 놓긴 마찬가지였습니다.

그림 2-38. 텔레만; 「충실한 음악의 스승」 중 레슨 11(Lection 11)의 트리오 소나타 (TWV.42:C1) 첫 악장(Grave)의 초판. (IMSLP) 숫자에 주목.

플루트의 음색 변화

악기들도 시간에 따라 변해 왔습니다. 음높이와 조율에 대해 시대에 따른 변화를 이미 언급했지요. 음색 측면에서는 앞에서 금관악기의 밸브 시스템에 대해 말했듯이, 트럼펫이 가장 많이 변했습니다. 목관악기에서는 플루트가 특히 음색 변화가 심합니다. 악기의 재질이 금속으로 바뀌었고 관 옆 구멍의 크기가 커졌으며, 악기의 내경 전체가 원통형으로 바뀌었습니다.[57] (여기서 임시표 붙은 음들은 음색의 차이가 생길 수 있다는 점이 키 없는 악기의 특징임을 주목해야 합니다.)

그러면 현악기는 변화가 없었을까요? 절대 그렇지 않습니다. 몸체 자체에 생긴 변화만 해도 상당합니다. 그림 2-39는 주로 19세기에 일어난 변화를 보여 주는데, 주로 더 큰 음량을 얻으며 높은

---

57 뵘이 현대 플루트를 사실상 거의 결정짓기 전에는 내경이 원추형이었습니다. 재미있는 것은 오보에 또는 바순과는 반대로, 끝으로 갈수록 좁아지는 형태였다는 것입니다.

    클래식의 클래식

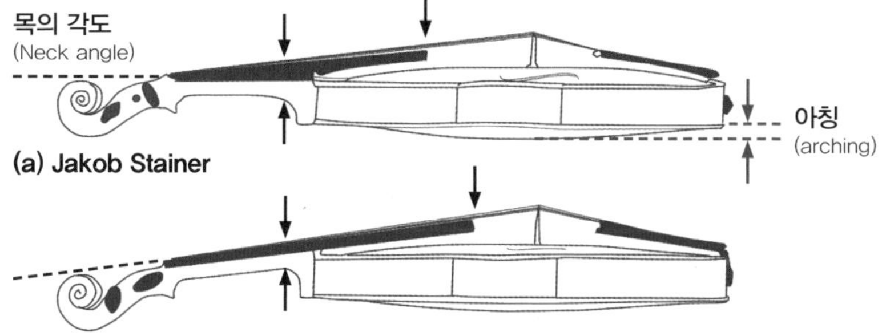

그림 2-39. 17세기의 야코프 슈타이너 바이올린과, 현대식으로 조정된 안토니오 스트라디 바리우스의 바이올린[58]

음역의 연주를 쉽게 하려는 결과입니다.

- **목의 각도:** 원래 바이올린 몸체와 수평이다가, 그림 2-39 (b) 처럼 뒤쪽으로 기울어졌습니다. 목이 바이올린과 맞닿는 곳 (왼쪽 화살표 부분)을 보면 (b)가 확실히 더 얇은데, 그래야 고음 을 연주할 때 줄받침 쪽으로 손가락을 더 멀리 뻗기 편하기 때문입니다.

- **지판:** (a)처럼 목이 수평인데 현과 각도를 맞추려면, 두께가 몸체 쪽으로 갈수록 점점 두꺼워져야 했습니다(쐐기 모양). 그러 다 목과 각도를 맞추기 위해 두께가 일정하게 변하면서, 고음 까지 받쳐 주도록 (b)처럼 더 길어졌습니다(오른쪽 화살표).

---

58 토비 페이버(Toby Faber), 「스트라디바리우스(Stradivarius)」, 강대은 역, 생각의 나무 刊, p.172의 사진을 바탕으로 드로잉(저자 페이버 씨의 친절한 허락에 감사드립니다)

- **몸체의 곡면:** 바깥으로 불룩하게 만드는 것이 '아칭(arching)'입니다. 스트라디바리우스는 그림 2-39에서 보듯 원래 아칭이 작은 편이었고, 이는 음향의 힘을 염두에 둔 변형이라고 합니다.[59] 현대 제작 바이올린의 태반은 스트라디바리우스의 중기 및 후기 작품이 원형입니다.

첼로는 바이올린보다 더 큰 변화를 겪었는데, 현재 사용되는 스트라디바리우스의 첼로는 대부분 몸체가 제작 당시보다 작게 개조되었습니다. 앞에서 설명했듯이 16~17세기의 기악 음높이가 지금보다 상당히 낮았기 때문에, 음높이가 올라간 데 맞춰 울림통의 크기를 줄여야 했기 때문입니다.[60]

몸체를 건드리지 않는 변화들도 있습니다. 바이올린과 비올라에 턱받침(chin rest)이 생겼고, 첼로에 엔드핀(endpin)을 도입해 바닥에 고정시키자 무릎으로 잡고 있어야 할 필요가 없어졌습니다.[61] 가장 중요한 것은 활인데, 몸통과 같은 방향으로 더 높은 음높이와 더 큰 음량에 맞춰 더 큰 장력과 마찰력을 버틸 수 있도록 재질과

59　*Ibid.,* p.173

60　현대 첼로의 표준 몸체 길이는 75cm인데, 당시는 76~80cm에 이릅니다. (source; http://blog.feinviolins.com/2016/11/cellos-are-big-they-used-to-be-bigger.html. 2023년 11월 8일 최종 확인. https://medium.com/stanford-magazine/computer-science-professor-makes-modern-day-proportioned-version-of-stradivarius-cristiani-cello-374c05d58a6e 에서도 확인할 수 있습니다. 같은 날 최종 확인)

61　엔드핀은 음향에는 무관하나, 활놀림 및 본체의 울림 면에서 음색에 영향을 줍니다.

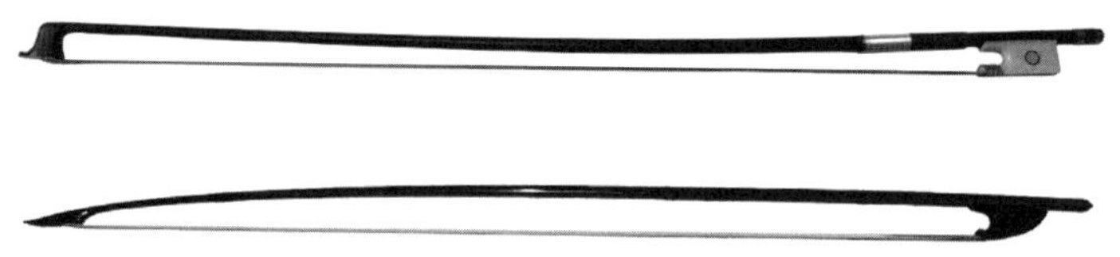

그림 2-40. 활의 현대 디자인(위: 저자 촬영)과 17세기 디자인(photos: ⓒ Wikimedia Commons).

디자인이 바뀌었습니다. 그림 2-40이 현대의 '투르트(Tourte) 디자인' 과 17세기의 '뾰족 활'의 모습입니다. 현대 활은 활밑(frog)에 나사가 부착되어 장력을 조정하기도 더 쉽고, 활등이 현을 문지르는 털 쪽 으로 휘어졌고, 털의 폭이 더 넓으며, 긴 레가토를 위해 켜는 방향 을 자주 바꾸지 않아도 되도록 더 길게 진화했습니다. 전반적으로 현악기는 몸체보다 오히려 활의 모양이 훨씬 더 많이 변했지요.

건반악기, 특히 피아노의 변화도 매우 큽니다. 발명된 이후부터 '옛날 피아노', 통칭 포르테피아노(fortepiano)가 지금의 모습으로 어 느 정도 정착하기까지는 여러 가지 모색의 과정을 거쳤습니다. 기 본적으로 피아노가 쳄발로와 클라비코드(clavichord)라는 음량이 크 지 않은 악기에서 출발했기 때문에, 19세기 중반부터 나타난 대중 을 위한 큰 연주회장에 적응하는 데는 시간이 좀 걸렸던 것입니다. 현대 연주회에 사용되는 피아노는 현의 큰 장력을 버티기 위해 현 을 고정하는 기본 틀(frame)의 재질이 금속인데, 이것은 리스트의 시대에야 등장했습니다. 앞에서 설명한 소스테누토 페달도 역시 19세기 중반에야 나타났으며, 그 뒤의 작곡가이지만 드뷔시와 라벨이 쓴 피아노에는 아예 없었습니다.

18세기에서 19세기 초까지 베토벤이나 슈베르트(Schubert)가 쓰던 피아노는 여러 면에서 우리가 아는 20세기 후반 이후의 것과는 다르고, 음색도 더 다양했습니다. 근래에는 초기의 피아노를 전문으로 하면서 국내에 정주하는 연주가들도 많으며, 직접 복원을 하시는 분도 있을 정도로 기반이 많이 넓어졌습니다. 이 소개는 옛 피아노 연주가 최현영 씨의 동영상으로 대신하겠습니다.

최현영 씨의 동영상

연주 방법은 – 보통 '**주법**(奏法)'이라 합니다 – 연주하는 음악 못지않게 악기와 밀접하며, 악기가 변하면 그에 맞춰 연주 방식도 달라지게 마련입니다.

피아노를 예로 들면, 현대로 오면서 큰 힘을 건반에 걸 수 있도록 팔 및 상반신의 중량을 이용하는 방법이 보편적으로 퍼졌습니다. 이전처럼 손가락만 써서는 도저히 수천 석의 콘서트 홀에 적정한 큰 음량을 낼 수 없었기 때문입니다. 물론 오케스트라도 음량이 더 커졌으니, 협주곡에서도 겨룰 만한 음량을 내야 한다는 이유도 있었지요. 그리고 현을 울리면 소리가 더 오래 가기 때문에, 음들을 끊어지지 않게 손가락으로 잇는 레가토 주법과 페달링 방법이 나타났습니다. 그림 2-33의 양손 화음을 끊기지 않게 하려면, 그림 2-41처럼 건반을 누른(타건) **직후**에 오른쪽 페달을 빨리 바꾸

그림 2-41. 피아노의 레가토 페달 사용법; 맨 오른쪽 페달을 건반을 누른(타건) **뒤**에 바꾼다.

면 가장 손쉽습니다. 너무 늦게 바꾸면 앞 화음의 소리가 섞이기 때문에 곤란하지요. 그런데 현대 피아노 페달링의 기본이라 할 이 **'싱코페이티드 페달링**(syncopated pedaling)'도 1862년에야 처음 기록에 등장하며, 그것도 1875년 리스트가 편지에서 격찬하기 전에는 유명 작곡가 중 누구도 언급하지 않았다고 합니다.[62] 문자 그대로 해석하면, 하이든(Haydn)에서 슈만(Schumann)과 쇼팽(Chopin)까지 모든 작곡가들은 이 방법을 모른 채 피아노 레퍼토리들을 작곡했다는 말입니다. 물론 그들 나름의 방법으로 레가토를 얻어 내기는 했겠습니다만….

현악기와 관악기에서 공통으로 나타난 눈에 잘 띄는 중요한 주

---

62 조셉 바노웨츠(Joseph Banowetz), 「페달링의 원리(The pianist's guide to pedaling)」, 노영해 역, 음악춘추사 刊, 1st ed., 1991, p.179~180.

법의 변화는 <u>비브라토(vibrato)</u>입니다. 비브라토는 한 음을 지속하면서 음높이 혹은 크기를 보통 초당 1회에서 수회 정도로 늘였다 줄였다 하는 것입니다. 현악기는 손가락을 흔들어서 음높이를 바꾸기 용이하지만, 관악기는 음높이를 바꾸기는 그리 쉽지 않기 때문에 숨을 불어넣는 양을 조절해 음량만을 바꾸며, 아예 쓰지 않는 연주가도 많습니다. [63]

바로크에서 고전파 시대까지는 이 주법이 거의 특수한 효과로만 사용되었다고 간주하기 때문에, 근래의 바로크 음악 연주에서 소위 '시대 악기(period instrument)'를 쓰는 경우 비브라토를 거의 들을 수 없습니다. 고전 시대에서 낭만 시대로 갈수록 대체로 늘리는 편이지요. 하지만 낭만 시대라 해도 당시 모든 연주가들이 비브라토를 적극적으로 사용했다고 보기는 어렵습니다. 브람스와 뗄 수 없는 명 바이올리니스트 요제프 요아힘(Joseph Joachim: 1831~1907)의 1903년 녹음은 비브라토가 매우 적거나 거의 없다고 볼 수밖에 없습니다.

비브라토에 대해서는 아직까지도 논의가 있는데, 독일과 오스트리아 지역 오케스트라들의 78회전 시기 녹음에서 현재보다 비브라토가 더 적었는지 큰 논란이 벌어지기도 했습니다.[64] 확실한 점만 적자면, 19세기 후반부터 음악 경력을 시작한 지휘자들이 – 일

요아힘;
비브라토가 거의 없음

---

63 제임스 골웨이(James Galway) ,「플루트(Flute)」, 최원영 역, 예음, 1st ed., 1991, p.119

64 https://en.wikipedia.org/wiki/Vibrato#Vibrato_wars 참고(2023년 6월 30일 최종 확인)

부는 현악 주자로 음악을 시작 – 이 경향을 적극적으로 억제하지는 않았으며, 1920년대 말 전기 녹음이 시작되던 때 현악 주자들이 많은 독주나 실내악의 녹음에서 명백히 비브라토를 상당히 연속적으로 사용한다는 것입니다. 따라서 20세기 벽두에 분위기가 어느 편이었건, 대략 20~30년 내에 연속적인 비브라토는 – 적어도 소편성 연주에서는 – 거의 자리가 잡혔다고 판단할 수 있습니다.[65]

재미있는 것은 성악입니다. 원래 관현악기에 비브라토가 도입된 이유가 성악의 모방이었듯이, 훨씬 오래 전부터 비브라토가 쓰이고 있었다는 증거가 있습니다. 1925년 전기 녹음이 나타나기 전에는 바이올린 등 기악 악기보다 성악이 더 많이 녹음되었는데, 이들 중엔 비브라토가 현재보다 훨씬 빠른 녹음이 많습니다.[66] 근래 우리가 듣는 정도로 비브라토의 속도가 느려진 분기점은 엔리코 카루소(Enrico Caruso)를 위시한 1910년대라 할 수 있습니다.[67] 그 이후

빠른 성악 비브라토

엔리코 카루소

프리츠 크라이슬러

자크 티보

파블로 카잘스

뤼시앙 카페

칼 플레쉬

엘가 / 런던 심포니

---

65 좀 출생이 빠른 세대만 언급하겠습니다. 프리츠 크라이슬러 (Fritz Kreisler; 1875년생. 1926년 녹음), 자크 티보(Jacques Thibaud; 1880년생. 1929년), 파블로 카잘스(Pablo Casals; 1876년생. 1930년), 뤼시앙 카페(Lucien Capet; 1873년생. 1928년), 칼 플레쉬(Carl Flesch; 1873년생. 1936년). 정도의 차만 있다 뿐이지, 요아힘 정도로 잘 안 쓰는 사람은 하나도 없습니다. 저는 이들이 교육을 받은 1880~90년대 중반 정도까지는 상당수의 교사들이 연속적인 비브라토를 채택했거나, 적어도 연주 현장에서는 통용되고 있었을 가능성이 크다고 추측합니다.
영상도 참고해 볼 수 있는데, 1931년 에드워드 엘가(Edward Elgar)가 런던 심포니 오케스트라를 지휘한 현악기 섹션 연주 모습은 오늘날과 구분할 수 없습니다.

66 네이버 고전음악 동호회 「슈만과 클라라」 정기 감상회, '20세기 전반 클래식 음악 녹음의 세계', 2019년 6월 16일, 진행 석지훈. (https://cafe.naver.com/gosnc/100033, 2023년 9월 9일 최종 확인)

67 이 녹음의 스타일은 음높이가 다른 두 음 사이를 미끄러뜨리는 포르타멘토

전기 녹음 초기의 성악 음반들은 대개 현대와 크게 위화감이 없습니다. 현대의 가수들은 대개 우리가 직접 세어 볼 수 있을 정도로 비브라토가 느리지요(1958년).

　요약하여, 재현의 3요소라 할 것은 악보, 악기, 주법입니다. 현재 우리가 듣는 고전음악 레퍼토리는 대개 1600년대에서 1970년대까지 작곡되었고, 핵심은 1700~1950년입니다. 그런데 악보는 원래 불완전하고, 악기는 19세기에 들어와서야 지금의 모양을 갖추었고, 주법은 적어도 1900년 부근에야 현재의 스타일로 정착했습니다. 따라서, 20세기 중반까지 생존한 작곡가가 아니라면, 아마 현대 연주회장에서 자신의 음악을 들을 때 의문을 갖지 않을 사람은 별로 없을 것입니다. 좀 오래 전 사람이라면 일단 첫 음을 듣자마자 음높이가 안 맞는다고 고래고래 소리를 지를지도 모릅니다.

　악보를 '정확하게 재현'한다는 것이 얼마나 어려운지를 간접 체험하셨을 것입니다. 단 이것이 반드시 나쁘기만 하진 않습니다. 같은 악보에서 재현 가능한 방법이 여럿이고 그 중 하나를 꼭 선택해야 할 이유는 없다는 말도 되기 때문입니다. 현재 우리가 보는 실황 연주나 음반들은 연주가가 자신의 지식과 경험을 기반으로 그 중 한 가지 가능성을 고른 결과입니다. 20세기의 일부 음악을 빼고는, 같은 악보에서 여러 다양한 결과가 나올 수 있습니다.

(portamento)가 좀 많은 외에는 그다지 낯설지 않습니다.

1. 이 책에서는 어느 두 음이 잘 어울린다는 현상이 두 음의 진동수 비율을 간단한 정수로 나타낼 수 있는지 여부와 관련이 깊다고 설명했습니다. 옥타브는 2배, G-C의 5도는 3/2, E-C의 3도는 5/4 였지요. 그런데 고대 그리스 시기 5도가 3/2임을 발견한 후 3도가 어울린다는 것을 발견하기까지는 적어도 1,000년 이상 걸렸습니다. 그 동안 사람의 귀가 달라지지도 않았고 음악이 없어지지도 않았는데, 왜 이렇게 오래 걸렸을까 설명하기가 쉽지 않습니다.

   만약 진동수 비율이 '어울림'의 전부가 아니라면, 다른 요소가 있을까요?[68] 실제 현대의 감상자들은 12평균율에 익숙하기 때문에, E-C의 3도를 들을 때 진동수 면에서 훨씬 완벽한 순정률에 비해 크게 안 어울린다고 느끼지는 않는다고 합니다.[69]

2. 그림 2-33에서 링크한 유튜브 영상을 좀 더 들어 보시면, 오른손이 화음으로 진행하는 상태에서 왼손 C 옥타브 저음을 자주 울립니다. 이것이 어떤 타악기를 연상시키나요? 참고로 이 장의 본문에서 언급했고, 브리튼의 「퍼셀의 주제에 의한 변주곡과 푸가」에서 자주 인상적으로 나옵니다.

3. 작곡된 시대의 악보 해석 관습, 악기의 상태, 주법을 충실히 지키

---

68 이석원, 「음악음향학」, 심설당, 2014, 5th ed., 11장 '협화음과 불협화음'을 참고하시기 바랍니다. 이 책의 저자는 진동수 비율이 결정적이라는 전통적 이론에 회의적입니다.

69 *Ibid.*, 10장, p.287.

는 사조를 대개 '역사주의 연주(historically informed performance)' 또는 '시대 악기 연주(period instrument performance)'라 부릅니다. 현재 바로크 작품의 연주에는 이 편이 주류라 볼 수 있으며, 고전파 이후까지 점차 영향을 넓히고 있습니다. 바흐 바이올린 소나타 3번 E장조 BWV.1016의 현대 악기와 시대 악기 연주를 비교해 보시지요.

그런데 여기 예외가 있습니다. 바로 성악입니다. 19세기 오페라는 현대 오페라 극장 레퍼토리의 중심입니다. 앞에서 주로 19세기에 활동한 성악가들이 20세기 초반에 녹음한 성악 스타일을 간단히 언급했는데, 현재 '전면적으로 당시로 돌아가자'고 주장하는 성악가는 아직 보지 못한 듯합니다. 기악은 '그 당시의 오리지널로!'란 구호가 큰 흐름을 만들었고 상당히 성공했는데, 성악 쪽은 유달리 그렇지 않은 이유가 무엇일까요?

세 가지 요소

'음악의 3요소를 적어라'

중고등학교에서 시험 때 나올 만한, 그다지 좋지 못한(?!) 기억을 환기시키는 문장입니다.

저는 '음악의 아버지=바흐'같은 오래된 – 그리고 틀린 – 도식을 좋아하지 않습니다만, 이 책에서 주로 다루는 범위의 음악에서는 '3요소'라 말해도 타당합니다.[1] 이 셋 중 하나라도 없는 곡은 없다시피 하고, 곡의 진행에서 핵심적인 역할을 하니까요.

1　그러면 대략 1700~1950년의 음악에서 벗어나면 이 셋 중의 최소 하나가 없는 고전음악이 있을까요? **네**. 20세기 중반 이후 온갖 실험적 시도가 쏟아져 나오는데, 그 중에 있습니다. 솔직히 개인적으로 그다지 관심은 없고, 프로 음악가들이 이런 시도들에 회의적 입장을 취하는 경우도 상당히 봤습니다.

리듬 rhythm

I장에서 개념을 소개할 때 "적어도 둘 이상의 음이 있어야 하나의 리듬이라 인식할 수 있다. 이는 구별되어 들리는 음들 사이의 길이 비율이 리듬을 인식하는 데 기본이기 때문"이라 설명했습니다. 소리가 들리는 '음'만 적었지만, **실제 리듬은 음이 없는 쉼표까지 넣어서 인식합니다.** 그림 1-4의 「작은 별」 선율에서, 리듬을 바꾸는 기본적인 의미를 이해하는 데는 크게 어려움이 없으셨을 줄 믿습니다. 여기서 규칙적으로 들리는 구분을 강조하면 박자(meter)인데, 리듬과 관계가 매우 깊지만 동일하지는 않습니다. 이것은 조금 뒤에 확인하고, 우선 개별 음표 및 쉼표의 길이들을 정확히 연주해야 하는 이유부터 설명하겠습니다.

사실 학창 시절에 배운 음표의 의미 정도만 기억하시면, 20세기까지의 어떤 악보를 봐도 음표의 리듬을 이해하는 데는 전혀 문제가 없습니다. 그림 3-1처럼 온음표의 2배의 길이인 겹온음표(breve)

그림 3-1. 쉼표와 음표의 길이 규칙. 같은 박자에서 첫 마디의 음표 대비 둘째 마디의 음표 길이는 절반이고, 박자가 바뀔 때마다 음표의 길이가 반씩 줄어든다. 8분음표 이후는 꼬리를 연결한 모습을 보기 위해 마디를 셋씩 넣었다.

에서 시작해 온음표, 2, 4, 8, 16분음표까지 길이가 차례로 1/2씩 줄고, 꼬리를 더 추가한 32, 64분음표도 똑같으니까요. 여기서 더 알아야 할 규칙은 음표나 쉼표에 점을 붙이면(부점) 길이가 1/2만큼 더 늘어난다는 것과(그러니 점 둘이면 1/2의 1/2인 1/4만큼 더 늘어남) 셋잇단음표를 포함한 잇단음표(숫자를 엿장수 맘대로 나눌 수 있음) 정도밖에 없습니다. 아, 마디 전체를 쉴 때는 박자에 관계없이 온쉼표를 쓴다는 것도 있었나요?

그런데 제 경험으로는, 고전음악을 전공하지 않은 분들은 연주에서 상대 음높이 판단은 상당히 정확하나, 시간이 관계된 사항들을 – 리듬과 템포입니다 – 예민하게 잘 알아차리지 못하는 경향이 있습니다. 리듬에서는 가장 흔한 사례가 부점음표를 제대로 다루지 못하는 것입니다. 의미는 모두 알고 있을 텐데, 비전공자가 연주할 때는 가끔 리듬이 정확하지 않더군요. 그림 3-2에서 3-4는 제가 직접 경험한 것들입니다.

그림 3-2는 슈베르트 피아노 5중주곡 「송어」의 1악장, 147~150마디의 현 부분을 큰 보표로 압축한 것입니다. 바이올린을 제외한 세 악기의 음표 길이는 3:1을 반복해야 합니다. 피아노 소리지만, 제대로 연주할 때의 리듬을 들어 보시지요.

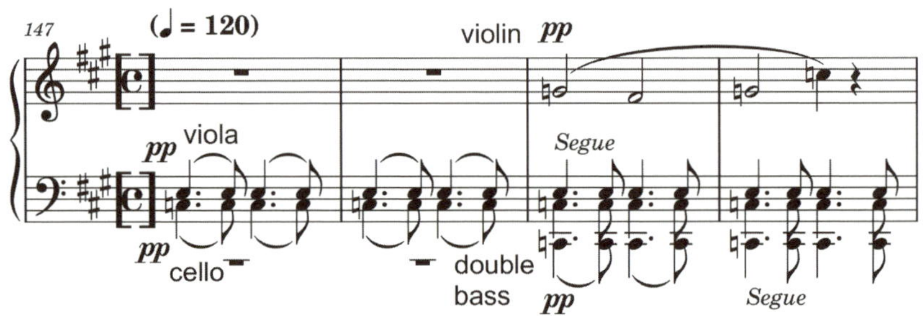

그림 3-2. 슈베르트: 피아노 5중주곡 A장조 D.667 「송어 i ¹」, 1악장 147~150마디. 큰 보표로 압축

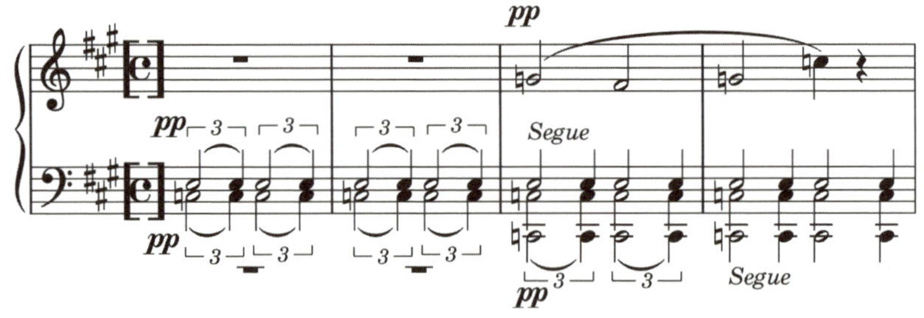

그림 3-3. 슈베르트: 피아노 5중주곡 D.667, 1악장 147~150마디의 리듬이 잘못된 연주

클래식의 클래식

제가 들은 연주 하나에서는 세 악기가 3:1이 아니라 2:1을 반복했습니다. 즉 그림 3-3으로 들렸습니다.

일반적으로 리듬을 더 날카롭게 연주하면 음악에 생기를 불어넣어 줄 때가 많습니다. 만약 3:1이 아니라 1:1로, 즉 전부 4분음표로 연주하면 저 부분이 어떻게 들리겠습니까?

역시 아마추어가 연주한 슈베르트의 피아노 3중주곡 1번 1악장에서 같은 문제를 들은 기억이 납니다. 이 악장의 많은 부분에서는 셋잇단음표와 부점음표 (그리고 8, 16분음표들)가 그림 3-4에 수직으로 그은 갈색 화살표처럼 엇갈리고, 이것이 리듬을 듣는 상당한 재미입니다. 여기서는 차이가 과장됐는데, 실제 양쪽의 시간 차이는 1/12 박이라 상당히 작습니다. 하지만 주의 깊게 들으면 충분히 알아차릴 수 있지요.

그림 3-4. 슈베르트 피아노 3중주곡 1번 B♭장조 D.898, 1악장 12~13마디.

이 엇갈림이 리듬에 얼마나 활력을 주는지는 명백합니다. 연주 하나는 리듬을 좀 많이 강조했다는 느낌이 들 정도지요. 템포를 빨리하면 차이가 적어지므로 구분하기도 더 어렵지만, 이 연주의 1:40 이후를 들으면 확실하게 부점을 살립니다. 이 부점을 셋잇단 음표와 차이 없이 연주하면… 좀 안타깝습니다.

두 사례를 들었는데, (저 같은) 아마추어의 서툰 연주를 비난하려 는 의도가 전혀 아닙니다. 귀찮고 지루해도 악기의 기본 연습곡들 을 연주하는 이유는, 연주할 때 필요한 기술을 쌓으려는 목적 아 닌가요? 저는 **악보에 나온 음들을 다 연주하려 기술을 연마하는 데 노력하는 것만큼이나, 음의 길이와 템포라는 시간 요소에도 신경을 써야 한다**고 주장하는 것입니다. 이는 감상만 할 때도 마 찬가지입니다.

감상자가 시간 요소들에 신경을 안 쓸 때 생기는 문제는, 프로 들이 하는 미묘한 표현을 놓칠 수 있다는 것입니다. 템포는 다음 장에서 자세히 살펴보니까, 여기서는 리듬만 확인해 보겠습니다.

알기 쉽게 선율만 옮겼습니다. 그림 3-5의 첫 예는 바흐의 건반 악기 작품입니다. 조금 귀찮은 것은 꾸밈음인데, 일단 무시하셔도 아무 상관이 없습니다. 프로그램으로 음악 파일을 만들면 정확히 악보에 있는 대로만 소리가 나오기 때문에 음반이나 영상의 연주 와 비교하기 좋습니다. 연주들이 대개 템포가 느리기 때문에, ♩=40 부근으로 잡으시면 비슷합니다.

그림 3-5. 바흐: 파르티타 1번 B♭장조 BWV.825 중 사라방드(Sarabande), 첫 열두 마디의 선율

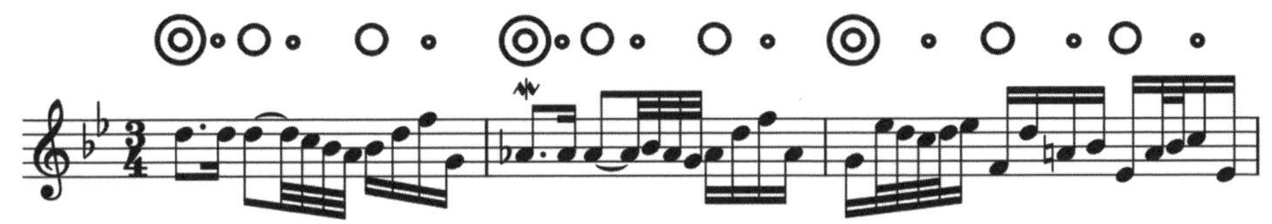

그림 3-6. 바흐: 파르티타 1번, 사라방드, 첫 세 마디의 선율. 박자 추가.

리듬 감각을 연습해 보실 분께서는 그림 3-6에 보이는 것처럼 – 꾸밈음은 제외해도 상관이 없으니 – 박자를 미리 세어 보시면 큰 도움이 됩니다. 이 곡은 편한 점 하나가 더 있는데, 4분음표로

바흐 파르티타 I,
사라방드: 컴퓨터

사라방드: 굴드

사라방드: 리파티

사라방드; 우르겔 레예스

베토벤 피아노 협주곡
3번 2악장: 컴퓨터

2악장: 조성진

2악장: 켐프

세 박이기 때문에 음표 꼬리가 끊어진 부분이 한 박자라는 것입니다. 곁원이 첫 박(down beat)이고, 중간 크기의 원이 둘째와 셋째 박, 제일 작은 원은 반 박입니다. 앞에서 '규칙적으로 들리는 구분을 강조하면 박자'라 한 것을 확인할 수 있습니다.

실제 컴퓨터의 '고지식한' 결과가 직접 생각하셨던 것과 비슷한가요? 이 곡을 처음 들으시는 분께는 상당히 연습이 되었을 것입니다.

컴퓨터 파일을 여러 번 들어서 리듬이 몸에 익으시면, 다음에 프로들이 연주하는 것과 비교해 보실 수 있습니다. 글렌 굴드(Glenn Gould), 디누 리파티 (Dinu Lipatti), 가브리엘 우르겔 레예스 (Gabriel Urgell Reyes)의 셋을 골랐습니다. 어떻게 들으셨습니까? 컴퓨터처럼 빡빡하게 리듬을 100% 다 지키나요? 또 다른 재미는 셋 다 이 열두 마디를 반복하는데, 이 때 트랙을 리플레이(replay)하는 것처럼 똑같이 연주하지는 않는다는 점입니다.

다음 악보 3-7은 조금 더 어렵습니다. 셋째 마디처럼 마디 전체의 음표 꼬리가 이어지기도 하기 때문에 개별 박을 쉽게 나누지 못합니다. 그림 3-5와는 달리 한 박을 넘기는 음표가 더 많아서 전체 비례를 잡기 힘든 면도 있지요. 템포 지시는 라르고(Largo)로, ♪=30으로 잡으시면 됩니다.

컴퓨터의 결과는 이렇습니다. 연주는 이번에도 세 사람을 골랐는데, 조성진, 프레디 켐프(Freddy Kempf), 빌헬름 박하우스(Wilhelm

   클래식의 클래식

그림 3-7. 베토벤: 피아노 협주곡 3번 c단조 op.37, 2악장 첫 열두 마디의 선율

Backhaus)입니다.

여러 예를 보셨는데, 실제 연주 때 연주가들은 원칙적으로 리듬을 지키되, 무조건 다 따르지는 않습니다. 단, 악보에서 벗어날 때는 상당히 조심하지요. 다음 장에서 설명할 템포와 마찬가지로, 연주가에게는 어느 정도 재량이 있습니다. 비록 연주가가 그 이유를 말로 설명하지 못할 수도 있으나, 악보에 적어 놓은 리듬을 벗어날 때는 뭔가 이유가 있습니다. 그것이 의식적인 예술적 표현이건, 연주가의 '직감'이건.

지금까지는 감상자들이 리듬에 더 예민하게 집중하면 연주가들의 표현을 더 잘 잡아낼 수 있다는 데 주로 집중했습니다. 물론 리

베토벤: 교향곡 7번, 4악장

모차르트: 교향곡 39번, 4악장

멘델스존: 교향곡 4번, 4악장

슈만: 크라이슬레리아나, 첫 곡

슈만: 교향적 연습곡, 끝 변주

쇼팽: 전주곡 op.28-24

듬이 중요한 이유는 이뿐만 아니라, 곡 자체 측면에서도 여럿입니다.

크게 보아, **리듬이 곡** (아니면 한 악장) **전체를 상당히 규정**해 버리는 경우가 있습니다. 베토벤 교향곡 7번 A장조 op.92의 4악장은 초연 당시부터 리듬 측면이 매우 두드러진다는 평을 들었고, 1악장과 4악장은 제1주제의 리듬이 전체를 지배합니다. 특히 4악장은 그 전에 약간 비슷한 취향을 보여준 모차르트 교향곡 39번 E♭장조 K.545의 4악장보다 훨씬 집요하고 흥분을 자아내지요.

한두 가지 리듬에 의존해 악장 하나를 만드는 경향은 낭만파에 와서 더 강해졌는데, 다양한 리듬을 구사하기보다 인상적인 선율에 의존해 곡 전체를 끌어가려는 사례가 많기 때문입니다.[2] 멘델스존(Mendelssohn) 교향곡 4번 A장조 op.90 「이탈리아(Italia)」의 4악장이나, 슈만의 「크라이슬레리아나(Kreisleriana)」 op.16의 첫 곡 및 「교향적 연습곡(Études symphoniques)」 op.13의 마지막 변주가 대표적입니다. 여기서 뺄 수 없는 것은 쇼팽의 「연습곡」 op.10,25와 「전주곡집」 op.28입니다. 이들은 길이가 짧고, 기본적으로 단 하나의 재료를 발전시켜 곡 전체를 만들기 때문입니다. 전주곡 24번에서는 왼손이 전체의 통일성을 제공합니다.

---

2 "낭만파의 리듬은 대체적으로 그 전 시대의 리듬에 비하여 활기가 적고 변화가 없다."[D. J. 그라우트, 「서양음악사」, 3rd ed., W. W. Norton & Company, 1980; 김진균, 나인용, 이성삼 역, 세광음악출판사, 1990(13쇄), 하권 p.619]

클래식의 클래식

그림 3-8. 특징적 작은북의 리듬

춤곡은 바로크 시대부터 리듬이 핵심이었습니다. 그림 3-5에서 바흐의 사라방드를 들으셨으니 맨 앞 1, 2마디에서 둘째 박을 강조한다는 것을 파악하셨을 것입니다. 바로 '제2박 악센트'가 사라방드의 특징이고, 너무나 잘 알려진 핸델의 모음곡 d단조 HWV.437 중의 사라방드에서 아주 잘 드러납니다. 단어의 뜻처럼 뛰어가는 속도감을 강조하는 쿠랑트(Courante)나, 특유의 부점음표 및 16분음표가 들리는 폴로네즈(Polonaise)는 대표적 사례입니다. 19세기에 들어 가장 성행한 춤곡의 리듬은 알고 계실 것입니다. 그리고 20세기까지도 이 특성은 사라지지 않았는데, 그림 3-8의 작은북 리듬을 보고 바로 곡을 알아보실 분이 많을 것입니다.

약간 다른 측면으로는, 변주곡에서 리듬이 맡은 역할입니다. 베토벤 이전의 변주곡에서 '리듬 변주'의 비중이 상당한데, 주제의 리듬을 바꿔도(주로 음 길이를 점차 줄여 나갑니다) 그 원래 형태는 계속 인식할 수 있다는 점을 이용합니다. VII장에서 형식을 다루며 더 설명하겠습니다.

리듬의 역할 중 빼놓을 수 없는 면으로, 다성 음악이 있습니다.

핸델: 사라방드

쿠랑트

폴로네즈

왈츠

작은북 리듬

여러 성부가 동시에 연주될 때, 각 성부의 리듬이 같으면 구분해 듣기가 더 어렵지요. 선율 외에 리듬도 구분을 돕는 요소가 됩니다.

바그너의 오페라 「뉘른베르크의 마이스터징어(Die Meistersinger von Nürnberg)」 WWV.96의 1막 전주곡에서, 개별적으로 등장했던 세 선율(그림 3-9의 ⓐ, ⓑ, ⓒ)이 곡 후반부에 합쳐집니다. 이들은 이 녹음에서 연주 시간 기준 각각 맨 처음, 1:50, 4:27에 나오는데, 동시에 나오는 시간은 7:23입니다. 이들이 잘 분리되어 들리는 이유에는 음역과 사용한 악기 외에, 리듬의 차이도 큽니다. 동시에 나올 때 ⓐ는 리듬이 그대로이지만, ⓑ는 음표 길이를 1/2로 줄이고 ⓒ는 2배로 확대했다는 점이 재미있지요. 조금 뒤 그림 3-20에서 확인해 드리겠습니다.

그림 3-9. 바그너 「뉘른베르크의 마이스터징어」 1막 전주곡의 세 선율

클래식의 클래식

그림 3-10. 바흐: 푸가 e단조 BWV.855-2, 첫 세 마디. 악보 위에 선으로 표시한 부분의 리듬이 다르다.

전형적인 다성부 형식(polyphony)인 푸가에서도 마찬가지입니다. 주제(subject)와 함께 연주되는 대위선율(countersubject)에 거의 조금이라도 차이를 줍니다. 그림 3-10은 바흐의 「WTC」 1권 중 e단조 푸가 개시 부분입니다.[3]

바흐의 「WTC」 1권
e단조 푸가

지금까지는 악보에 적힌 리듬 중심으로 관찰했습니다. 하지만 그것만이 '리듬감'의 전부는 아닙니다. 많은 경우 리듬에 주는 박자의 영향을 무시할 수 없기 때문입니다.

그림 3-11에 명시한, 학창 시절에는 무조건 외우셨을 박자별 강약 패턴을 다 기억하실 것입니다. 공히 맨 첫 박이 가장 세고, 다른 박은 그보다 약합니다. 4박이나 6박처럼 2로 나눠지는 박자들은

---

3 한국어로는 대개 「평균율 클라비어 곡집」이라 하지만, II장에서 보았듯이 정확한 호칭이 아니기 때문에 「WTC」로 줄였습니다.

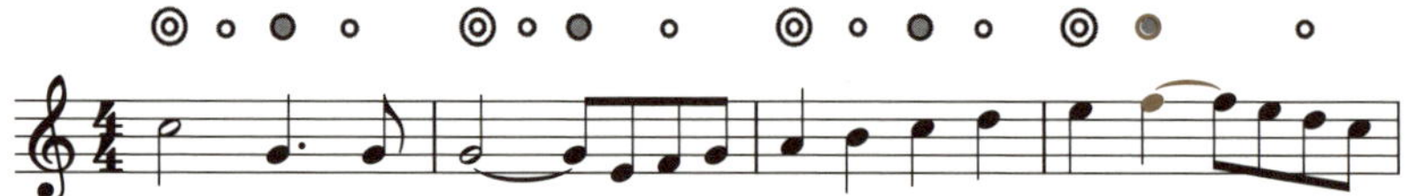

그림 3-11. 박자별 강약 패턴; 6/8 박자는 2박자의 박을 셋씩 나눈 확장으로 볼 수 있다.

첫 박보단 약하지만 다른 박보단 강한 '중강'이 가운데 옵니다.

Ⅰ장에서 「작은 별」로 설명한 그림 1-4의 세 번째 악보 및 사라 방드의 첫 두 마디(그림 3-6)에 대해 언급했듯이, 리듬의 특정 부분에 강세를 주는 위치가 바뀌면 인상이 완전히 바뀔 수 있습니다. 그림 3-12의 4마디처럼 붙임줄(tie)을 써서 가장 강한 박자를 첫 박에서 둘째 박으로 이동시킬 수도 있지만, 마디들 대부분에서는 대개 이 '당김음(syncopation)' 기법을 쓰지 않습니다.[4] 따라서 리듬에서 박자 와 그에 따른 강세를 고려하지 않을 수 없지요.

그림 3-12. 「뉘른베르크의 마이스터징어」 1막 전주곡의 첫 주제; 강세와 당김음(갈색)을 표시. 그 자리에서 분리된 음이 들어가지 않는 경우에는 박을 흐리게 표시.

4 당김음도 표현 기법의 하나여서, 너무 많이 쓰면 효과가 줄어듭니다. 기본은 어디까지나 박자가 주는 강세를 유지하는 것입니다.

    클래식의 클래식

그림 3-13. 루이 쿠프랭(Louis Couperin): 전주곡 D장조, 첫 부분

지금은 박자와 마디줄이 당연하다 보시겠지만, 그림 2-36의 12세기 네우마 표기에서는 마디줄을 찾아볼 수 없습니다. 박자와 마디줄이 없는 음악은 1600년대 중반까지도 있었는데, 한 예가 그림 3-13입니다.

영상에서 들으셨듯이, 이 곡의 음표들을 전부 같은 길이로 연주하지는 않습니다. 그 세부를 거의 전적으로 연주가에게 맡기는 것이지요. 그러면 어느 정도에서 반드시 구분이 생기기 마련이라, 마디줄이 없더라도 그 기능 중 하나인 구분 및 단락까지 없지는 않습니다. 단지 작곡자가 명시적으로 지정하지 않았을 뿐입니다. 이 경우 박자와 마디줄이 있을 때처럼 규칙적으로 강세를 주지 않고, 좀 더 융통성 있게 음악을 다룰 수 있습니다. 원래 성악에서 고전음악이 기원했기 때문에, 시에 음악을 붙이면 그 운율에 맞춰 음악의 리듬이 결정되겠지요. 따라서 음악의 리듬을 굳이 박자와 마디줄을 써 고정시키지 않았을 것입니다. 기악은 시가 없으니 굳이 성악곡의 제한을 따를 필요는 없었지만, 성악을 주로 다루던 관습

때문에 그대로 따라왔다고 합니다. 마디줄은 본격적으로는 16~17 세기에야 등장했는데, 고전음악의 역사를 생각하면 상당히 늦게 나타난 편입니다.

박자와 마디줄의 단점에 대해서는 바로 앞에서 '주고 싶지 않은 부분에도 굳이 강세를 준다'고 언급했으니, 이번에는 장점을 열거하지요: 우선 빨리 특정 부분을 찾을 수 있어서 연주가들과 악보를 보는 사람들 모두에게 편합니다. 앞의 악보 예시들에서 '몇 번째 마디'라 언급 없는 것이 거의 없지요.[5] 더 중요한 점은 **마디가 곡을 이루는 최소의 의미 단위, 즉 동기**(motive)**를 명확히 지정**해 준다는 것입니다. 이에 대해서는 V장에서 더 자세히 설명하겠습니다.

이런 장점들 때문에, 20세기의 작곡가들 대부분도 마디줄을 완전히 버리지는 않았습니다. 마디줄의 문제에 대한 가장 손쉬운 해결책은 협주곡의 화려한 카덴차(cadenza)에서 볼 수 있는 '임의 박자의 마디'입니다. 카덴차는 독주 악기의 기술을 자유롭고 화려하게 보일 목적으로 첨가하기 때문에, 곡상 전개가 매우 자유롭지요. 따라서 마디줄 같은 제약이 번거로울 수밖에 없습니다. 이미 고전파 시대에도 협주곡뿐 아니라 독주곡에서도 가끔 마디를 마음대로 연장한 경우가 있는데, 그림 3-14의 모차르트 「당신께 영광을, 주

모차르트 「당신께 영광을, 주님」 변주곡

---

5 사실 마디 번호만으로도 좀 불편해서, 오케스트라 연습 때는 악보의 큰 부분마다 리허설 번호(보통 알파벳으로 표시)가 있습니다. 마디조차 없으면 얼마나 불편할지 상상이 잘 안 갑니다.

클래식의 클래식

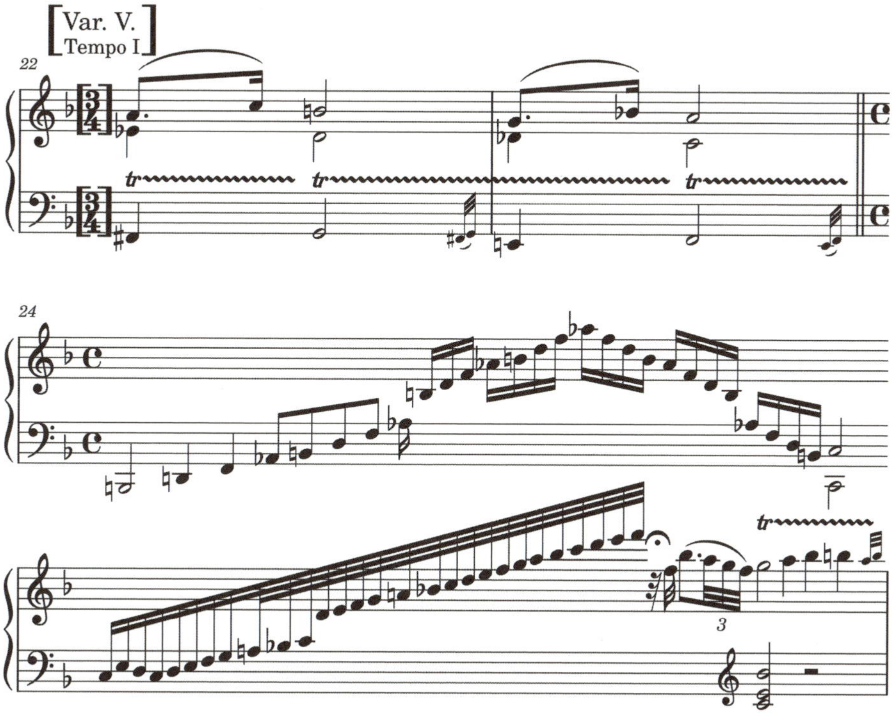

그림 3-14. 모차르트: 「당신께 영광을, 주님(Salve tu, Domine)」 주제의 변주곡 K.398, 제 5변주 22~24마디. 24마디는 박자 기호가 전혀 의미가 없음

님(Salve tu, Domine)」 주제의 변주곡 은 이례적으로 변주곡에 사용한 사례이며(3:36부터 끝까지 두 번이나 나타납니다) 베토벤의 피아노 소나타 3번 C장조 op.2-3의 1악장 끝에도 등장합니다. 그림 3-15는 차이코프스키 (Tchaikovsky) 피아노 협주곡 1번의 2악장 145마디에서 보이는 짧은 자유 박자입니다.

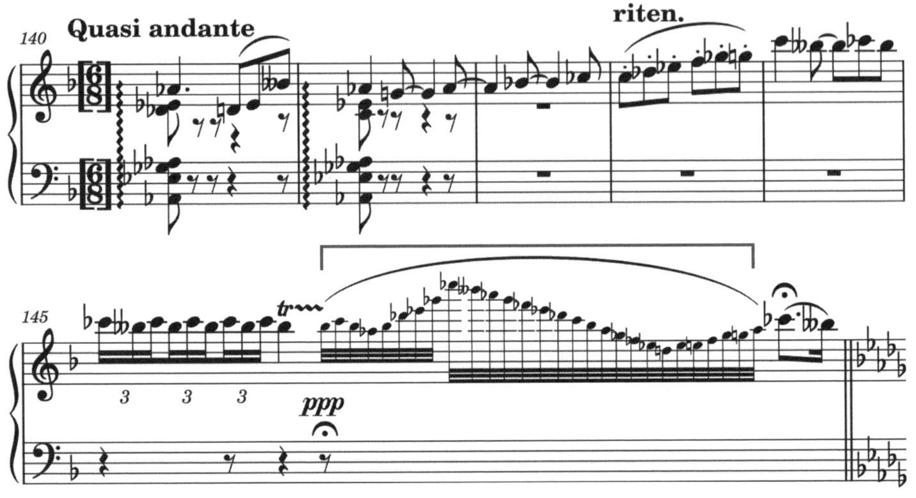

그림 3-15. 차이코프스키: 피아노 협주곡 1번 b♭단조 op.23, 2악장 140～150마디. 큰 보표로 압축. 갈색 선으로 표시한 곳이 자유 박자임

그림 3-16. 브람스: 피아노 3중주곡 3번 c단조 op.101, 3악장 첫 여섯 마디(바이올린 파트)

차이코프스키:
교향곡 6번, 2악장

두 번째 방안은 복합 박자(complex time signature) 입니다. 가장 유명한 사례가 차이코프스키 교향곡 6번 b단조 op.74「비창」의 2악장일 것입니다. 5/4박인데, 음악을 들으면 뚜렷이 2+3박자를 합쳤지요. 버르토크도 복합 박자를 즐겼는데, 「미크로코스모스(Mikrokosmos)」 Sz.107의 6권 중 맨 마지막의 '불가리아 리듬에 따른 춤곡(Dance in Bulgarian rhythm)'에서 6번을 들으시겠습니다.

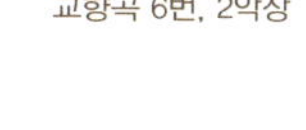
버르토크:
불가리아 춤곡 6번

브람스의 피아노 3중주곡 3번 3악장에서는 3/4과 2/4의 이중 박자를 썼습니다. 예상 외로 매우 자연스럽게 들립니다. 원래 브람스는 7/4로 박자를 쓰려 했다는데, 7박으로 모든 마디를 고정시키는 것보다 필요에 따라 3박과 2박을 골라 쓰도록 하면 더 융통성이 있지요. 실제 22~27마디에서는 (동영상의 12:04~12:18) 각 마디의 박자가 3, 2, 2의 반복이 아니라 3, 3, 2, 2, 2, 2입니다. 브람스가 괜히 이중 박자를 선택한 것이 아닙니다.

브람스: 피아노 3중주곡
3번, 3악장

스트라빈스키(Stravinsky)의 복잡한 리듬은 이미 너무 잘 알려져 있습니다. 「봄의 제전(Le sacre du printemps)」 첫 곡 '서주(Introduction)'에서 같은 박자로 몇 마디도 지속하지 않는 어지러운 박자 변화나, 둘째 곡 '봄의 태동(Les augures printaniers)'의 이상한 악센트 등에서 전통적인

스트라빈스키:
'봄의 제전' 서주

「봄의 제전」 둘째 곡
'봄의 태동'

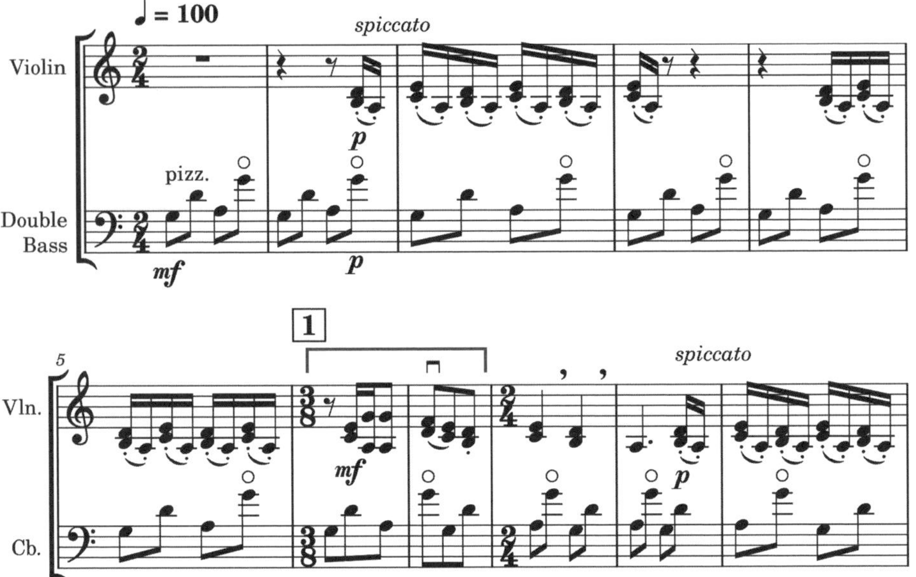

그림 3-17. 스트라빈스키 「병사의 이야기」 제1장의 음악, 첫 열한 마디. 갈색 선으로 표시한 6, 7마디에서 두 악기의 패턴이 어긋난다.

박자와 마디줄에 따른 규칙적인 강세를 피했음을 알 수 있습니다. 「병사의 이야기(L'histoire du soldat)」에도 재미있는 사례가 있는데(그림 3-17), 마디 구분은 바이올린 독주 위주인데 반해 더블 베이스는 네 음 단위로 고집스럽게 흘러갑니다. 둘이 어긋날 수밖에 없지요

스트라빈스키는 "마디줄은 단순한 악센트보다 훨씬, 훨씬 의미

6 영문 위키피디아 'Bar (music)'. (https://en.wikipedia.org/wiki/Bar_(music)#Bar; 2023년 11월 12일 최종 확인)

가 크고, 최소한 내 음악에서는 악센트로 흉내낼 수 있다고는 생
각하지 않는다"라 말했다고 합니다.[6] 어쩌면 필요할 때 이런 방식
으로 얼마든지 마디의 문제점들을 우회할 수 있다고 생각했을 수
도 있겠네요.

선율melody

리듬 항에서 제가 예로 들었던 악보의 대부분은 특징적인 선율을 – 당연히 리듬과 함께 – 보여 드렸습니다. 리듬만 듣고 곡을 맞추라면, 「볼레로(Boléro)」 M.81처럼 가능한 것도 있습니다만 일반적으로 상당히 힘들지요. 그런데 반대로, 음 순서는 유지하고 리듬을 제거해도 제대로 인식하기 힘들기는 매한가지입니다.

그림 3-18. 음 순서가 같고 심지어
리듬도 거의 같은 두 선율

그림 3-18은 음의 순서가 완전히 같으며, 심지어 음표 길이의 상대비(박자는 다르지만 리듬)도 한 곳만 빼면 거의 같습니다. 원곡을 모르는 분이라면 둘이 정말 다른 곡이냐 물으시겠지요. 하지만 처음 것은 모차르트, 나중 것은 베토벤의 작품입니다.[7] 이 악보에서는 둘 다 조를 바꿨으나, 인식에는 별로 중요하지 않습니다. 실제는 경험 있는 감상자들이 리듬의 이만큼 작은 차이도 바로 알아냅니다. 선율을 기억할 때 리듬도 같이 기억하는데, 많은 분들께서 대개 선율을 기억한다고만 말하시는 것도 재미있습니다.

리듬은 잘 정의되는데, 선율은 그렇지 않습니다. V장에서 정의할 악구(phrase)가 훨씬 명확하게 정의되는 것과는 대조적입니다. 선율은 그림 3-18처럼 길이가 두세 마디라도 충분히 인식이 가능하기 때문입니다. 뒤에서 관찰할 것처럼, 악구는 자체 완결성이 있지만 선율은 그렇지 않아도 된다는 의미지요. 하지만 해당 악구의 길이를 넘을 수는 없는데, 악구의 완결성 때문에 악구가 끝나면 하나의 선율로 인식 가능한 부분도 끝나기 때문입니다. 일단 선율을 '(상대적) **음높이와 리듬이 정해져 있고, 개별적으로 구분 가능한 만큼의 가락**'이라 하겠습니다.

선율은 우리가 노래부를 수 있는 만큼, 전부 단성부입니다. 화음이 붙어서 음향이 충실하고 두껍다 해도, 실질적으로 가장 주목

---

7   베토벤은 교향곡 5번을 구상하면서 스케치 옆에 모차르트의 교향곡 40번 4악장 선율을 적어 놓았으니, 이 유사성은 우연이 아닙니다. (루이스 록우드 *Lewis Lockwood*, 「베토벤 심포니」, W. W. Norton & Company, 장호연 역, ㈜바다출판사, 2020, 특별 보급판 1쇄, p.157)

그림 3-19. 차이코프스키: 피아노 협주곡 1번, 1악장, 25~33마디. (피아노 독주)

차이코프스키: 피아노
협주곡 1번 1악장

받는 부분은 외성부(outer voice) 두 파트 – 가장 높은 최상성(最上聲)과 가장 낮은 근음입니다. 그림 3-19는 차이코프스키 피아노 협주곡 1번 1악장의 유명한 부분인데, 피아노가 옥타브 말고 충실한 화음을 울리는 곳에서도 기억에 남는 것은 최상성(여기서는 근음과 동일)의 선율밖에 없습니다(sound link 06). 그림 2-33의 드뷔시 전주곡집 1권 10번의 화음 연타에서도 잘 들리는 성부는 최상성뿐이지요.

재미있는 점이라면, 조바꿈으로 음높이를 전체적으로 높이거나 낮춰도, 그리고 템포를 2배로 빠르게 하거나 반대로 1/2로 늦추는

클래식의 클래식

그림 3-20. 바그너: 「뉘른베르크의 마이스터징어」 1막 전주곡, 157~159마디(압축)
악보 맨 위 단은 플루트, 오보에 등, 가운데 단은 제1바이올린, 첼로, 클라리넷과 제1호른,
아래 단은 더블 베이스, 튜바, 바순이 연주한다.

등 다소 변화가 있어도 선율의 인식에는 아무 문제가 없다는 것입니다. 「뉘른베르크의 마이스터징어」 1막 전주곡에서 그림 3-9의 선율 세 개가 겹쳐지는 모습이 그림 3-20인데, 악보 가운데 단은 리듬이 2배로 확장되고 E장조에서 C장조로 조를 바꿨으며, 맨 위 단은 리듬이 1/2로 축소되었으나 충분히 알아차릴 수 있으셨을 것입니다. 특히 가운데 단의 셋째 마디는 갈색 점선처럼 리듬이 조금 변형되었지만 인식에는 전혀 지장이 없지요.

선율을 인식할 때 이런 융통성이 없었다면, 애초에 다성 음악이 나오기 어려웠을 것입니다. 푸가를 예로 들면, 처음에 주제가 나온 후 다음 번에는 조가 바뀌고 대개 음도 한두 개가 바뀝니다. 주제의 리듬이 확장 혹은 압축되는 것은 흔히 있는 일입니다. 좋은 예로, 바흐의 「WTC」 2권 c단조 푸가 BWV.871-2를 제일 처음에 나

오는 주제에 주목하면서 들어 보시겠습니다. 제가 열거한 변화 방법들 중 축소만 없습니다.[8] 우리가 선율을 인지하고 기억하는 능력은 정말로 뛰어나서, 심지어 이미 들어 본 곡의 작은 부분만 다시 나와도 알아차릴 수 있습니다.[9]

선율에 대한 일반적 얘기는 이 정도로 하고, 수 세기에 걸쳐 선율이 변해 온 모습을 한 번 비교해 봅시다.

14세기

- 기욤 드 마쇼(Guillaume de Machaut), 「노트르담 미사(Messe de Notre Dame)」 중 '키리에(Kyrie)'

15세기

- 루트비히 젠플(Ludwig Senfl), 「아 엘슬라인, 내 사랑 엘슬라인(Ach Elslein, liebes Elslein mein)」

---

8   VII장의 대위법 형식 부분에서 악보와 함께 좀 더 자세히 설명합니다.

9   정말 심각한 음치나 '박치'가 들려주지만 않는다면 말이지요. 그리고 설령 그렇다 해도 어느 정도 시간을 들이면 충분히 벗어날 수 있습니다.

16세기

● 조반니 팔레스트리나(Giovanni Palestrina), 「교황 마르켈루스의 미사(Missa Papae Marcelli)」 중 '키리에(Kyrie)'

17세기

● 니콜라 르베그(Nicolas Lebègue): 오르간 곡집 1권 중 모음곡 1번에서 2번 듀오

● 프란체스코 카발리(Francesco Cavalli): 오페라 「이아손(Il Giasone)」

18세기

● 라모: 쳄발로 모음곡 e단조 중 리고동(Rigaudon) I & II

● 비발디(Vivaldi): 만돌린(mandoline) 협주곡 C장조 RV.425, 1악장

● C. P. E. 바흐(Carl Philipp Emanuel Bach): 첼로 협주곡 A장조 Wq.172, 1악장

19세기

● 베버(Weber): 호른 소협주곡 e단조 op.45

● 도니제티(Donizetti): 오페라 「샤무니의 린다(Linda di Chamounix)」 1막 중 '아! 너무 늦었어... 오 영혼의 빛이여(Ah! tardai troppo... O luce di

브람스: 세레나데 1번, 3악장

포레: 즉흥곡 2번

라벨: 바이올린 소나타, 2악장

베르크 오페라 「룰루」 중 2막

하차투리안: 바이올린 협주곡, 1악장

로드리고 「어느 고귀한 분을 위한 환상곡」

quest'anima)'

- 브람스: 세레나데 1번 D장조 op.11, 3악장
- 포레(Fauré): 즉흥곡 2번 f단조 op.31

20세기

- 라벨: 바이올린 소나타 M.77, 2악장 「블루스(Blues)」
- 베르크(Berg): 오페라 「룰루(Lulu)」 중 2막, 아리아 '사람들이 나를 위해 자살했을 때(Wenn sich die Menschen um meinet willen umgebracht haben)'
- 하차투리안(Khachaturian): 바이올린 협주곡 d단조, 1악장 첫 부분
- 로드리고(Rodrigo): 「어느 고귀한 분을 위한 환상곡(Fantasía para un gentilhombre)」

시대에 따라 느낌이 좀 달라지긴 하지만, 대부분은 한 가지 틀로 묶을 수 있습니다: 바로 조성(1700년 이후에서는 드물게 선법)에 근거한다는 점입니다. 대부분의 독자께서 반복해 들어도 선율을 쉽게 기억 못 하겠다 싶은 것은 아마 베르크의 작품뿐일 것입니다. 현재도 대부분의 일반 대중은 조성 체계에 근거하지 않은 선율을 제대로 이해하지 못하기 때문입니다. 바로 이 조성 및 그에 동반되는 화성이 다음 부분의 주제입니다.

화성_{harmony}

현대의 감상자들에게 12평균율만큼이나 익숙한 것이 **조성**(tonality)**과 기능 화성법**(harmonic function)입니다.[10] 일반 감상자들도 학교 교육 덕분에 '지금 듣는 부분이 장조인가 단조인가' 정도는 대개 알 수 있습니다. 그런데 여기서 조금만 더 나아가 해당 장조와 단조의 어떤 화음인지까지 알 수 있다면, 곡을 들으면서 추가로 인식할 수 있는 것이 매우 많아집니다. 이것이 바로 화성법이 필요한 이유이며, 특히 조바꿈은 화성을 통해서만 제대로 이해할 수 있습니다. 조바꿈으로 곡에 긴장감과 활기를 불어넣거나, 딸림화음은 뒤에 으뜸화음이 오는 것을 선호한다고 설명하는데, 이것도 기능 화성법에 의거한 것입니다.[11]

---

10 현대의 대중음악은 고전음악에서 상당히 갈라져 나왔으나, 아직 이것은 벗어나지 못했습니다.

11 조성 체계의 확립 후 이 공식을 처음 본격적으로 벗어난 고전음악 작곡가는 바로 드뷔시

조율법 항에서 말했듯이 작곡가들은 특정 조성에 일정한 느낌이 있다고 생각한 경우가 많으며, 조성을 바꾸면서 곡에 표현과 변화를 주었습니다. **곡에 적절한 긴장을 불어넣을 때 조바꿈은 핵심 수단 중 하나**였지요. 여기서는 음계에서 출발하여, 널리 쓰이는 화음들 및 조바꿈의 기본을 간단히 설명하겠습니다.[12]

음계scale와 음정interval

앞 장에서 보았듯이 한 옥타브(=진동수 2배) 안에는 반음 단위의 음이 12개가 있습니다. 하지만 이 책에서 관심 있는 시대의 음악은 12개를 동등하게 사용하지 않습니다. 7개를 두드러지게 많이 사용하며, 3~4개 정도를 특히 중요하게 취급합니다. 좀 더 구체적으로, 옥타브 내에서 7개의 음이 중요하며, 이들을 음높이 순으로 배열한 것을 음계라고 부릅니다. 이미 익숙한 **장조**(major)**와 단조**(minor)는 이 기준 음계가 다릅니다.

하지만 지금처럼 한 옥타브 안에서 7개의 음을 주로 사용하는 체계는 선법(mode)이 조성보다 더 먼저 등장했습니다. 명곡 해설서

입니다.

---

12 이 책에서는 경과음(passing tone) 등의 비화성음(nonchord tone)과 불규칙 화성들을 거의 다루지 않기 때문에 정확한 분석은 불가능하나, 기본적인 이해는 이 정도로 충분할 것입니다. V장 3절에서 처음 다룰 때에도 귀에 주로 들리는 화음 위주기 때문에, 크게 문제가 없습니다.

클래식의 클래식

등에서 가끔 언급은 되는데, 설명해야 하는 양은 많지만 정작 적용 대상이 적어서 이 책에서는 생략하겠습니다.

　1600년대 후반, 선법 중 2개가 장조 음계(장음계: major scale)와 단조 음계(단음계: minor scale)로 바뀌었습니다. 매우 친숙하시겠지만, 정확하게 알고 계신지 한번 확인해 보십시오. 알아보기 쉽게, 임시표가 가장 적은 C장조와 a단조를 사용했습니다.

　장음계는 3-4번째와 7-8 번째 음 사이가 반음이고, 나머지는 모두 온음입니다. 반면 단음계는 2-3번째와 5-6 번째 사이가 반음인데, 중요한 점은 으뜸음인 7번째 음이 8번째 음(으뜸음)과 반음 사이가 아니라서 이끔음이 아니라는 것입니다.[13] 그림 3-21의 단음계를 '자연(natural) 단음계'라 하는데, 이 문제 때문에 별로 쓰이지 않습니다.

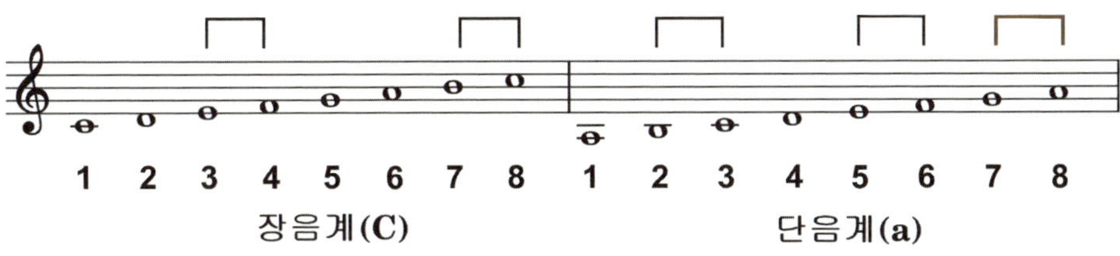

그림 3-21. 장음계와 단음계: 검은 선으로 표시한 음정이 반음. 단음계의 마지막 음정에 유의.

13　이끔음의 개념은 12평균율을 설명할 때 그림 2-12에서 간단히 언급했습니다. 다시 적자면, 으뜸음으로 향해서 '종결'을 암시하는 음이었죠(여기서는 더 폭넓게 사용해서, 특정 음을 이끌어내는 음에 대해 그렇게 말합니다). 온음보다는 반음이 더 가깝고, 가능한 악기에서는 살짝 올려서 으뜸음에 더 가깝게 연주하기까지 합니다. 그러니 7음이 8음과 온음 차이면 이끔음 느낌이 안 나는 것입니다.

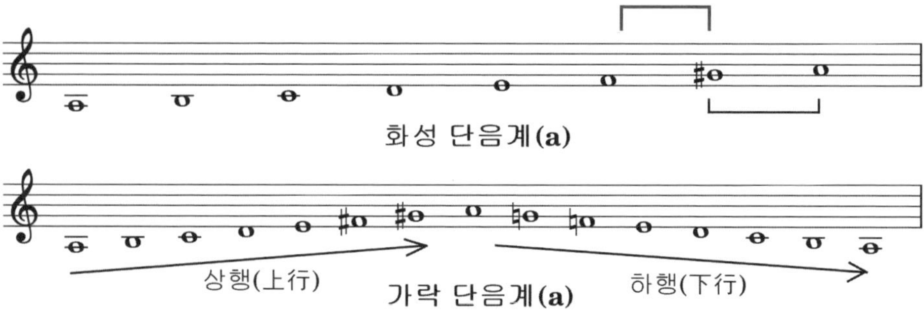

그림 3-22. 화성 단음계와 가락 단음계: 후자는 상행과 하행이 다르다.

이끔음을 만들려면 7음을 반음 올리면 되며, 바로 그렇게 한 것이 그림 3-22에서 위쪽의 '화성(harmonic) 단음계'입니다. 그런데 이끔음은 훨씬 분명하지만, 6-7음 사이가 반음 3개로 너무 크다는 문제가 생기지요. 그림 3-22의 아래쪽은 '가락(melodic) 단음계'인데, 상행에서는 6음까지 반음 올려서 이 문제를 해결했습니다. 반면 음계가 아래로 내려올(하행) 때는 이끔음이 필요가 없으므로, 6, 7음을 올리지 않습니다.

화성/가락 단음계

실제 단조 곡들에서는 대체로 7음을 올려 놓고 — 즉 이끔음은 유지하면서 — 6음을 올리는 것은 상황에 따라 선택하지요. 조바꿈이 빈번하기 때문에 쉽게 파악하기는 어렵지만, 보통 7음을 낮춘 상태로 오래 진행하진 않습니다.[14]

---

14 단조 선율에서 7음을 잘 올리지 않은 작곡가는 드보르자크가 있습니다. 느낌이 좀 특이합니다.

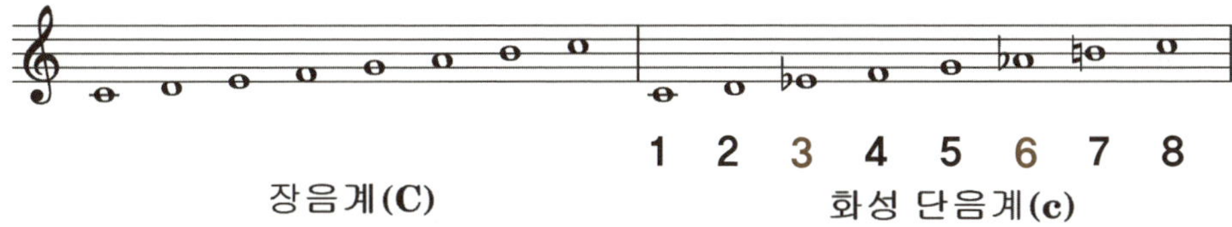

그림 3-23. 으뜸음이 같은 장음계와 화성 단음계: 차이가 중요하다.

여기서 으뜸음이 같은 장음계와 단음계를 비교해 봅시다. 앞에서는 으뜸음이 각각 C와 a였기 때문에, 한 눈에 비교가 되지 않습니다.[15] 차이는 3음과 6음인데, 가락 단음계(상행)에서는 6음도 같습니다. 그러면 결국 3음이 장조와 단조의 구별에 핵심이라는 말입니다.

슈베르트의 가곡 「물 위에서 노래함(Auf dem Wasser zu singen)」의 원곡(a) 첫 세 마디는 누가 들어도 a♭단조입니다(그림 3-24). A♭장조로 만들기는 아주 간단한데, C와 F음에 붙은 플랫만 없애면(b) 되지요. 사실 슈베르트가 곡 뒤쪽에서 A♭장조로 바꿀 때 그렇게 했습니다. 앞 두 마디만 비교하면, 3음이 가장 중요함을 이해할 수 있습니다. 이렇게 장음계와 단음계가 차이가 별로 없기 때문에, 둘을 동일한 음계의 다른 양상으로 보기도 합니다: "C조의 장조 선법

---

15 요즘에는 대개 단조도 대문자로 쓰지만, 구별의 편의상 단조를 소문자로 적겠습니다. 그리고 각 음계의 으뜸음, 딸림음, 버금딸림음 말고 다른 음들도 다 명칭이 있지만, 이 책의 범위에서는 너무 복잡해질 듯해 생략하고, 그림 3-26의 로마 숫자로만 언급하겠습니다.

그림 3-24. 슈베르트: 가곡 「물 위에서 노래함」 D.774의 피아노 파트, 첫 세 마디. '단조'와 '장조'.

(major mode)과 단조 선법(minor mode)"이라는 것이지요.[16] 사실 다음에 설명할 3화음을 보면 분석도 동일하기 때문에, 같이 취급해도 거의 문제가 없습니다.

음계의 기본을 이해했으니, 화음으로 넘어가기 전 두 음 사이의 거리를 나타내는 음정을 부르는 용어들을 설명하겠습니다. 이것 없이는 3화음을 설명하기가 너무 불편합니다.

---

16 피스턴의 「화성학(Harmony)」이 이 관점입니다. 참고로, 으뜸음이 같은 장조와 단조는 보통 같은으뜸음조(parallel key)라 부르는데, 이 책에서는 본문처럼 피스턴의 관점을 택했으므로 이 용어가 필요 없습니다.

클래식의 클래식

그림 3-25. 으뜸음이 같은 장음계와 화성 단음계에서, 음계의 각 음이 으뜸음에 대해 이루는 음정들

그림 3-25는 으뜸음에 대해 음계의 각 음을 겹쳤을 때 가능한 음정들입니다. 두 음 사이에 포함된 음계의 음 숫자에 따라 2도부터 8도까지 이름이 붙었습니다.

완전음정(perfect interval)은 1도(같은 음), 4, 5, 8도만 해당되고, 나머지 네 음정은 장음정(major interval) 또는 단음정(minor interval)이라 부릅니다.[17] 장 3도(major third)와 단 3도(minor third)를 비교하면 후자가 반음만큼 사이가 좁으며, 이는 6도도 마찬가지입니다. 이 음계에서는 안 보이지만 장 2도(major second: 온음 사이)를 반음 좁히면 단 2도(minor second: 반음 사이)가 되고, 7도에서도 동일합니다.

이 음들에 임시표로 변화를 주면 명칭이 바뀌는데, 장음정과 완전음정의 사이를 반음 넓히면 증음정(augmented interval)이 되고, 단음

---

17 화성 배음렬의 맨 첫 네 음이 차례대로 8도, 5도, 4도를 이룹니다. [진동수 비율이 가장 작은 정수비로] 가장 잘 어울린다는 의미로 완전음정이라고 합니다.

정과 완전음정의 사이를 반음 좁히면 감음정(diminished interval)이 됩니다. 예를 들어 C–F[#] 사이는 증(增) 4도(augmented fourth)며, C–G♭ 사이는 감(減) 5도(diminished fifth)가 됩니다.[18]

3화음triad

그림 3-23의 음계에서, 음계에 있는 3도와 5도의 음을 화음으로 추가하면 그림 3-26이 됩니다. 이들을 **3화음**이라 부릅니다. 음계의 1~7음에 딸린 3화음이므로, 관례적으로 로마 숫자를 사용하여 순서대로 I ~ VII[화음]이라 합니다. 이 중 가장 중요한 세 화음은 색을 넣었습니다. 전부 다 들어 보시지요.

그림 3-26. C장조와 c단조의 3화음: 관례적으로 로마 숫자로 나타낸다.

18 잘 보시면 [사실상] 같은 음정 아닙니까? 그런데 올림표와 내림표 중 어느 편을 썼는지에 따라 부르는 이름은 다릅니다. 이 책에서는 감 5도가 훨씬 더 많이 나올 것입니다.

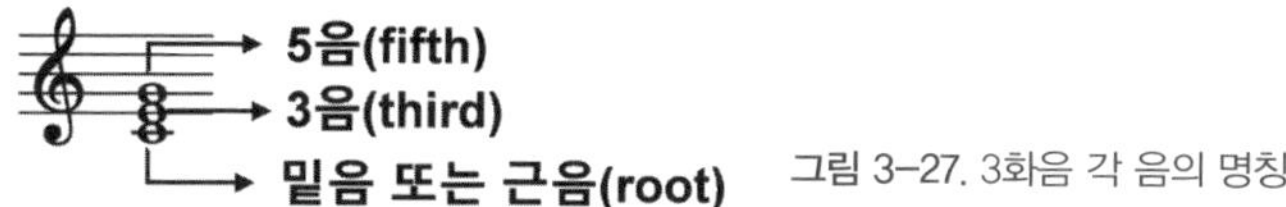

그림 3-27. 3화음 각 음의 명칭

3화음의 세 음 중 가장 중요한 것은 맨 아래 음입니다. 그림 3-27처럼 세 음은 각각 밑음(또는 근음), 그리고 밑음에서 3도와 5도 기 때문에 각각 3음(third)과 5음(fifth)이라 부릅니다.

우선 장조부터 설명하고, 단조는 장조의 3화음과 공통점과 차이점을 비교하겠습니다.

I 화음(tonic)은 앞에서 으뜸음 위에 있다는 의미로 '으뜸 3화음'(또는 '으뜸화음')이라고 언급했습니다. C음을 기본으로 한 화성 배음렬 관점에서, 기본음(C)–5차 배음(E)–3차 배음(G)으로 구성되는 C장조의 I은 매우 잘 어울립니다. 밑음 C와 3음 E 사이는 장 3도, 3음과 5음 G 사이는 단 3도인데, 장음계에서는 음정이 이와 같은 '장 3화음(major triad)'이 둘 더 있습니다: 바로 IV와 V 화음입니다. 전자를 '버금딸림화음(subdominant chord)', 후자를 '딸림화음(dominant chord)'이라 부르는데, 각각 C장조의 완전 5도 아래인 F장조, 완전 5도 위인 G장조의 으뜸화음이기 때문입니다. 이 I, IV, V의 세 3화음은 우리가 '이 곡은 어떤 조성이다'라 말할 때 핵심적인 역할을 하는데, 짧은 시간 안에 이 셋이 모두 들리면 다른 조성으로 해석하기가 어렵기 때문입니다.

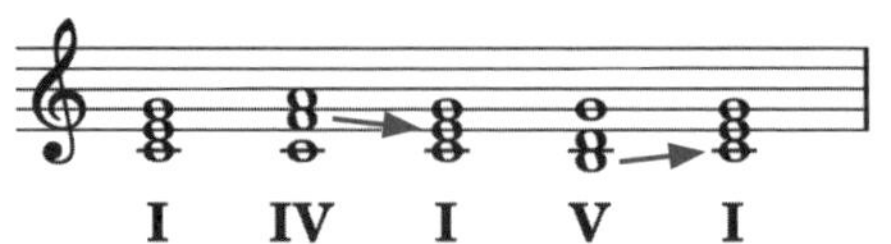

그림 3-28. C장조 I−IV−I−V−I의 화음 진행.
화살표는 이끔음이다.

그림 3-28처럼 I−IV−I−V−I의 순서로 화음이 울리면, 매우 확실하게 '끝'이라는 느낌을 주면서 조성을 완전히 결정합니다. 화음 셋에 포함된 음들을 모두 포괄하는 조성은 하나밖에 없기 때문입니다. 곡이 으뜸화음 I로 끝난다는 것은 굳이 강조할 필요가 없기 때문에, IV나 V 모두 곡 또는 어느 부분을 마칠 때 I 앞에 사용할 수 있는 셈입니다. 하지만 여러분도 직관적으로 아시듯이, V−I이 압도적으로 종결에 많이 선택됩니다. IV−I에서는 F가 이끔음으로 작용해 F→E로 으뜸화음으로 연결되는데, 이보다 B→C로 B가 이끔음이 되어 으뜸음과 연결되는 편이 훨씬 자연스럽기 때문입니다. 선율 항목 마지막에 링크한 18,19세기 작품 7개에서 V−I의 종결이 아니라고 확고하게 말할 수 있는 곡은 하나도 없을 정도입니다.[19] 이렇게 V−I 순서의 진행을 '딸림화음으로 야기한 긴장을 으뜸화음이 풀어준다'는 의미로 **V를 I로 해결**(resolution)'했다고 합

---

19 가령 **브람스 세레나데 1번**의 3악장 끝에서는(10분 53초 이후) 으뜸화음이 지배적이지만, 꾸밈음처럼 버금딸림화음이 스쳐 지나가긴 합니다. 시간이 너무 짧아서 확실히 IV−I이라 말하기가 애매할 정도입니다.

     클래식의 클래식

니다.[20] 이 진행은 <u>너무나 중요하기 때문에 이름까지 붙어 있는데,
악구 끝 부분에서 I–V 화성 진행은 반마침</u>(half cadence), V(또는 V₇)–
I 진행은 바른마침(authentic cadence)이라 부릅니다.[21] 악구 둘을 붙여
놓을 때는 앞은 반마침, 뒤는 바른마침인 경우가 매우 흔하며, 그
예는 일일이 헤아릴 수가 없을 정도입니다.

이제 I, IV, V 외의 3화음들을 볼 차례입니다. II는 밑음 D와 3
음 F 사이가 단 3도, F와 5음 A 사이가 장 3도로 I, IV, V 3화음과
는 다르며, 이것을 '단 3화음(minor triad)'이라 부릅니다. 장조에서는
II 외에 III과 VI 3화음도 단 3화음이며, 장 3화음과 느낌이 다르
지요. 그렇다면 VII은 어떨까요? 두 3도가 모두 단 3도입니다. 이
때문에 밑음과 5음의 사이가 감 5도라서, '감 3화음(diminished triad)'
이라 부릅니다.

단조의 3화음들은 크게는 장조와 유사합니다만, 화성 단음계
가 기반이기 때문에 3음과 6음이 장조에 비해 내림표가 붙어 있습
니다. 이 점 때문에 다소 느낌이 다르지요. 으뜸화음이 단 3화음인
데, 단 3화음의 밑을 구성하는 단 3도는 화성 배음렬 기준으로 –

브람스: 세레나데 1번,
3악장 끝

쇼팽: 연습곡

---

20 I–IV–I–V–I의 반대 순서인 I–V–I–IV–I도, 같은 음을 포함하니 조성을 완벽하게
   확립할 수 있습니다(쇼팽의 연습곡 op.25의 8번 마지막). 하지만 훨씬 덜 쓰이지요. 이
   IV–I 진행을 벗어난마침(plagal cadence)이라 부르며, 찬송가 끝의 '아–멘–'에 이 진행
   을 쓰기 때문에 아멘마침이라고도 합니다.

21 V₇은 '딸림 7화음'인데, 딸림화음에 4음을 추가한 것으로 3화음 바로 다음에 설명합니
   다.

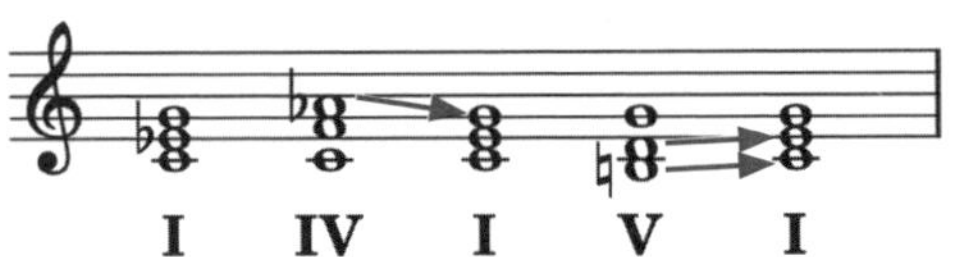

그림 3-29. c단조 I–IV–I–V–I의 화음 진행.
화살표는 이끌음의 진행이다.

I–IV–I–V–I 3화음:
'마침(단조)'

기본음 C 다음에 E♭이 나오려면 – 거리가 매우 멉니다: 이 때문에, 단 3화음의 울림은 장 3화음보다 안정적이지 않다고 느끼는 사람이 많습니다. 많은 곡들이 단조로 시작하더라도 장조로 끝내는 것도, 부분적으로는 이것이 원인입니다.[22]

그림 3-29처럼 I–IV–I–V–I의 순서로 화음이 울리면, 단조 조성을 완전히 확정한다는 점은 장조와 같습니다. 단, IV–I 진행에서 이끌음이 F가 아니라 A♭이 되기 때문에 – 으뜸화음의 음이 E가 아니라 E♭이니까요 – 중요한 딸림음을 더 잘 드러내서, 장조보다 진행감이 좋습니다.[23] 이는 IV와 I이 장 3화음이 아니라 단 3화음이라는 이유도 있습니다.

---

22 드보르자크 첼로 협주곡 b단조의 1악장과 3악장은 통상 b단조라 말하지만, 종결은 모두 B장조입니다. 바로크 시대까지는 곡 전체가 단조라도, 종결 으뜸화음에서 3도 음을 반음 올려 장조처럼 끝내는 관습(피카르디 3도 *Picardy third*)이 있었습니다. 바흐의 「WTC」1권은 전부 이 관습을 따랐습니다.

23 앞에서 언급한 브람스의 세레나데 1번 3악장 끝에서 버금딸림화음이 살짝 나오는데, 6음을 반음 내려 놓았습니다. 딸림음(5음)의 이끌음 기능이지요.

클래식의 클래식

I, IV, V 외의 3화음들도 약간 달라집니다. II는 단 3이 아니라 감 3화음입니다. III은 B에 내림표가 없기 때문에 단/장 3화음의 완전 5도보다 반음 더 넓고, '증 3화음(augmented triad)'이라 부릅니다. VI은 장 3화음으로 바뀌고, VII은 장조와 똑같습니다.

이 모든 3화음들은 각각 개별적인 특징이 있습니다. 하지만 중요한 것은, V 다음 I이 올 가능성이 매우 큰 것처럼, <u>개별 화음 다음에 무슨 화음이 오면 자연스럽게 들리는지</u>입니다. 이것이 바로 화성 진행의 규칙이고, 조성 음악을 작곡하려면 제대로 이해해야 합니다. 하지만 이 책에서 전부 다 보기에는 많기 때문에, 곡을 살펴볼 때 개별적으로 살짝 언급만 하겠습니다.

7화음 seventh chord

그림 3-26의 3화음 위에 3도를 다시 쌓으면, 음이 4개인 7화음이 – 밑음과 맨 위 7음의 거리가 7도기 때문 – 됩니다. 이 중 3화음 정도로 중요한 것은 딱 하나인데, 딸림화음 (V) 위에 만든 '딸림 7화음(V_7)'입니다(그림 3-30). V가 장조와 단조에서 같기 때문에, 딸림 7화음은 둘이 동일합니다.

특히 I로 해결할 때, 딸림 7화음은 V를 대신해 매우 많이 쓰입니다. 그림 3-31의 왼쪽이 C장조, 오른쪽이 c단조의 V_7–I 진행입니

그림 3-30. C장조 또는 c단조; 딸림 7화음 (V_7)

딸림 7화음

딸림 7화음의 해결: 장조와 단조

그림 3-31. 딸림 7화음(V₇)의 해결; C장조와 c단조. 화살표는 이끔음의 진행이다.

다. V–I만으로는 조성이 확정되지 않으나 – 가령 C장조의 V–I 진행은 G장조의 I–IV 진행과 같습니다 – V₇–I 진행은 화음에 7음(그림 3-28의 C장조 기준으로는 F)이 더 있기 때문에 이 음들을 모두 포함하는 조는 유일합니다. 따라서 조성이 그대로 확정되지요. 즉 **짧은 시간 내에 특정 조성의 느낌을 확인시키려면, 딸림화음보다 오히려 딸림 7화음이 더 유리**한 것입니다.

그림 3-31에서, 장조에서는 딸림화음의 이끔음 3음 (점선 화살표) 외에 7음이 이끔음으로 추가되므로(실선 화살표) 으뜸화음을 더 강하게 유도하지만, 단조에서는 이끔음이 딸림화음에 비해 더 늘지 않아 이 느낌이 조금 덜합니다.

그리고 원래의 3화음들을 보면, VII 3화음(C조 기준 B–D–F)이 딸림 7화음의 3, 5, 7음이며, 실제 밑음을 생략한 딸림 7화음으로 취급하는 경우가 많습니다. 이 경우 화음 표기는 딸림 7화음을 강조해 V⌀₇이 됩니다(작은 원 ○은 밑음 생략 표기입니다).

단조에서는 VII 화음 위에 3도를 추가하면, 이 7음에 내림표가 붙기 때문에 약간 특이한 성질이 생깁니다. 밑음과 7음 사이가 감

    클래식의 클래식

c단조　　　C장조

그림 3-32. 감 7화음($V_{9\flat}^{\circ}$ 또는 $VII^{7\flat}$)의 해결; C장조와 c단조. 화살표는 이끔음이다.

7도(diminished seventh)가 되므로, 이 화음을 '**감 7화음**(diminished seventh chord)'이라 부릅니다. C조에서는 B−D−F−A♭의 순서입니다.

그림 3-32에서 I로 해결되는 양상을 보면, 감 7화음은 딸림 7화음에 9도(내림표 붙음)를 추가한 '9화음'에서 밑음을 생략했다고 해석할 수 있습니다. 약호가 좀 까다로운데, 딸림 7화음 기준의 9화음으로 표기하면 $V_{9\flat}^{\circ}$며, VII 화음 기준으로 한 표기는 $VII^{7\flat}$입니다.[24] 실제 감 7화음은 I로 해결되는 수가 많으므로, 앞으로는 전자를 택하겠습니다. 장/단조 모두 딸림 7화음에 G로 향하는 이끔음 A♭이 추가됐으므로, 으뜸화음으로 향하는 경향이 매우 강합니다.

감 7화음의 매우 흥미로운 특성은, 3도 음정이 전부 단 3도(반음 3개)기 때문에 밑음을 옥타브만큼 올려도 – 이를 '자리바꿈'이라 부르는데, 조금 뒤에 다룹니다 – 여전히 단 3도 음정 3개라는 성질이 동일하다는 것입니다. 앞에서 본 3화음과 딸림 7화음은 이 특

24　9화음도 쓰이긴 하는데, 가장 많이 쓰이는 것은 딸림 7화음에 3도를 추가한 '딸림 9화음(dominant ninth chord)'이라 별도로 다루지 않겠습니다. 본문의 관점은 감 7화음을 딸림 9화음의 변종으로 보는 것입니다.

성이 거의 없습니다.[25] 이 특성은 조바꿈에서 상당히 유용한데, VI 장에서 구체적 사례를 보겠습니다.

부속화음 secondary dominants

앞에서 V 또는 V_7-I의 진행이 조성을 드러내는 데 결정적이라 설명했습니다. 이를 응용해 일반적인 화성 진행에 변화를 주기 위해, 특정 화음에 그 화음의 딸림화음을 추가할 수 있습니다. 말로는 너무 추상적이니 실제 악보와 소리를 들어 보시지요(그림 3-33).

누가 봐도 C장조인 진행에서 일시적으로 e단조로 조바꿈된 듯한 느낌인데, 정식으로 e단조로 들어서지 않고 암시만 한 후 C장조로 돌아온다 생각하면 됩니다. 저 화음을 유지하는 시간이 길면 조바꿈으로 간주할 수도 있으나, 순식간에 되돌아온다면 e단조로 완전히 넘어갔다고 보기 힘들지요. 이런 때 사용한 **'특정 화음의**

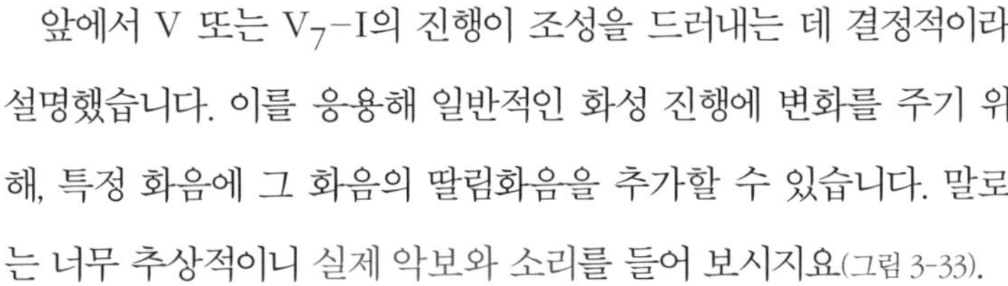

그림 3-33. 부속화음의 예; III의 딸림화음.

---

25 단조의 III 화음이 소위 '증 3화음(augmented third chord)'인데, 이것만이 유일한 예외입니다.

                                                      클래식의 클래식

딸림화음'을 부속화음이라 부릅니다. 그림 3-33에서 보듯이, III의 딸림화음인 경우 'V of III'이라 표기합니다. 물론 'V₇ of V' 등도 가능하며, 딸림화음뿐 아니라 다른 화음도 드물지만 사용됩니다.

부속화음은 위의 사례처럼 순간적으로 색채를 주는 것 외에, 으뜸조의 느낌을 확립하는 데 도움을 줄 수 있습니다. 가장 유명한 사례가 베토벤 교향곡 1번의 1악장의 느린 서주에서 현의 선율이 등장하기 전인데, 여기서는 우선 듣기만 하고 자세한 검토는 VI장에서 하겠습니다(32초까지).

자리바꿈_{inversions} 과 6화음_{sixth chord}

6화음을 설명하려면 먼저 자리바꿈부터 이해해야 합니다.

그림 3-26과 3-30에서 본 형태들은 음들을 3도 간격으로 쌓았습니다. 그런데 그림 3-33과 3-34를 보면, 화음을 구성하는 음정들에 4도나 2도가 들어 있습니다. 3-28과 3-29에서도 이미 3도만 쌓은 형태가 아닌 화음이 나왔지요. 하지만 화음을 이루는 음 자체는 똑같기 때문에, 이런다고 화음이 달라지지는 않습니다. 이들은 화음의 구성음, 특히 밑음을 옥타브씩 옮겨 얻습니다.

3도만으로 이루어진 화음들을 기본 위치(root position)라 하고, 그렇지 않으면 **자리바꿈 위치**(전위: 轉位)라 합니다. 그림 3-34에서 C 장조 으뜸화음(I)의 두 자리바꿈 위치와, 딸림 7화음 및 감 7화음

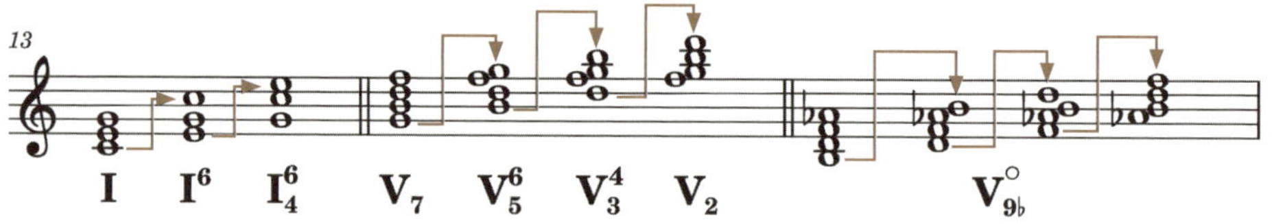

그림 3-34. 왼쪽부터 각각 으뜸화음, 딸림 7화음, 감 7화음의 자리바꿈 위치(inversions). 화살표는 밑음 이동 방향

의 세 가지 자리바꿈 위치를 볼 수 있습니다. 자리바꿈 화음은 화음의 밑음을 한 옥타브씩 위로 올려 가면서 얻습니다.

자리바꿈: I화음

그림 3-34에서 왼쪽 으뜸화음의 자리바꿈을 보면, 처음 밑음 C를 자리바꿈한 화음은 E-G-C 순서라서 밑음부터 거리가 3도-6도며, 두 번째 밑음 E를 자리바꿈하면 거리가 4도-6도가 됩니다. 전자를 6화음(6 chord) 또는 제1자리바꿈 화음(first inversion chord), 후자를 4-6화음(6/4 chord) 또는 제2자리바꿈 화음(second inversion chord)이라 부릅니다.[26]

자리바꿈: V7

딸림 7화음의 자리바꿈에서는 G-F의 단 7도를 옮긴 F-G의 장 2도가 특징이기 때문에, 2도를 기준으로 차례대로 5-6화음, 3-4화음, [1-]2화음이라 부릅니다. 반면, 감 7화음은 모든 3도 음정이 단 3도기 때문에 자리바꿈을 거쳐도 음정 사이가 변하지 않습니다. 따라서, 감 7화음은 기본 위치와 자리바꿈 위치의 음향을

자리바꿈: 감7화음

26 그림 3-34의 I⁶도 원래는 I⁶₃(3-6화음)이 정확하지만, 혼동의 우려가 없기 때문에 통상 3을 생략합니다.

구분할 수 없습니다.[27]

같은 화음인데 밑음에 따라 이름을 다르게 붙이는 데는 이유가 있습니다: 화음에서는 밑음의 배음이 가장 크게 울린다는 점과[28], 특히 기본 위치와 4-6화음은 실제 느낌이 다르기 때문입니다. 하이든의 현악 4중주곡 C장조 Hob.III:39 「새」의 1악장 끝을 밑음만 바꿔 차례대로 4-6화음과 기본 위치로 끝내 보았습니다. 어느 편이 '정말 끝난다'는 느낌이 더 강한가요? 사실 4-6화음으로 곡이나 악장을 끝맺는 경우는 매우 희귀하며, 가장 두드러지는 곳은 고전 협주곡에서 독주 악기가 카덴차를 연주하기 전 '중간 마무리'입니다(카덴차 시작 직전인 8:12경 어떤 화음으로 끝나는지 주목하십시오).[29]

하이든: 현악 4중주곡
– I과 4-6종결

슈타미츠: 비올라 협주곡,
카덴차 직전

위에서 본 외에 중요한 6화음이라면, 나폴리 6화음(Neapolitan sixth chord)일 것입니다. 이 화음은 단조의 II 화음에서 밑음을 반음 내린 장 3화음을, 한 번 자리바꿈해 6화음으로 만든 것입니다. 그림 3-35처럼 많은 경우 I–나폴리 6(II^{6b})–V–I 같은 진행 방식으로

나폴리 6화음 및
진행 방식

---

27 한 옥타브가 반음 12개인데, 반음 3개인 단 3도가 3개 쌓였으니 자리바꿈을 해도 이 상황이 변하지 않습니다. 단 정규 해결이 밑음은 상승하고 7음은 하강하는 방향이기 때문에, 사용한 임시표에 따라 대체로 해결 화음이 다릅니다. 이 점은 그림 3-41에서 구체적으로 언급합니다. 엄밀하게 자리바꿈 위치들을 구분할 수도 있으나, 이 책에서는 편의상 구분하지 않겠습니다.

28 앞 장의 화성 배음렬에서 배음들의 울림이 화음의 '어울림'과 관계가 있다고 언급했습니다.

29 피스턴은 "이 4-6화음은 실제로⋯ 일종의 딸림화음이다"라 말하기까지 합니다(피스턴, 「화성학」, 태림출판사, 최동선 역, 1990, 4th ed., p.110).

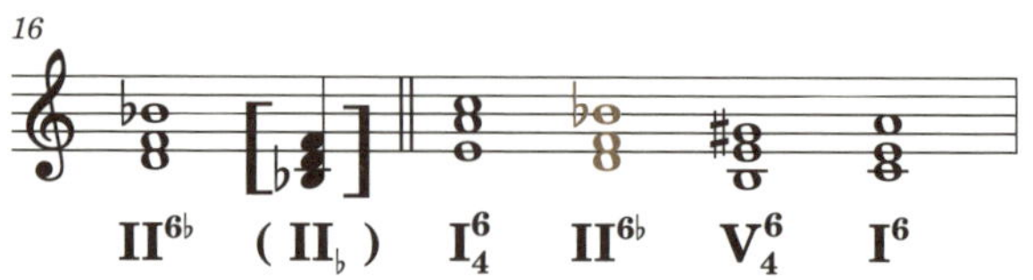

그림 3-35. a단조에서 나폴리 6화음과 그 기본 위치(검은색 음표), 통상의 화음 진행.

쓰입니다. 기본 위치로도 전혀 안 쓰이는 것은 아닙니다만 6화음 위치가 훨씬 흔하며, 화음 약호를 정식 표기인 $II^{6♭}$보다 아예 N^6이라 쓸 정도로 잘 알려져 있지요.

2음을 반음 내렸기 때문에 으뜸음의 이끔음이 될 것 같은데, 대개 다음에 으뜸화음이 아니라 딸림화음을 씁니다. 이 특징은 버금 딸림화음(IV)과 매우 비슷합니다. 원래 단조에서 출발했고 더 흔하게 볼 수 있지만, 지금은 장조에서도 자유롭게 사용할 수 있습니다.

아마 가장 압도적이고 두드러지는 사례라면 쇼팽의 발라드 1번 g단조 op.23의 맨 처음과, 바흐의 파사칼리아[와 푸가] c단조 BWV.582의 푸가 끝이라 생각합니다(나폴리 6화음이 등장하면서 딱 멈췄다가 다시 진행합니다).

쇼팽: 발라드 1번, 첫 부분

바흐: 파사칼리아 – 나폴리 6 반마침

마지막으로 증 6화음(augmented sixth chord)까지만 설명하겠습니다. 이 화음은 그림 3-36처럼 단조의 버금딸림화음에서 밑음을 반음 올리고 한 번 자리바꿈한 형태입니다.

이 화음은 보통 딸림화음을 유도할 때 씁니다. 전형적인 진행은

클래식의 클래식

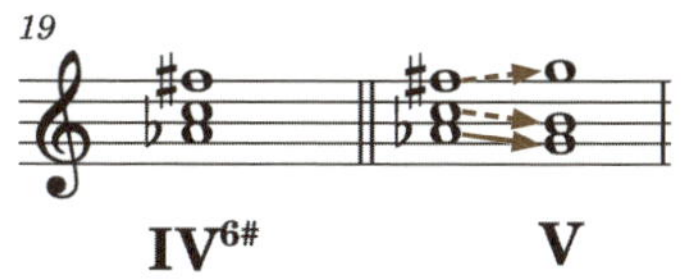

그림 3-36. C장조에서 증 6화음.

증 6화음 및 그 해결

그림 3-36처럼 A♭→G, F#→G, C→B인데, 모두 반음이라서 딸림화음으로 해결되는 느낌이 매우 강합니다. 여기에 E♭을 더한 형태로도 많이 쓰는데, E♭→D로 진행시켜 V 화음으로 해결되는 느낌을 더하기 때문입니다. 실제 사례는 V장의 두 곡에서 보시겠습니다.

바흐: 영국 모음곡 1번

조바꿈 modulation

바흐; 바이올린 소나타
1번, 2악장

일정 길이 이상의 곡에서는 조바꿈, 즉 '으뜸음을 바꾸는' 일은 사실상 100% 일어납니다. 더 짧은 시간 단위에서도 부속화음이나 나폴리 6화음 등으로 조바꿈을 암시하는 경우가 매우 많지요. 여러 번 말했듯이, 작곡가들은 특정 조성에 일정한 느낌이 있다고 생각한 경우가 많으며, **조성은 여러 표현 수단 중 하나**였습니다. 바흐나 모차르트가 쓴 A장조에는 뭔가 말하기 힘든 공통점이 있습니다.[30] 베토벤의 c단조나 E♭장조도 이 사례로 볼 수 있겠지요.

모차르트; 피아노 협주곡
23번, 1악장

모차르트: '돈 조반니'
3중창

30 바흐의 영국 모음곡 1번 BWV.806과 바이올린 소나타 2번 BWV.1015의 밝은 분위기나, 모차르트 피아노 협주곡 23번 K.488의 1악장, 오페라 「돈 조반니」 중 2막의 세 번째 곡 (3중창; 1:36:47까지), 현악 4중주곡 18번 K.464의 1악장 등입니다. A장조에 대한 비슷한 이미지가 상당히 오래 갔는지, 슈베르트의 피아노 5중주곡 '송어'도 느낌이 비슷합니다.

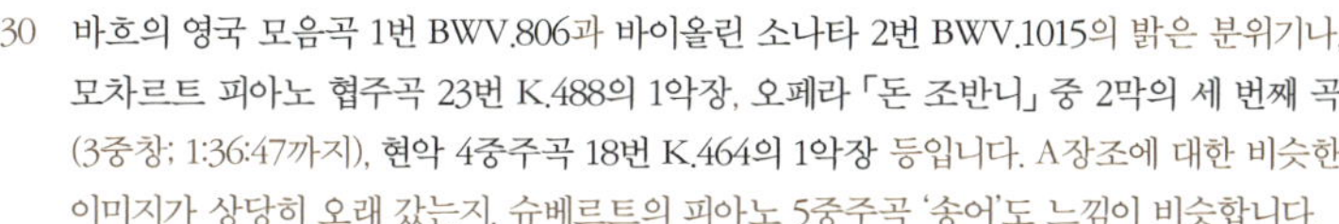
모차르트: 현악 4중주곡
18번, 1악장

작곡가만 이런 생각을 하지는 않았는데, 므스티슬라프 로스트로포비치 (Mstislav Rostropovich)가 스비야토슬라프 리히테르(Sviatoslav Richter) 에 대해 이렇게 말했습니다.[31]

스비야토슬라프의 연주를 듣고 마음을 빼앗겼네.
그 뒤로 A장조와 c단조의 차이를 알게 되었지.

재미있는 점이라면, 리히테르는 12평균율로 피아노를 조율하는 시대의 예술가라는 것입니다. 앞 장에서 12평균율에서는 조성 간의 차이가 없어진다고 설명했는데, 그 등장 이후에도 작곡가들은 여전히 이전 시대와 같이 차이가 있다고 생각했으며, 연주가들도 이를 인식하여 '느낌이 다르게 연주했다'는 것이지요. 이런 이유 때문에, 현대에도 실제 조별 차이가 완전히 없어졌다고 보기는 힘들고, 곡상(曲想)을 표현하는 수단으로서 조성이 여전히 유효하다고 볼 수 있습니다.[32]

기술적으로, 조바꿈 방법의 기본은 **'두 조의 공통화음**(pivot chord)**을 사이에 걸치고 넘어간다'입니다.** 그림 3-37을 보면, C장

---

31 브뤼노 몽생종(Bruno Monsaingeon), 「리흐테르」, 이세욱 역, 정원, 2005, 1st ed., p.202

32 20세기 중반 이후의 작곡가들은 '조성'이란 단어로 언급하는 대상이, 여기서 설명한 전통적인 의미의 조성보다 상당히 넓은 경우가 있습니다. 그러나 그 경우에도 곡상의 일부를 '조성'으로 표현한다는 개념까지 바뀌지는 않았습니다.

클래식의 클래식

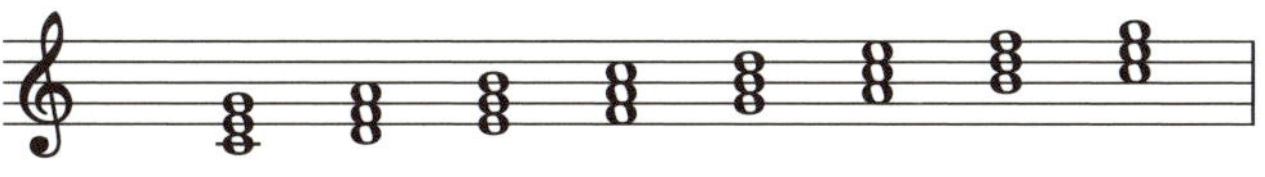

그림 3-37. C장조의 3화음이 G장조 및 F장조에서 갖는 기능; 세 조의 공통화음을 알 수 있음.

조의 I~VII 3화음 밑에 해당 화음이 G장조와 F장조에서 어떤 3화음이 되는지를 적어 놓았습니다: C장조의 으뜸화음이 G장조의 버금딸림화음(IV)과 F장조의 딸림화음(V)임은 자명하고, VI 화음이 G장조의 II와 F장조의 III과 동일합니다. 이 둘은 C, G, F장조의 공통 3화음입니다.

가령 C장조에서 G장조로 넘어가려면 이런 경로를 거칠 수 있습니다: C장조 확립(전형적으로 V 또는 V₇→I)→…→VI(=G장조의 II와 공통)→G장조 확립(V₇→I). 이 진행은 공통화음으로 C장조의 VI을 이용했습니다. 그림 3-38의 악보와 함께 진행을 들을 수 있습니다.

조바꿈: C장조 → G장조

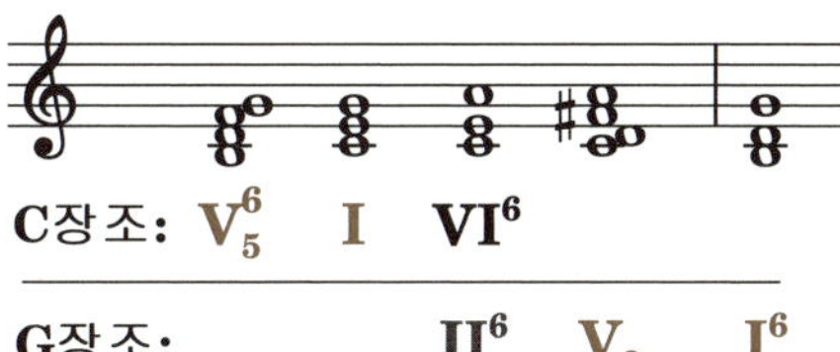

그림 3-38. C장조에서 VI 화음을 공통화음 삼아 G장조로 조바꿈하는 일례. C장조의 VI과 G장조의 II가 같아서 공통화음이 됨

첫 두 화음은 딸림 7과 으뜸화음이라 C장조 외의 다른 조가 될 수 없습니다. I 다음에 VI의 6화음을 공통화음으로 써서, G장조의 V_7-I을 연결해 G장조를 완벽하게 확정할 수 있습니다. 이로써 C장조에서 G장조로 완전히 넘어왔지요. 같은 식으로 C장조에서 F장조로 옮겨가는 방식 하나를 그림 3-39에서 볼 수 있습니다. 공통화음은 C장조의 IV와 F장조의 I입니다.

이를 일반화하면 **'조성 확정'→공통화음→'옮겨간 조성 확정'**의 3단계입니다. 보통 조성 확정을 V(또는 V_7)→I로 하기 때문에, 공통화음은 옮겨갈 조의 딸림화음 또는 딸림 7화음이 나오기 **전**에 놓아야 합니다.

위 두 사례는 원조(C장조)의 화음에 변화를 주지 않고 그대로 공통화음으로 썼는데, 앞에서 소개한 감 7화음, 부속화음, 나폴리 6화음과 증 6화음을 이용하면 훨씬 다채로운 변화를 줄 수 있습니다. 특히 감 7화음은 특히 자리바꿈을 해도 동일하다는 특성이, 나머지 셋은 원래 조의 3화음 7개(I~VII) 중 없는 것이기 때문에 다른 선택지를 준다는 점이 매우 유용합니다. 이 중 나폴리 6화음과 감 7화음의 예만 들겠습니다.

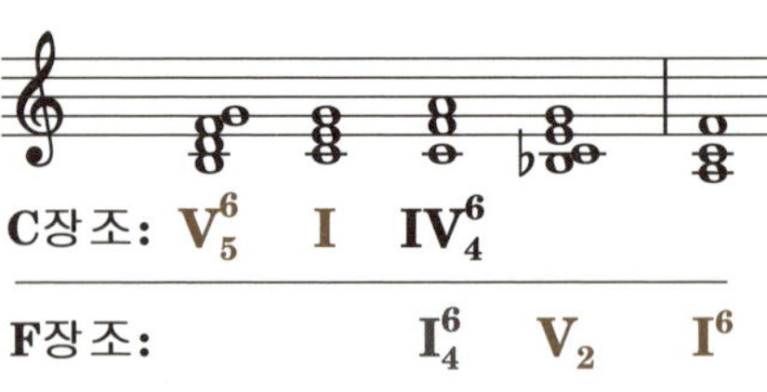

그림 3-39. C장조에서 IV 화음을 공통화음 삼아 F장조로 조바꿈하는 일례. C장조의 IV와 F장조의 I이 같아서 공통화음이 됨.

클래식의 클래식

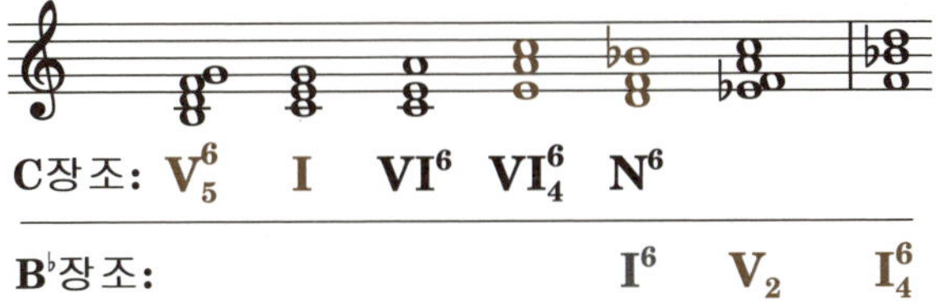

그림 3-40. C장조에서 나폴리 6화음을 공통화음으로 B♭장조로 조바꿈하는 일례. C장조의 VI₄⁶에 나폴리 6화음을 잇고, 다음에 B♭장조를 확립.

그림 3-40은 C장조에서 나폴리 6화음을 사용해 B♭장조로 이동했습니다. VI 화음을 자리바꿈한 후 공식대로 나폴리 6화음을 도입하면, B♭장조의 I⁶이기 때문에 다음에 바로 B♭장조를 확립할 수 있습니다. 통상적 진행은 그림 3-35처럼 a단조로 넘어갈 텐데 거기서 벗어난 것입니다.

그림 3-41은 감 7화음을 사용해 C장조에서 B♭장조로 넘어갔습니다. 여기서 주목해야 할 것은 첫 감 7화음은 E♭과 F#음을 썼는데, 둘째는 자리바꿈하며 **F# 대신 G♭을 썼다**는 점입니다. 딴이름한소리인데 의미가 달라지는 이유는, 첫 화음은 F#이 G로 이동하면서 G 장 3화음으로(V) 해결되지만, 둘째 화음에서는 G♭→F,

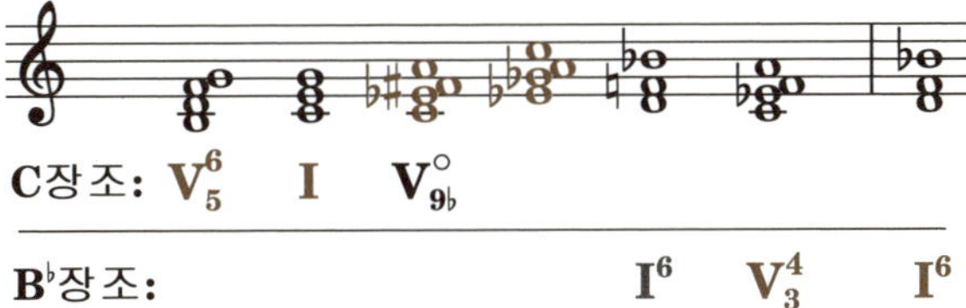

그림 3-41. C장조에서 감 7화음을 사용해 B♭장조로 조바꿈하는 일례. 딴이름한소리 사용에 주목.

A→B♭으로 이동하며 B♭ 장 3화음으로 해결되기 때문입니다. 이런 식으로 그림 3-41의 감 7화음에서는 해결화음을 G와 B♭ 장 3화음 외에, D♭ 및 E 장 3화음 중에서도 자유로이 선택할 수 있습니다.[33]

증 6화음의 느낌과 효과는 VI장에서 더 자세히 설명하겠습니다.

앞 II장과 이번 III장에서는 상당히 짧은 시간 내에 인식할 수 있는 요소들을 다루었습니다. 음악에서 특정 조성을 확정하는 데 시간이 많이 걸린다고 생각하기 쉬운데, 가장 짧게는 V_7–I만 잇달아 나와도 가능하지요. 따라서 1분 이하의 '짧은 시간 단위'에 조성을 포함시키는 데는 크게 문제가 없습니다.

이제는 인식에 좀 더 긴 시간이 필요한 것들을 다루겠습니다. 다음 장은 템포 이야기입니다.

---

33 이 네 화음의 근음이 차례대로 단 3도 간격임에 유의해 주십시오.

1. 베토벤 현악 4중주곡 7번 F장조 op.59-1의 2악장의 첫 부분 첼로 독주를 들어 봅시다. 보통은 음높이에 변화가 있어야 선율로 인지하는데, 이 부분은 변화가 없는데도 악장의 전개부 등에서 통상의 선율과 똑같이 다뤄집니다. 이것도 선율로 보아야 할까요?[34]

2. 훌륭한 선율이 좋은 곡을 만들 때 필수적이진 않습니다. 하지만 훌륭한 작곡가들의 곡에는 상당한 비율로 듣기 좋은, 혹은 마음을 사로잡는 좋은 선율이 많이 나오는 것도 사실입니다. 그러면 어떤 선율은 듣는 사람의 마음에 오래 남고 공감을 자아내는데, 왜 어떤 선율은 그렇지 못할까요? 이 문제를 인공 지능(AI)이 해결할 수 있을까요?[35]

3. 이미 보신 그림 1-6에서 「작은 별」 선율에 반주를 두 가지로 붙였습니다.

---

34 초연을 준비하던 연주가들이 이 곡을 보고는 베토벤이 자신들을 놀린다고 생각해 연주를 거부했다는 일화가 있습니다. 특히 문제의 2악장은 '미치광이 음악'이라는 비난을 받은 적도 있다네요. [D. J. 그라우트, 「서양음악사」, 3rd ed., W. W. Norton & Company, 1980; 김진균, 나인용, 이성삼 역, 세광음악출판사, 1990(13쇄), 하권 p.594]

35 참고로 프로그램이 작곡을 그럭저럭 한 지는 이미 오래고, 최근에는 AI로 이런 사례도 있습니다(link: https://www.nbcnews.com/mach/science/ai-can-now-compose-pop-music-even-symphonies-here-s-ncna1010931, 2023년 11월 1일 최종 확인)

그림 3-42(1~6). 같은 선율에 붙인 두 가지 반주와 화음

작은 별: 두 가지 반주

I장에서는 두 악보가 다르게 들리는 이유를 설명할 수 없었습니다. 이제는 화성의 기초를 알고 계시니, 간단한 화음 분석을 해 보시도록 권합니다. 귀에 들리는 느낌을 직접 표시해 보시면, 특히 밑음의 변화에 따라 같은 화성이라도 다르게 들린다는 것을 알 수 있으실 것이라 생각합니다.

IV.

템포
tempo

이제부터는 좀 긴 시간 단위, 길게는 수 분 이상 유지해야 하는 요소들을 설명할 차례입니다.

템포는 리듬과 마찬가지로 많은 비전문가와 일반 감상자들이 크게 주의를 기울이지 않는 경향이 있습니다. 우리가 이들에 좀 더 신경을 써야 할 이유는 충분합니다.

이 장은 특성상 녹음 및 작곡가와 연주가들의 말을 많이 이용할 수밖에 없습니다. 다소 이론적이던 앞 두 장과는 성격이 좀 다릅니다. 이 장이 여러분께 템포의 중요성 및 그에 대한 감각을 확인해 보시는 데 도움이 되기를 바랍니다.

잘못된 연주

부분 발췌한 다음의 세 연주는 모두 어딘가 잘못된 데가 있습니다.

- 그림 4-1: 바흐-부조니(Busoni) 「토카타, 아다지오와 푸가」, 첫 두 마디
- 그림 4-2: 베토벤 교향곡 9번, 3악장, 83~93마디
- 그림 4-3: 베토벤 교향곡 3번, 1악장, 첫 열다섯 마디

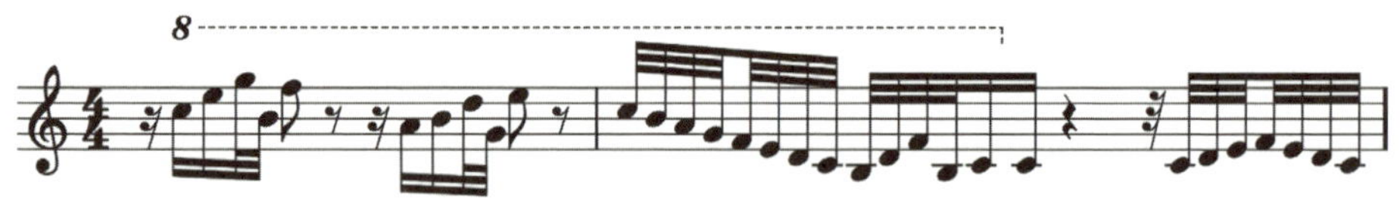

그림 4-1. 바흐-부조니: 「토카타, 아다지오와 푸가」 C장조 BWV.564 첫 두 마디(단선율)

그림 4-2. 베토벤: 교향곡 9번 d단조 op.125 「합창」, 3악장, 83〜92마디(큰 보표로 압축).
85〜90마디의 현악기 피치카토는 생략

그림 4-3. 베토벤: 교향곡 3번 E♭장조 op.55 「영웅」, 1악장, 첫 열다섯 마디 (큰 보표로 압축)

아마 첫째는 바로 알아보셨을 것이고, 둘째는 좀 들으시다가 고개를 저으셨겠지요. 첫째는 첫 마디에서 미스가 너무 금방 들리고, 둘째는 그림 4-2의 90마디에서 호른이 B♭→G♭으로 이동할 때(갈색으로 표시한 음표들) G♭ 앞에 난데없이 F 꾸밈음이 붙었습니다.[1] 하지만, 셋째는 좀 주의 깊게 들어야 합니다.

---

1 II장에서 금관악기에 대해 입술만으로 상당히 많은 음을 조절해야 한다고 말했습니다. 호른은 오른손으로 음높이를 조절할 수 있는데도, 까딱하면 소위 '삑사리'를 내기 십상인 어려운 악기입니다.

이 연주의 문제점은, **템포의 불안정**입니다. 템포를 분석해 보면
표 4-1과 같습니다.

	마디	연주 시간(초)	메트로놈 템포(♩=)
1) 첫 두 화음의 간격	1	0.973	185
2) 다음 마디들	3~7	5.039	178.6
	8~14	7.304	172.5

표 4-1. 베토벤: 교향곡 3번 1악장 연주의 템포. 메트로놈 템포는 4분음표를 분당 연주하
는 숫자로 정의한다.

베토벤: 교향곡 3번 1악장
템포에 유의

이 악장의 템포는 첫 2개의 총주 으뜸화음에서 결정되는데, 이
화음 2개와 다음의 제1주제가 템포가 현격하게 다릅니다. 다시
들어 보시지요. 특히 처음과 8~14번째 마디를 비교하면, 템포가
6~7% 정도나 늦어짐을 알 수 있습니다. 이것은 어떻게 보더라도
지휘자의 실수지요.

이 악장에서 베토벤이 지정한 템포는 '점 2분음표 = 1분당 60 (그
러므로 ♩= 180)'이지만, 너무 빠르다 생각하실 분이 많을 것입니다. 뒤
에서 다시 보겠지만 대부분의 현대 악기 연주들은 이보다 느리므
로, 이 지시와 좀 다르다고 틀렸다고 말할 수는 없습니다. 진짜 문
제는 **아무런 뚜렷한 이유가 없는데도 템포가 바뀌었다**는 사실이
지요.

제 경험상 일반 애호가들은 '음정 실수'는 비교적 정확하게 잡아
내지만, 리듬 실수에는 둔감하고, 템포의 실수는 거의 알아차리지
못합니다. 둘 다 시간적 요소인데, 그러면 템포가 리듬보다 덜 중
요한가… 결코 그렇지 않아서 문제인 것입니다.

템포의 정의와 그 중요성

I장에서 템포를 '특정 길이의 음표를 같은 시간당 연주하는 숫자'로 정의했습니다. 앞 사례에서 보았듯이, ♩=185에서 173으로 6% 정도 변화가 생기면 분명히 인지할 수 있습니다.

제 사견으로는 음정의 실수는 리듬과 템포의 실수에 비하면 오히려 사소합니다. 일상 대화에서 발음 한두 개 잘못한다고 해서 듣는 사람의 이해도가 크게 달라지지는 않습니다만, '얼마나 빠르게 말하는가'는 '구두점을 어디서 찍는가(=어디서 끊어 읽는가)'와 함께 의미 전달에 매우 중요합니다.[2]

그러면 템포가 얼마나 중요할까요?

자신의 작품이 연주되었을 때, 그(베토벤)의 첫 번째 질문은 언제나 "템

---

2 후자, 즉 '구두점' 및 '끊어 읽기'는 다음 장에서 다루겠습니다.

포가 어땠는가?"였다. 다른 것들은 그에게 있어 모두 부차적 중요성
밖에 띠지 못하는 듯했다.

안톤 쉰들러(Anton Schindler)[3]

처음부터 올바른 기본적 템포를 유지함이 아주 어렵다고 생각하는
지휘자들이나 피아니스트들이 있다. 처음에 템포를 일정하게 하지 못
하거나 잘못되게 하면 전체 공연을 통하여 템포는 한계를 벗어나게
된다. 때로는 템포가 다시 본궤도를 찾고, 연주자도 자기가 갈 수 있
는 통로를 발견했다고 할지라도 연주의 통일성은 이미 파괴된 지 오
래이다...(중략) 템포에 관련되는 한 정확성의 결핍은, 대체적으로 말해
서, 연주자가 갖고 있는 예술적인 부적합성이나, 음악의 분위기, 의도
및 정서적인 내용을 충분히 받아들이지 못하는 데서 기인한다는 사실
을 숨길 이유는 없다.

하인리히 노이하우스[4]

훈련된 음악가들은 놀랍게도 1/100초의 차이도 알아차린다고

3   샌드라 P. 로젠블럼(Sandra P. Rosenblum), 「고전파 피아노 음악의 연주(Performance
    practices in classic piano music)」, Indiana University Press, 1988. 김경임 역, 계명대학교
    출판부, 2002, p.432

4   하인리히 노이하우스(Heinrich Neuhaus), 「피아노 연주기법(The Art of Piano Playing)」,
    조윤용 역, 삼호출판사, 1992, 1st ed., p.59. 저자는 모스크바 음악원에서 교수로 오래 있
    었기 때문에, 러시아어식으로 '겐리흐 네이가우스'로 읽는 일이 많습니다. 리히테르와 에밀
    길렐스(Emil Gilels)의 스승으로도 유명합니다.

                                          클래식의 클래식

합니다.

> 여러분의 머리 속에는 항상 메트로놈이 움직이고 있어야 한다...(중략)
> 나는 메트로놈 120, 124, 128을 구별하지 못하는 사람들을 만났었는
> 데, 그들에게 조금 빨리 연주해 달라고 말하면 너무 빨라져 버리므로
> 연주를 할 수 없는 경우도 있었다.
>
> 제임스 골웨이[5]

메트로놈: 120, 124, 128

여러분의 템포 감각이 어느 정도로 정확한지 궁금하지 않으십니까? 메트로놈 120, 124, 128을 무순으로 들려 드리겠습니다.

구별 안 된다고 너무 실망하실 필요는 없습니다. 저도 120과 124, 124와 128을 정확히 구별할 자신은 없습니다. 단 120과 128을 구별 못 하신다면, 프로 연주가로서는 문제가 될 가능성이 높습니다. 앞에서 나온 「영웅」 교향곡 사례가 6% 정도였는데, 120과 128의 차이는 6.7% 정도이니까요.

---

5 제임스 골웨이, 「플루트」, 최원영 역, 예음, 1st ed., 1991, p.233~234

템포의 오류

처음에 제가 들려 드린 세 가지 예처럼, 음정에서 실수가 있듯이 템포에서도 '악보에 지시된 대로 템포를 잡지 않는' 실수를 저지를 수 있습니다. 전형적으로는

- 점차 빨라지거나(아첼레란도 *accelerando*) 느려지도록 지시했는데(리타르단도 *ritardando*), 갑자기 템포가 바뀌는 경우: '크레센도는 피아노를 의미하고, 디미누엔도는 포르테를 의미한다'는 오래된 격언이 있습니다. 템포에서도 마찬가지입니다.
- 리타르단도나 아첼레란도 후, 아 템포(A tempo)에서 템포가 그 전의 속도로 안 돌아오는 경우
- 아무런 지시가 없거나, 템포 변화 대신 음표를 길게 쓴 곳에서 템포가 바뀌는 경우: 특히 긴 음표의 경우 느리게 연주하는 경향이 있고, 반대의 경우도 성립함

마지막 경우의 예를 두 가지 들어 보겠습니다.

브람스의 랩소디 2번의 끝 여덟 마디에는 템포의 변경 지시가 없습니다. 그림 4-4의 셋째 마디에서 'quasi rit.'(느려지는 것처럼)이란 지시가 있으나, 이는 '점차 느리게'가 아닙니다. 브람스는 4분음표 2개의 시간을 '6개→4개→3개→2개'로 분할하여 템포가 점차 느려지는 것처럼 들리게 만들었지, 템포를 느리게 하라는 지시를 넣지 않았습니다. 즉, 이 여덟 마디에서 모든 마디는 원칙적으로 같은 시간에 연주해야 합니다. 관례상 끝 음표 두 개는 조금 천천히 연주

브람스: 랩소디 2번,
끝 8마디

그림 4-4. 브람스: 랩소디 2번 g단조 op.79-2, 끝 여덟 마디

할 수도 있겠습니다만. 하지만 이 연주는 그렇지 않습니다.[6] 적어도 다른 연주 하나 보다는 끝에서 템포를 훨씬 더 많이 움직입니다.

베토벤은 교향곡 4번 4악장의 끝 부분에서 그림 4-5처럼 제1주제를 2배로 늘려 놓고, 세 군데에 페르마타(fermata)를 첨가해 놓았습니다. 이 부분에는 아무런 템포 변화 기호가 없으니, 첫 세 마디의 템포를 페르마타가 세 번 나오는 동안 똑같이 유지해야 합니다.

그림 4-5. 베토벤: 교향곡 4번 B♭장조 op.60, 4악장, 끝 열다섯 마디. (큰 보표로 압축)

6 끝 마디를 제외한, 각 마디의 연주 시간이 2.78, 1.94, 1.68, 2.08, 2.13, 3.35, 3.06초입니다. 연주가에게 당연히 어느 정도 재량은 있습니다만, 제 생각엔 셋째 마디부턴 좀…

베토벤이 요구한 템포는 '2분음표=80'인데, 엄격하게 그대로 연주하면 이렇게 들립니다. 페르마타를 주목할 만한데, 세 번째 페르마타가 다른 둘보다 <u>더 길다</u>는 점을 유의해 주십시오. 첫 둘은 8분음표고 마지막 것은 4분음표에 붙여 놓았습니다. 재미있는 것은 전체 템포는 달리 하더라도(물론 대체로 더 느리죠), 페르마타의 길이 비례를 악보대로 맞춰서 연주하는 음반이 의외로 많지 않다는 것입니다.

베토벤: 교향곡 4번, 4악장 종결

- 연주 1: 아르투로 토스카니니(Arturo Toscanini, 1951년)
- 연주 2: 라파엘 쿠벨리크 (Rafael Kubelík, 1975년)
- 연주 3: 조르디 사발 (Jordi Savall, 2019년)

4악장 종결: 토스카니니

4악장 종결: 쿠벨리크

4악장 종결: 사발

전체 템포가 일정합니까? 그리고 페르마타 길이는 어떤가요?

이 부분 때문에 카라얀이 비판을 받은 일이 있습니다. 그도 이 부분을 느리게 연주했다가, 악보에 근거가 없는데 왜 그렇게 했냐고 묻는 사람에게 대답하지 못했다고 합니다.[7]

---

7 로베르트 C. 바흐만, 「음악의 황제 카라얀」, Econ Verlag, 1983. 반광식 역, 월간 오디오, 2판, 1990, p.369

레코딩_{recording}과 템포

　현대 레코딩은 모두 테이프(tape) 또는 디지털 파일을 사용하고, 편집을 하지 않는 경우는 사실상 거의 없습니다.[8] 특히 오페라의 스튜디오 녹음은 편집이 불가피했는데[9] 계약한 가수의 스케줄이 장면 순서대로 맞지 않는 경우가 대다수였기 때문입니다. 예를 들면 Decca의 프로듀서 존 컬쇼(John Culshaw)가 바그너의 「니벨룽의 반지(Der Ring des Nibelungen)」 4부작(WWV.86) 중 첫 곡인 '라인의 황금'을 1958년 게오르크 솔티(Georg Solti)의 지휘로 빈 필하모닉 오케스트라(Vienna Philharmonic Orchestra)와 녹음할 때 고려한 사항은 이랬습니다.

8　실황녹음이라고 나오더라도 보통은 리허설 녹음과 편집합니다.

9　2022년 현재, 스튜디오 녹음은 거의 하지 않게 된 지 오래입니다. 한다면 뉴스가 될 정도지요.

클래식의 클래식

우리는 작품을 두 부분으로 나누어 9월 24~30일에는 2, 4장에 집중했고, 10월 2~8일에는 3장과 1장을 녹음했다. 오페라를 제 순서대로 녹음하는 것은 모든 오페라 지휘자와 프로듀서의 꿈이지만, 그런 일은 실제로는 거의 일어나지 않는다… (중략)

운 좋게도 전체 기간 동안 보탄(Wotan) 역의 조지 런던(George London)이 있었고, 이틀을 제외하고는 로게(Loge) 역의 세트 스반홀름(Set Svanholm)이 있었다. 나머지 스케줄은 [프리카 Fricka 역의] 플라그스타(Flagstad)가 10월 1일 이후에는 머물 수 없고, 알베리히(Alberich) 역의 구스타프 나이틀링거(Gustav Neidlinger)가 그날까지 올 수 없다는 사실에 따라 결정되었다(다행히도 '라인의 황금'에서 이 둘은 같이 노래하는 장면이 없다).[10]

이렇게 군데군데 녹음하여 편집하면 템포 문제가 생길 수 있습니다. 같은 부분을 두 번 이상 녹음하다 보면, 앞에 녹음한 것과 템포가 꼭 맞는다고 장담할 수 없기 때문입니다.

(전략) 내가 맡은 레코딩 세션은 매우 나이 든, 노년에 접어들기 직전의 지휘자와 같이 했다. 우리가 녹음하던 교향곡의 첫 악장에서 그는 템포를 결정하지 못해서, 둘째 세션이 끝날 때까지 적어도 11번 지휘했는데 전부 템포가 달랐다. 나는 이 결정 불능에 대해 할 수 있는 것이

---

10 존 컬쇼, 'Ring Resounding', Limelight Editions, arrangement with Viking Penguins Inc., New York, 1987, p.77.

없었다. 충분히 이해는 가지만 오케스트라는 지루해졌으며, 세션을 잘못 운영한 것이 내 잘못이라 생각하여 취리히와 런던 양쪽(Decca의 본사가 있는 곳)에 불평을 토했다.

존 컬쇼[11]

(전략) 테이크(take)가 끝났다. 그러자 이번에 들려 오는 프로듀서 빌헬름 헬베크(Wilhelm Hellweg)의 목소리는 다 좋은데 왜 템포가 달라졌는가를 꼬집듯이 지적했다. 악보 지정의 템포가 아니라는 것이었다. 이에 대하여 오자와 세이지(小澤征爾)는 그럴 리가 없다고 대답했다... 그러자 헬베크는 분명히 달라졌다고 하면서 메트로놈을 켜 놓고서 아까는 이 템포였지만 지금 이 템포였다고 대답했다. 오자와는 무릎을 꿇고서 메트로놈 소리를 들었다. 연주자들도 기가 차다는 듯한 표정으로 이 소리를 들을 수밖에 없었다. (중략) 그리고 다시 테이크로 들어갔다. 물론 아까의 그 템포로 말이다....

박성수 씨의 리뷰[12]

베토벤 교향곡 5번 4악장의 제1주제는 곡이 진행되는 도중 같

---

11 *Ibid.*, p.56. 1956년 빈 필하모닉 오케스트라와 한 녹음 세션으로, 이 지휘자는 카를 슈리히트(Carl Schuricht; 1880~1967), 곡은 슈베르트의 「미완성」 교향곡으로 알려져 있습니다.

12 1994년 여름의 일본 사이토 기념 페스티벌에서 오자와와 사이토 키넨 오케스트라(Saito Kinen Orchestra)의 Philips 스튜디오 녹음을 참관한 기록. 원래 '하이텔(HiTEL)'에 1995년 2월 21일 포스팅됨

은 모습으로 재현부에서 매우 장대하게 다시 등장합니다. 대개 이 둘은 같은 템포로 연주하지만, 그렇지 않은 녹음도 있습니다. 같은 21마디를 연주하는데, 제시부는 38.35초(♩=131.4)고 재현부는 34.20초(♩=147.4)입니다. 차이가 10% 이상이니 지휘자나 프로듀서 어느 편이건 이를 몰랐다고 할 수는 없습니다.

물론 실수인지 지휘자의 해석인지는 알 수 없습니다. 저라면 이렇게 지휘하지는 않겠지만….

베토벤: 교향곡 5번,
4악장 – 제시부

베토벤: 교향곡 5번,
4악장 – 재현부

템포 결정: 실제 연주

불행히도, II장에서 살펴본 기준 음높이가 모호한 것처럼 템포 지시도 모호하기 짝이 없습니다. 현재 많이 쓰이는 이탈리아어 지시는 1500년대 중반부터 쓰이기 시작했다고 알려져 있는데, 구체적으로 열거해보겠습니다.

- 템포 자체: Largo, Grave, Adagio, Andante, Moderato, Allegretto, Allegro, Vivace, Presto, Prestissimo....
- 템포변화: mosso(움직이는 듯이), meno(덜) mosso, più(더) mosso, accelerando, ritardando, animato(생기있게), calando(여리고 느리게), stringendo(급박하게), l'istesso tempo....

여기서 엄밀한 말이라면 'l'istesso tempo(앞과 같은 템포로)' 하나뿐일 겁니다. 도대체 객관적으로 얼마나 느리게, 얼마나 빠르게 연주해야 할지는 전혀 알 수 없지요.

이 상황에 변화를 초래한 것은 바로 베토벤의 친구이기도 했던 멜첼(Johann Nepomuk Maelzel, 1772~1838)이 1815년 발명한 메트로놈입니다. 이 덕에 그나마 좀 객관성을 확보할 수 있었는데, 그렇다고 이 지시가 결코 만능은 아니라는 것은 이해해야 합니다.

베토벤은 중요한 작곡가로는 처음으로 메트로놈 숫자를 악보에 지정했고, 이 기계에 대해서 말을 여럿 남겼는데, 다음 인용들을 보시면 열광부터 시작해[13] 필요 없다고 단언하는 경우까지 다양합니다.

> 저로 말할 것 같으면 이 어처구니없는 묘사적 용어들 - 알레그로, 안단테, 아다지오, 프레스토 - 을 포기하는 것을 오래 전부터 생각해오고 있었습니다. 멜첼의 메트로놈이 숫자들이 우리에게 이를 위한 가장 좋은 기회를 제공해 줍니다.
>
> 지인에게 보낸 편지에서[14]

베토벤이 런던에서 교향곡 9번을 출판할 때 악보에 넣으려 메트로놈 숫자를 사본에 붙였다. 거의 다 마쳤을 즈음, 표시해 놓은 악보를 잃

베토벤: 교향곡 8번, 2악장

---

13 가끔 교향곡 8번 2악장이 메트로놈 찬양(?!)으로 언급되기도 하는데, 메트로놈의 발명은 교향곡 8번의 작곡보다 늦어서 신빙성이 낮습니다.

14 샌드라 P. 로젠블럼, 「고전파 피아노 음악의 연주」, Indiana University Press, 1988. 김경임 역, 계명대학교출판부, 2002, p.430. 빈의 지휘자 이그나츠 폰 모젤(Ignaz von Mosel)에게 보냈습니다.

어버렸다. 베토벤은 다른 사본에 다시 할 수밖에 없었는데, 작업이 거의 다 끝났을 때 원래의 악보를 찾았다. 둘을 비교했는데, 같은 숫자가 하나도 없었다. 베토벤은 "절대로 메트로놈을 쓰지 말라! 올바른 느낌을 가진 사람이라면 누구나 이것이 필요 없다. 또 올바른 느낌이 결여된 사람이라도 이것을 사용할 필요성은 없다 – 그런 사람이라면 어차피 전체 오케스트라와 함께 감정에 이끌릴 것이기 때문이다"라 말했다.[15]

결국은 '절대적인 기준'이 없음을 다시 통감하는데, 당연히 끝없이 논란이 됩니다. 바그너와 멘델스존 사이의 일화는 '이 모호함'을 다시 확인시켜 줍니다.

바그너와 멘델스존이 베토벤의 교향곡 8번 연주회에 참석했다. 카를 고틀리프 라이시거(Karl Gottlieb Reissiger)가 지휘했는데 3악장 'Tempo di minuetto'를 옛 미뉴엣의 침착한 템포보다 약간 빠른 렌틀러(Ländler) 템포로 연주했다. 바그너는 몹시 화를 냈는데, 멘델스존이 약간 미소를 지으며 "괜찮군요. 브라보!"라 말했을 때는 더욱 화를 냈다.[16]

---

15 프레데릭 도리언(Frederick Dorian), 「음악 연주사(The History of Music in Performance)」, W. W. Norton & Company, 1972. 안미자 역, 세광음악출판사, 1994 인쇄, p.180~181의 요약. 베토벤의 말은 요약 없이 그대로 인용했습니다. 필요 없다고 말은 했으면서도, 결국 출판 악보에서 메트로놈 숫자를 제거하지 않았고, 뒤쪽에서 인용할 말처럼 명확한 입장을 제시해 주었다는 것이 재미있습니다

16 *Ibid.*, p.206. 베토벤이 지시한 템포는 ♩= 126으로 역시 현대 기준으로 꽤 빠른 편입니다.

　　　　　　　　　　　　　　　　　클래식의 클래식

이 두 사람의 의견 충돌은 '음악에 대한 관념의 차이'에서 왔습니다. 깨끗하고 약간 빠른, 고전적인 경향의 멘델스존과 '미사여구를 동원하여 웅변적으로 해석하는' 바그너. 베토벤의 연주를 직접 들은 사람들의 말로는, 그는 분명히 모차르트 또는 멘델스존보다 바그너 쪽에 가까웠기는 합니다. 이런 모호성은 21세기 초에까지 바뀐 것이 하나도 없습니다. 다행인지 불행인지....

전체 템포

그러면, 연주가들은 도대체 어떻게 구체적인 템포를 결정할까요? 메트로놈이 발명된 이후의 작품이라도, 여전히 대부분은 메트로놈 표시가 없습니다. 그리고 메트로놈 표시가 있는 경우라도 연주가들이 철저히 지키지도 않습니다.

특히 베토벤의 메트로놈 지시는 아직도 논란입니다. 이 장 맨 앞에서 말했듯이, 상당수의 감상자는 너무 빠르다고 생각할 것입니다. 시대 악기 연주들은 당시 연주 관습 외에도 악보의 존중이 주요 전제 중 하나라 베토벤의 메트로놈 지시 역시 준수하는 편인데, 앞에서 비교한 「영웅」 교향곡 1악장의 첫 열네 마디로 판단하면 베토벤의 지시 ♩=180에 비해 출시 당시 화제가 됐던 존 엘리엇 가디너(John Elliot Gardiner)의 녹음은 ♩=169, 최근의 조르디 사발의 녹음은 ♩=175로 모두 180에는 미치지 못합니다. 현대 악기 연주들은 아직

베토벤: 교향곡 3번, 1악장
– 가디너

베토벤: 교향곡 3번, 1악장
– 사발

도 훨씬 느린 경우가 많습니다. 오토 클렘페러(Otto Klemperer)가 필하모니아 오케스트라(Philharmonia Orchestra)를 지휘한 1955년 녹음은 ♩=134 부근이며, 구스타보 두다멜(Gustavo Dudamel)과 시몬 볼리바르 심포니 오케스트라(Simón Bolívar Symphony Orchestra)의 2012년 녹음은 ♩=151 정도입니다.

그리고, 버르토크처럼 악보에 철저히 메트로놈 기호와 연주 시간까지 표시한 경우라도 연주가들이 반드시 지킨다고 할 수 없습니다. 그의 현악 4중주곡 5번(1934년 작곡)의 우니베르잘(Universal) 판본에 적힌 연주 시간과 몇 음반들의 연주 시간을 비교해 보겠습니다(표 4-2). CD 트랙의 공백 시간이 보통 4~5초 추가됨을 감안해 주십시오.

작곡자 지시와 거의 비슷하게 템포를 가져간 경우는 베그 4중주단의 1악장밖에 없습니다. 나머지는 거의 전부 느린데, 딱 하나 에머슨의 5악장만이 10초 이상 빠릅니다. 총 연주 시간으로 보면 에머슨이 가장 가깝습니다만, 공백 시간을 감안해도 대략 1분 정도 느리죠. 지시보다 약 3% 정도 느린 셈인데, 별로 차이가 없다고 생각하실 수도 있습니다. 하지만, 골웨이가 말한 메트로놈 120과 124의 차이가 3.2% 정도입니다. 프로에게는 '별 차 아님'이 결코 아닙니다. 가장 느린 연주는 뉴 부다페스트인데, 지시보다 자그마치 4분 이상 느립니다.[17]

---

17 이래도 '틀렸다'고 단정지을 수 없는 이유가, 숫자 사이의 상대적 크기가 중요하지, 빡빡하게 숫자까지 지키는 것은 중요하지 않다는 주장이 상당히 근거가 있기 때문입니다. 버

연주	1악장	2악장	3악장	4악장	5악장	총 시간	녹음 연도, 레이블
악보 지시	7'04½"	5'19½"	4'36"	4'17½"	6'21½"	27'39"	
헝가리(Hungary)	7'44"	6'31"	4'56"	5'00"	7'03"	31'14"	1961, DG
노박(Novak)	7'40"	5'33"	5'32"	5'12"	7'41"	31'38"	1965, Philips
베그(Végh)	**7'10"**	6'08"	4'56"	5'04"	7'02"	30'20"	1972, Astrée
알반 베르크 (Alban Berg)	7'37"	**5'31"**	**4'46"**	**4'44"**	6'45"	29'23"	1983~86, EMI
에머슨(Emerson)	7'20"	5'52"	4'56"	4'47"	**6'12"**	**29'07"**	1988, DG
칠링기리안 (Chilingirian)	7'24"	5'36"	4'59"	4'47"	6'59"	29'45"	1988, Chandos
뉴 부다페스트 (New Budapest)	7'38"	6'22"	5'30"	5'35"	7'10"	32'15"	1992, Hyperion

표 4-2. 버르토크 현악 4중주곡 5번 Sz.102의 지정 템포와 음반들의 연주 시간. 굵은 서체
는 작곡가 지정에 제일 가까운 연주

다시 유명한 사람들의 말을 인용하겠습니다. 이들이 템포에 대
해 어떤 개념을 가졌는지 한번 확인해 보십시오.

르토크에게 4년간 배운 피아니스트 샨도르 죄르지(Sándor György)는, 작곡자 자신이
전혀 그렇게 연주하지 않았으며(버르토크 자신의 녹음도 남아 있습니다) 작곡자의 휴대
용 메트로놈도 정확하지 않았다고 말합니다. (브루스 듀피 *Bruce Duffie* 와 1990년 인터
뷰; http://www.bruceduffie.com/sandor2.html. 2023년 11월 12일 최종 확인)

멜첼에 의거한 100이다. 그러나 이것은 첫 마디에만 적용된다. 왜냐하면 감정 또한 그 나름대로 템포가 있기 때문에, 이 숫자가 느낌까지도 모두 표현할 수는 없기 때문이다.

베토벤이 자신의 가곡 「Nord order Süd」의 악보에 적음[18]

건강한 사람의 맥박은 규칙적이다. 그러나 육체적으로나 정신적으로 스트레스를 받고 있는 사람은 맥박의 속도가 빨라지거나 또는 느려진다. 이는 음악에도 그대로 적용된다.

하인리히 노이하우스[19]

연주의 잘못된 해석, 잘못된 템포 등에 대한 증거는 없다. 템포의 정확성은 첫 소절이나 첫 페이지만으로는 판단할 수 없다. 고전이든 현대 음악이든, 대조를 만들고 작품의 충만함을 만들어내는 악장의 모든 요소가 템포를 설정하는 데 기여한다. 서정적 주제를 담은 악절은 느리게 흐르는 경향이 있는 반면, 신속한 악절은 빨라지는 경향이 있다. 이 모든 것의 공통 분모를 찾아야 하며, 그것은 악장의 특정 템포이다. 어찌됐든 템포의 문제는 작품 전체의 해석, 즉 작품의 영적 이미지와 분리될 수 없는 문제이다. 템포는 기본적으로 곡의 성격에 따라 달라진다.

---

18 프레데릭 도리언, 「음악 연주사」, W. W. Norton & Company, 1972, 안미자 역, 세광음악출판사, 1994, p.179

19 하인리히 노이하우스, 「피아노 연주기법」, 조윤용 역, 삼호출판사, 1992, 1st ed., p.47~48.

여기서 공통된 점은 **기본 템포는 정확해야 하지만, '경우에 따라서' 템포를 조절할 수 있다**는 정도입니다. 누구도 기본 템포를 멋대로 바꿔도 된다는 말은 하지 않지요. 하지만 악보에 작곡자가 템포를 직접 지정해 놓았더라도, 템포의 설정에는 상당한 융통성이 있음을 쉽게 알 수 있습니다.

그러면, '기본 템포'를 달리 잡으면 얼마나 음악이 다르게 들리는지 세 가지 사례를 들어 보시겠습니다.

브람스: 발라드
op.118-3 – 켐프

- **브람스**: 발라드 g단조 op.118-3

    빌헬름 켐프(Wilhelm Kempff), DG, 1963년

    박하우스, Decca, 1956년

    리히테르, Eurodisc-Melodiya, 1971년

발라드 – 박하우스

- **바흐**: 바이올린 협주곡 2번 E장조 BWV.1042, 3악장

    나탄 밀스타인(Nathan Milstein), Capitol, 1966년

    조콘다 데 비토(Gioconda de Vito), EMI, 1949년

발라드 – 리히테르

- **글린카**(Glinka): 오페라 「루슬란과 류드밀라(Ruslan and Lyudmila)」

    서곡

바흐: 바이올린 협주곡 2번
3악장 – 밀스타인

3악장 – 데 비토

---

20 「음악에 대하여」, 베를린 음악대학(2023년 현재 '베를린 한스 아이슬러 음악대학') 학생과 대담(1950 & 51), 라디오 방송에서 발췌. DG 2740 260(LP: J. 쿰즈 영역) (성음 LP, SEL-RG 911의 라이너 노트)

레너드 번스타인(Leonard Bernstein), 미국 Columbia, 1966년

예프게니 므라빈스키(Yevgeny Mravinsky), Melodiya, 1965년 실황녹음

이 기본 템포를 잡는 기준은 사실 연주가의 '감'에 많이 의존하나, 그 결과는 이렇게 음악을 천차만별로 다르게 만들 수 있습니다. 아마 가장 극단적인 예로는 오펜바흐(Offenbach)의 오페레타 「지옥의 오르페우스(Orphée aux enfers)」 서곡 중의 유명한 '캉캉(Can-can)'과 생상스 「동물의 사육제(Le carnaval des animaux)」 중 '거북이(Tortues)'(6:38까지)일 것입니다.

템포의 변화

작곡가도 연주가도 다 변화를 줄 수 있습니다. 물론 작곡가가 일단 악보에 적어 넣으면, 그 이후로는 연주가의 선택을 제한합니다. 바로크 이전부터 현대에 오기까지 점차 악보에 기입하는 것이 많아졌다는 것은 대다수 전문가들이 인정합니다. 바흐의 협주곡들은 악장 처음의 템포 지정이 아예 없는 수도 많습니다만, 요즘은 상상하기 힘들지요.

대개 아래 세 가지 경우에 템포의 변화를 흔하게 볼 수 있습니다. 연주가가 하는 경우는 '해석' 또는 '미학적인 고려'라는 애매한

클래식의 클래식

말이 기준이 됩니다만....

- **프레이징**(phrasing): 기본적인 '악구 자르기'. 글에서 문장 마지막의 구두점 찍기에 해당합니다. 경우에 따라 템포를 바꿔 경계선을 확실히 할 수 있습니다. 이에 대해서는 다음 장에서 자세히 설명하겠습니다.
- **곡의 구조**: VII장에서 설명할 소나타 형식의 제시부나 재현부, 곡의 종료 등 중요한 경계선에서는 템포를 움직일 수 있으며, 훨씬 자주 나오는 프레이징 사이의 경계보다 더 중요하므로 템포로 '표시'하는 일이 더 많습니다.
- **감정 표현**: 적절한 감속, 가속, 또는 변화가 아주 효과적으로 작용합니다.

기본 템포 전체를 바꾸는 경우와 마찬가지로, 적절히 템포를 바꾸는 경우에도 음악의 인상이 상당히 바뀔 수 있습니다. 이 절 처음에 mosso 등의 템포 변화 지시어를 나열했는데, 작곡가가 악보에 템포 변화를 직접 지시하면 연주자는 물론 (대부분의 경우) 이들을 지킵니다. 한 예로, 라벨의 「거울(Miroirs)」 M.43 중 '어릿광대의 아침 노래(Alborada del gracioso)' 중간부의 선율은 그림 4-6처럼 템포 변화가 명확하게 지시되어 있습니다. 처음은 ♩. = 92다가 'Plus lent(더 느리게)'으로 단선율을 네 마디 연주한 후, '1er mouv^{t}(=first movement, 처음 속도)'란 지시가 나타나는데, ♪=♪ 표시는 '앞의 8분음표가 이

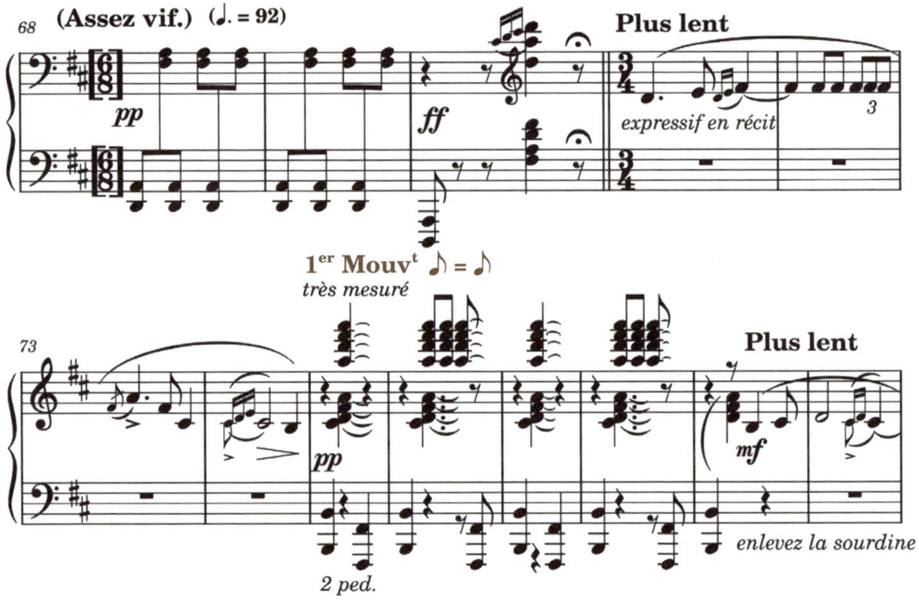

그림 4-6. 라벨: '어릿광대의 아침 노래'(피아노 원곡) 중 68~80마디.

부분의 8분음표와 길이가 같다'는 의미입니다. 따라서 이 부분을 처음과 템포를 다르게 연주하면 잘못이지요.

이 녹음(악보의 부분은 1:32~2:01)에서 같은 부분의 템포를 정확히 지키나요? 재미있는 점이라면, 79마디에서 D 장 3 화음(두 번째 음)과 *mf*의 B음 사이는 악보만큼 짧게 연주하는 경우가 많지 않다는 것입니다.[21]

라벨: '어릿광대의 아침 노래' 중간부

---

21 B음부터 템포가 느려지기 때문에, D 장 3화음만 들리는 길이는 느려지기 전의 8분음표 만큼이라는 것입니다.

차이코프스키의 「비창」 교향곡 1악장은 작곡자가 감정 표현에 템포 지시를 적극적으로 사용한 표본이라 할 수 있습니다. 이 악장은 소나타 형식인데, 제시부에서 템포 변동을 악보에 지시한 곳이 무려 21군데나 됩니다.[22] 이 동영상에서 제시부의 끝은 10:57이며, 첫 다섯 곳만 명시하면 2:29, 2:46, 4:31, 4:43, 5:14입니다. 템포가 느려지거나 빨라지거나 하는 곳은 무조건 다 지시가 있다고 생각해도 무방할 지경입니다.

차이코프스키: 교향곡
6번, 1악장

작곡자가 지시하지 않는 경우 중 대표적인 것은 다음의 둘입니다.[23]

- **아고긱**(agogic): 표현을 생생하게 하기 위해 기준 템포에서 살짝 템포를 바꾸는 경우. 대부분 기준 템포의 범위를 크게 벗어나지 않음
- **루바토**(rubato): 전체 템포는 그대로 유지하되, 리듬에 융통성을 부여. 모차르트나 쇼팽은 대체로 '왼손이 엄격한 박자를 유지하면서 오른손 선율이 그 박자에서 약간 벗어나는 것'이

---

22 incalzando(=pressing)나 ritenuto(≒ritardando) 같은 지시는 약간 애매한 점도 있지만, 일단은 포함시켰습니다.

23 근래에는 이 둘을 크게 구별하지 않거나 아고긱의 의미에 루바토를 포함하여 쓰는 듯합니다만, 여기서는 구별의 편의상 좀 오래된 의미를 유지했습니다.

라 표현[24]

전자의 예로는 악보에 없는 리타르단도나 아첼레란도를 넣는 것을 들 수 있습니다. 이 경우는 없을 때와 비교해 전체 연주 시간이 달라집니다. 하지만 후자는 그렇지 않은데, 위의 인용처럼 왼손(반주)이 박자를 유지하면 전체 연주 시간이 바뀔 리가 없기 때문입니다. 그 안에서 오른손(선율)의 템포가 다소 빨라졌다 느려졌다 할 수 있는 것입니다.

아고긱의 사례는 많이 볼 수 있습니다. 슈베르트의 현악 4중주곡 13번 a단조 D.804 「로자문데(Rosamunde)」의 1악장 연주 하나는, 제시부의 1:54~2:00, 2:52~54, 3:05~06의 세 군데에서 악보에 아무 지시가 없는데도 템포를 좀 늦춥니다. 음악을 들어 보시면 이들이 이 자리를 선택한 이유를 아실 수 있을 것입니다.

루바토의 좋은 사례로는 굴드의 바흐 녹음을 들 수 있습니다. 앞 장에서 나왔던 파르티타 1번의 사라방드를 관찰하면, 오른손의 리듬은 상당히 유동적이나 왼손은 박자를 잘 지키고 있지요.

잠깐, 바로크 시대인 바흐 때도 루바토가 있었냐고요? **그렇습니다.** 피아니스트와 음악학자 부부인 파울과 에바 바두라-스코다(Paul & Eva Badura-Skoda)는 「이탈리아 협주곡」의 2악장 오른손 선율

슈베르트: 현악 4중주곡 13번, 1악장

파르티타 I; 사라방드 – 굴드

---

24 모차르트(샌드라 P. 로젠블럼, 「고전파 피아노 음악의 연주」, Indiana University Press, 1988. 김경임 역, 계명대학교출판부, 2002, p.501), 쇼팽(D. J. 그라우트, 「서양음악사」, 3rd ed., W. W. Norton & Company, 1980; 김진균, 나인용, 이성삼 역, 세광음악출판사, 1990, 13쇄, 하권 p.640).

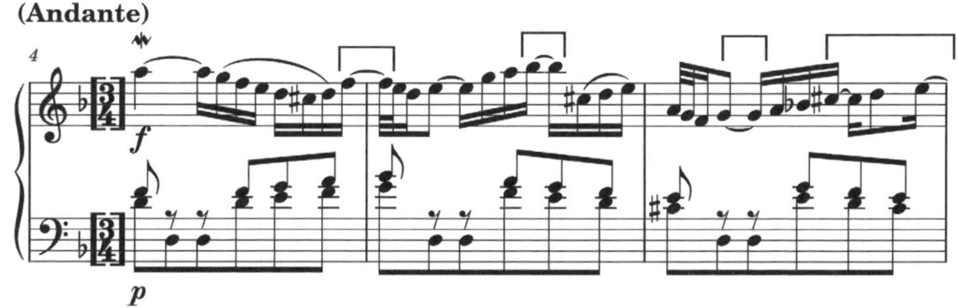

그림 4-7. 바흐: 「이탈리아 협주곡」, 2악장 중 4~6마디. 선으로 표시한 부분이 당김음이다.

의 많은 당김음들이 루바토를 그대로 악보에 옮겨 놓았다고 주장합니다(그림 4-7).[25] 이런 융통성은 위에서 말했듯이 고전파의 모차르트와 낭만파의 쇼팽을 거쳐 지금까지 전승되는 셈입니다.

노이하우스의 말처럼, 아고긱과 루바토는 예술적 표현에서 결코 작은 부분이 아닙니다.[26]

■ 위대한 연주자들이 연출해 내는 진정한 루바토는 얼마나 아름다운가?

25 에바 & 파울 바두라-스코다, 「Interpreting Mozart: The Performance of His Piano Pieces and Other Compositions」, Routledge, 2nd ed., 2018, 3장 중 'Rubato' 항목에서.

26 하인리히 노이하우스, 「피아노 연주기법」, 조윤용 역, 삼호출판사, 1992, 1st ed., p.49 & 50.

■ 리히테르와 같은 피아니스트의 엄격한 리듬의 구조에서 두세 번 벗어나는 것은… (중략) 개념이 없는 피아니스트가 보여주는 수백 번의 '리듬의 자유'보다 훨씬 더 효과적이고, 훨씬 표현력이 있으며 더 의미가 있다.

아고긱과 루바토는 대부분 '오래 지속'하지는 않습니다. 반면에 기준 템포 전체를 흔들면서 큰 효과를 거두는 경우는 요즘은 극히 드물지요. 천박하게 들릴 위험이 크기 때문인데, 대담하게 시도하는 연주가들도 전혀 없진 않습니다. 그 중 가장 유명한 사람이 바로 푸르트뱅글러입니다. 그가 1947년 5월 27일 연주한 베토벤 교향곡 5번의 1악장은 분석해 볼 가치가 있어서 소개합니다(그림 4-8).

베토벤은 이 악장에서 맨 앞에 'Allegro con brio(생기 있고 빠르게)' 외에는 전체의 속도 지시를 전혀 하지 않았습니다. 그런데 이 악장을 들어 보면, 푸르트뱅글러는 기본 템포로 하나를 택하지 않았습니다. 일단 제시부만 들어 보시지요(처음~1:43까지. 뒤에 반복도 있음).

누가 듣더라도 명확할 정도로 템포를 상당히 바꿉니다. 제1주제의 첫 동기(1~5마디)는 극히 느리게(♩=120), 주제 동기가 발전하는 부분(6~21마디)은 빠르게(♩=187), 제2주제에서는 약간 느리게(♩=178) 연주합니다. 끝까지 다 들어 보시면 더 명확한데, 맨 처음처럼 1주제의 동기가 페르마타를 동반하고 나타날 때마다 – 예를 들어 22, 23마디 – 극히 느린 템포로 되돌아갑니다. 다른 두 템포도 비슷한 경우에 거의 다시 들을 수 있습니다. 곡의 끝까지 기본적으로 같은

클래식의 클래식

그림 4-8. 베토벤: 교향곡 5번 1악장, 1~98마디. 푸르트뱅글러는 점선으로 표시한 부분에서 극히 느린 템포, 검은 선 부분에서 2주제 부분의 중간 템포, 나머지 부분에서는 빠른 템포를 취했다. 실제는 2주제의 네 마디 전인 59마디부터 (호른의 단선율) 템포가 느려지지만, 2주제 부분을 강조하기 위해 뺐다.

클래식의 클래식

65
I
74
cresc.
84
(cresc.)
91
(cresc.)
ff

(세 가지) 템포 설정을 유지합니다.

혼자 연주하는 피아노 독주도 아니고, 오케스트라 지휘에서 이렇게 템포를 변화시키는 것은 상당히 위험합니다. 지휘자 자신도 템포를 바꿀 때마다 앞에 잡았던 템포를 제대로 찾아가야 하고, 연주가들도 거기 따라가야 합니다.[27] 이 연주는 덜하지만, 이틀 전의 같은 곡 연주는 22~23마디에서 다시 느린 템포로 돌아갔을 때 (연주 시간 28초) 전체 멤버들이 정확히 같이 들어가지 못하지요.

도대체 푸르트뱅글러는 왜 이런 위험을 감수하면서 템포를 자주 바꾸었을까요? 다음 장에서 제가 추측하는 이유에 대해 설명해 보겠습니다.

이번 장의 마지막 사례로, 아무 설명 없이 차이코프스키 「비창」 교향곡의 3악장을 두 가지 연주로 들려 드리겠습니다. 이 둘의 템포 설정에 대한 개념은 정말 극과 극이라 할 만합니다.

베토벤: 교향곡 5번 1악장
– 푸르트뱅글러(1947.5.25)

교향곡 6번, 3악장
– 므라빈스키

차이코프스키: 교향곡 6번,
3악장 – 푸르트뱅글러

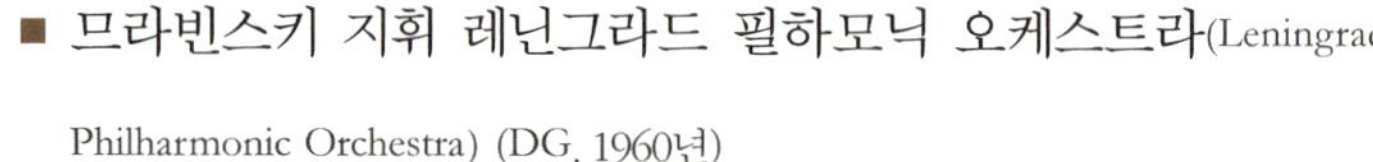

- 므라빈스키 지휘 레닌그라드 필하모닉 오케스트라(Leningrad Philharmonic Orchestra) (DG, 1960년)

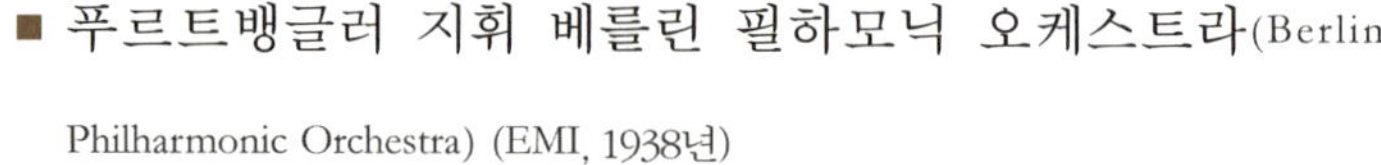

- 푸르트뱅글러 지휘 베를린 필하모닉 오케스트라(Berlin Philharmonic Orchestra) (EMI, 1938년)

27　긴 연주 시간 동안 템포를 정확히 유지하기가 꽤 어려울 수 있다는 것은, 거의 15분 동안 같은 템포를 유지하며 음량만 점점 커져야 하는 라벨 「볼레로」에서 분명합니다. 하지만 이렇게 템포를 자주 바꾸면 오히려 더 힘들 수 있지요.

클래식의 클래식

‘시간이 흘러가는 대로’는 음악 감상에는 그다지 적절하지 못한 표현입니다. 작곡가나 연주가는 ‘시간의 흐름을 조절한다’고 해야 합니다. 작곡가나 연주가가 의도한 음악 시간의 전개를 놓쳐 버린 다면, 올바른 음악 감상이라고 하기는 어렵다고 생각합니다.

질문

1. 앞에서 베토벤 교향곡 5번 4악장의 제1주제를 제시부와 재현부에서 다른 템포로 연주한 녹음을 들어 보셨습니다. 그런데 1악장의 다른 연주도 소개했고, 그 음원에서는 4악장도 들을 수 있습니다. 제시부와 재현부에서 1주제의 템포가 같은지요?

   하나 더 재미있는 점이라면, 이 둘은 같은 사람이 지휘했고 녹음 시점만 7년 가량 차가 있을 뿐입니다. 기준 템포가 얼마나 많이 다른가요?

베토벤: 교향곡 5번
4악장 제시부

베토벤: 교향곡 5번
4악장 재현부

4악장 (1947. 5. 27)

2. 리히테르는 프로코피예프의 피아노 소나타 7번 B♭장조 op.83 을 초연하고, 작곡자는 그를 매우 높이 평가하여 9번 C장조 op.103 을 헌정 받았습니다. 호로비츠도 78회전 시기에 7번을 녹음했는데, 작곡자는 격찬을 아끼지 않았다고 합니다. 두 사람의 1악장 연주는 너무나 다르게 들리는데, 템포도 그 중 한 요소입니다.

프로코피예프: 피아노
소나타 7번 – 리히테르

프로코피예프: 피아노
소나타 7번 – 호로비츠

＊리히테르(Melodiya, 1958년)

＊호로비츠(RCA, 1951년 실황녹음)

　프로코피예프는 연주가 시원치 않다 싶으면 도중에 연주가에게 나가라고 소리지를 정도로 평가가 '솔직한' 사람이었습니다.[28] 그런데 이 정도의 템포 차이도 괜찮다 받아들였다면, 개인적으로 그의 템포 감각의 기준은 무엇이었을까 적이 궁금하지 않을 수 없네요.

28　브뤼노 몽생종, 「리흐테르」, 이세욱 역, 정원, 2005, 1st ed., p.101. 무려 스승과 제자가 함께 연주하는 동안 스승의 멱살을 잡고 저런 것이었습니다.

클래식의 클래식

동기에서 악구까지

초등학교부터 고등학교까지 국어 과목에 친근감을 갖는 분은 아주 많지는 않겠지요. 하지만 기본적인 문장의 주어 목적어 술어 등 단어의 기능과, 문장들이 합쳐져 더 큰 의미를 구성하는 문단의 존재, 마지막으로 문단들을 특정한 순서로 배치하여 전체의 설득력을 갖춘다는 것을 알지 못하면, 글을 제대로 이해하기가 매우 어려울 것입니다.[1]

글 얘기를 꺼낸 이유는 간단합니다. 단어가 최소의 의미 단위인데, 음악에도 그와 비슷한 것이 있고, 심지어 문장과 비슷한 것도 존재하기 때문입니다. 이뿐만이 아닙니다. 단락 및 큰 구조에 상당하는 것도 역시 음악에 있습니다. 음악에도 어법(語法 idiom)이란 말을 쓰는 것은 결코 우연이라 할 수 없습니다. 글을 예로 들면, 구체

---

1 모국어를 말할 때는 의식하지 않으나, 외국어 글을 이해하려 해 보면…

적인 의미가 없는 기악 음악이 감상자에게 말을 거는 듯이 들리는 현상을 설명하기 좋다는 부수적인 장점도 있습니다.

이 장에서는 단어에서 시작하여 문단까지, 즉 동기(motive)에서 악구(phrase)까지를 다룹니다. 문단보다 더 큰 구조는 형식(form)인데, 이는 별도로 봐야 할 만큼 다양하면서도 중요하기 때문에 VII장에서 다루겠습니다.

 motive

'단어'

지금 우리가 듣는 서양 음악의 대부분은 마디가 있습니다. III장의 리듬 부분에서 박자와 마디는 음악에 규칙적으로 강세를 준다는 것이 약점이라 지적했습니다. 하지만 초보자들이 간과하는 강점이 있는데, 마디가 음악의 최소 단위를 표시하는 기능을 맡고 있다는 것입니다. 대개 두 마디를 '음악에서 의미를 갖는 가장 작은 길이'로 간주하고, 이를 **동기**(動機 *motive*)라 부릅니다.[2]

이미 I장에서 「작은 별」 선율로 2마디가 갖는 의미를 보았습니다. 앞으로 넘어가실 필요 없이 여기서 다시 보시지요. 명백히 단위가 두 마디입니다.

---

2 가끔은 한 마디가 중요한 경우도 있는데, '부분동기'라고 합니다. 특히 소나타 형식의 전개부 등 주제를 발전시킬 때는 자유롭게 한 마디 단위로 잘라 쓸 수 있습니다. 단 대부분은 두 마디가 중요합니다. 이 때문에 일부 도서에서는 '음형'을 대신 쓰기도 합니다만, 대개 동기 쪽을 주로 사용합니다.

여기서 네 마디를 기준으로 보면 ― 두 동기가 붙었지요 ― A―B―A입니다. 따라서 네 마디가 더 큰 단위임을 알 수 있는데, 이를 **'작은악절**(4-bar period)**'**이라 부릅니다.

너무 단순해서 정말 그런지 의심된다면, 다른 곡들을 봅시다. 그림 5-2는 프랑수아 쿠프랭(François Couperin)의 작품인데, 이 영상에서 두드러지는 음만 골라 표시했습니다. 두 마디와 네 마디 단위가 눈에 보이십니까? 더군다나 편리하게도 9마디의 맨 앞 음표에 페르마타까지 붙여서 일단 끊으라고 확실히 알려 줬습니다. 첫 여덟 마디만 보면, 4마디와 8마디만 약간 다르고 나머지 마디들은 1~3마디를 5~7마디에서 그대로 반복했습니다. 「작은 별」에서도 상당 부분이 반복임을 확인해 주십시오.

그림 5-3은 1888년 작곡된 곡입니다. 유명한 호른의 독주 선율만 옮겼습니다. 정말 규칙을 고지식하게 지켰다는 느낌까지 드는, 작은악절 네 개(A‐A'‐B‐B')의 16마디 구조입니다. 각 작은악절이 두 마디씩 끊긴다는 것은 너무 명백합니다.

이 곡에서는 8마디의 잘리는 부분에서 ― p(piano)의 전까지 ― 딸림화음으로 끝나고, 16마디의 맨 끝에서는 [대체로] 으뜸화음으로 끝납니다. 작은악절 둘인 여덟 마디를 **'큰악절**(period)**'**이라 부릅니다. 대개 **한 '문단'은 큰악절 둘, 즉 열여섯 마디를 정규로 간주**합니다.

그러면, 대체 왜 한 마디가 아니라 두 마디가 최소 기본이 되었

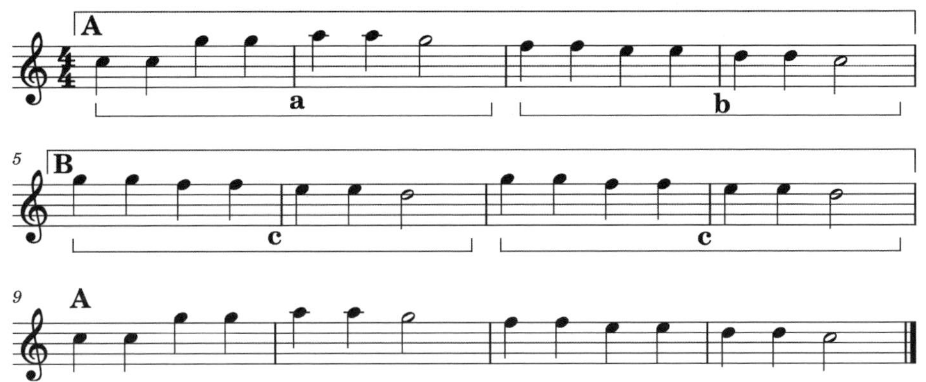

그림 5-1(=1-7). 「작은 별」 선율. 전체로는 네 마디씩 A-B-A의 형태.

그림 5-2. F. 쿠프랭: 쳄발로 작품 2권, Ordre VI, 5곡 「신비스러운 바리케이드(Les barricades mystérieuses)」, 첫 아홉 마디

그림 5-3. 차이코프스키: 교향곡 5번 e단조 op.64, 2악장, 주제를 연주하는 호른의 독주

바흐: 마태 수난곡
'오, 피와 상처로 뒤덮이고'

을까요? 그 단서는 바흐 「마태 수난곡(Matthäus-Passion)」 중의 유명한 합창 '오, 피와 상처로 뒤덮이고(O Haupt voll Blut und Wunden)'에서 찾아볼 수 있습니다.[3]

표 5-1의 가사에는 한 행의 절반과 맨 끝에 각운이 있습니다 – 첫 행만 보면 중간이 -unden, 마지막이 -on 발음입니다. 그리고 딱 그 부분에서 두 마디씩 음악이 나눠져 있습니다. 아, 시의 내용

---

3 바흐는 수난곡에서 오래된 독일 루터 파 신교도(protestant)들의 찬송가를 인용했고, 이 곡도 마찬가지입니다. 그래서 선율 자체는 바흐보다 훨씬 전에 이미 작곡된 것입니다.

그림 5-4. 바흐: 「마태 수난곡」 BWV.244 중 합창 '오, 피와 상처로 뒤덮이고'. 가장 윗 성부만 표기.

을 표현하려다 보니 음악이 그 단위로 나눠지고 있지 않습니까!

음악에서 시의 내용에 맞춘 것은 단지 '두 마디'뿐이 아닙니다. 그림 5-5를 보시면, 중요한 의미를 갖는 단어들에 – 여기서는 주로 명사입니다 – 4/4 박자의 강세가 거의 정확히 맞춰져 있습니다. 첫 행만 올렸습니다만, 나머지 세 행도 크게 다르지 않지요.

이제는 '박자와 마디줄에 의한 규칙적인 강세'가 다소의 약점에도 불구하고 음악에 도입된 이유를 알 수 있습니다. **시를 낭독할 때 운율에 따라 규칙적인 강세가 붙는데, 이것이 음악의 '억양'으**

O Haupt voll Blut und W*unden*,	오, 피와 상처로 뒤덮이고,
voll Schmerz und voller H*ohn*;	고통과 수치로 가득한 머리!
O Haupt, zu Spott geb*unden*	오, 가시관을 쓰고,
mit einer Dornen kr*on*'!	조롱받는 머리!
O Haupt, sonst schön gez*ieret*	한때 최고의 영예와 미로
mit höster Ehr' und Z*ier*,	아름답게 장식된 머리가,
Jetzt aber hoch schimpf*ieret*:	지금은 최고로 조롱받네;
Gegrüßet seist du m*ir*!	제 존중을 받으소서.

표 5-1. 바흐: 「마태 수난곡」 중 합창 '오, 피와 상처로 뒤덮이고'. 대역.
이탤릭체는 각운(같은 모음이 반복)을 의미한다.

로 그대로 자리잡은 것입니다.[4]

동기 두 개가 붙은 네 마디는 시의 한 행에 해당하며 작은악절이 됩니다. 시에서는 한 행이 '자체로 완결된(self-completeness)' 가장 작은 단위이므로 - 한 행의 절반인 두 마디는 의미는 있으나 완결되지 않았지요 - 자기 완결성이 중요한 조건인 '악구'는 가장 작은 단위가 네 마디가 되는 셈입니다. 「학교종이 땡땡땡」처럼 작은악절 두 개로 - 즉 큰악절 하나로 곡이 끝나는 수도 있습니다만, 작은 곡에서도 대개는 「작은 별」처럼 세 개를 쓰거나, 더 흔하게는

---

4 호기심 많으신 분이라면, "시의 운율에 음악이 맞춰졌다면, 운율의 종류에 따라 음악의 강세도 달라지겠군?"이라 생각하실 것입니다. **네.** 박자가 왜 2, 3, 4박이 있겠습니까? 이것을 보통 '(시와 음악의) 음보(音步)'라 합니다. 영어로는 '(metrical) foot'이라 하지요. 이 책에서는 종류와 이름 등을 다루지 않습니다만, 더 보실 분께서는 영어 위키백과의 https://en.wikipedia.org/wiki/Iamb_(poetry) 항목을 참고해 주십시오(2023년 11월 12일 최종 확인).

클래식의 클래식

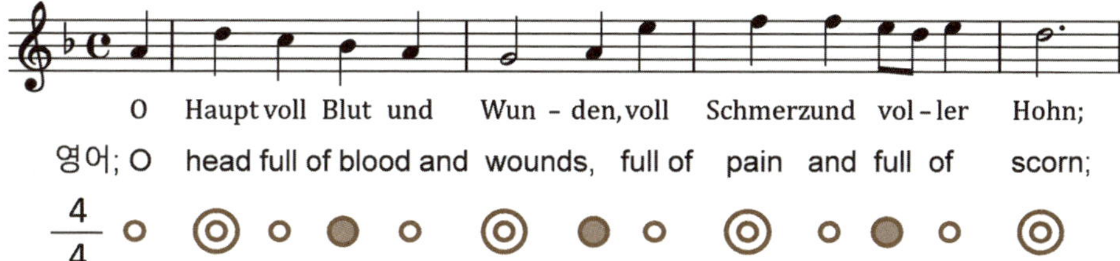

그림 5-5. 바흐: 「마태 수난곡」 중 합창 '오, 피와 상처로 뒤덮이고'의 첫 행. 강세에 주목.

그림 5-4처럼 큰악절 둘(=작은악절 넷)로 한 곡을 만듭니다. 4행시가 곡 하나로 마무리되는 모습입니다. 글로 보면 '한 문단'에 가깝지요.

악구에 대한 설명으로 넘어가기 전, 두 가지를 지적하겠습니다. 첫째는 그림 5-4에도 있는 못갖춘마디(incomplete bar)입니다. 혹시 중고등학교 시절 음악 시간에 왜 처음 한 마디에서 박자가 모자랄까 이상하게 생각하신 적은 없으십니까? 이 의문은 그림 5-4의 선율을 가사와 맞춰 보면 간단히 풀립니다. 1~3행의 못갖춘마디는 감탄사 'O'로, 전혀 중요하지 않은 단어입니다. 4박자에서 맨 마지막 박이니 강세가 감탄사에 전혀 실리지 않는 것입니다. 이러니 마디 수에서도 관례적으로 빼고 세기 시작할 정도입니다.

영어를 예로 들면, 이렇게 의미상으로 중요하지 않은 단어들은 감탄사 외에 전치사, 관사, 접속사가 있습니다. 영어와 독어를 포함한 게르만 어군(german language family) 및 현재의 로망스 어군

(romance language family)은 모두 관사가 있지요.[5] 관사가 중요한 이유
가, 가사가 '관사+명사'로 시작할 때 당연히 명사에 강세가 가고,
이런 때는 못갖춘마디가 자연스럽고 오히려 당연하기 때문입니
다. 전치사가 명사 앞에 와도 마찬가지입니다. 그림 5-6의 후고 볼
프(Hugo Wolf)의 「뫼리케 가곡집(Mörike-Lieder)」 중 2번 '어린이와 꿀
벌(Der Knabe und das Immlein)'에서 Im(=in) 외에, 네 번째 박에 오는 단
어들은 der(관사), ein(=one), so(=so), noch(=still), die(관사), ihm(=him),
und(=and)로, noch를 빼고는 모두 강세가 갈 일이 거의 없습니다.
역시 기본적으로 4(=2+2)+4마디 구조임을 확인할 수 있습니다.

그림 5-6. 볼프: 「뫼리케 가곡집」 중 2번 '어린이와 꿀벌'의 첫 여덟 마디. 시의 행이 끝나는 4와 8마디에 –ang 각운이 있다.

---

5 로망스 어군은 라틴어에서 갈라져 나온 프랑스어, 이탈리아어, 스페인어, 포르투갈어, 루마니아어를 포함합니다. 재미있는 것은 정작 이들의 '조상'인 원 인도-유럽어(proto Indo-European)에는 관사가 없다고 추측되기 때문입니다. 현대어를 비교하면, 역시 인도-유럽 어계인 러시아 등 슬라브어 계열에도 거의 관사가 없습니다.

그림 5-7. 뒤파르크: 「여행으로 초대」, 성악이 나오는 첫 열두마디. 역시 '–œur, –ir'에서 각운이 있다.

프랑스어도 크게 다르지 않습니다. 영어처럼 개별 단어마다 악센트가 두드러지지는 않지만, 프랑스어 단어의 강세는 대체로 맨 마지막 음절에 있습니다. 그림 5-7은 앙리 뒤파르크(Henri Duparc)의 가곡 「여행으로 초대(L'invitation au voyage)」인데, 첫 박에 오는 음절은 8마디만 빼면 이 규칙을 100% 지킵니다.[6] 둘째 강박(넷째 박)에서도 예외는 열두 마디 중 넷뿐입니다.

이 곡의 마디 단위를 관찰하면 4+4로 나뉘지 않는데, 샤를 보들레르(Charles Baudelaire)의 원시가 3행이 한 단위이기 때문입니다.[7]

뒤파르크: 가곡 '여행으로 초대'

---

6 'ensemble'에서 맨 마지막 모음은 거의 없는 것처럼 약합니다. 이 음절이 강박에 오긴 했지만, 악보의 디미누엔도 지시가 약하게 만들지요.

7 시가 정말 아름다운데, 후렴구를 제외하면 모두 3행이 한 의미 단위입니다. (link; https://www.poetica.fr/poeme-447/charles-baudelaire-invitation-au-voyage/ , 2023. 11. 2. 최종 확인)

위에서 8마디 -ble가 3행이 끊기는 지점인데, 노래 역시 호흡을 둡니다.

둘째, 앞 세 곡에서 보인 시의 각운은 어떤 역할을 할까요? 서양 시의 묘미 중 하나가 각운인데, 이 곡에서도 강조해 놓았습니다. 세 곡 모두 각운은 강세를 주고, 거의 제1강세(첫 박)에 배치했습니다. 이 의미는, 한 단락을 나눌 때 강박(첫 박)에서 끝난다는 것입니다. 못갖춘마디의 약박에서 시작해서, 각운의 강박에서 끝나는 구조를 매우 많이 볼 수 있는 이유입니다. 물론 유명한 고전음악 레퍼토리 중 선율이 강박에서 시작하거나 단락의 끝이 약박인 경우도 많습니다만[8] **약박 시작과 강박 종료는 전반적으로 서양 고전음악의 특성 중 하나로 볼 수 있습니다.**

얼마든지 더 많은 예를 들 수 있습니다만, 이만 줄이지요. 성악곡뿐 아니라 많은 기악곡에서도 4(=2+2)+4마디가 기본 단위이며, 못갖춘마디로 시작하여 강박으로 끝나는 선율의 예가 너무나 많기 때문입니다. 제가 III, IV장에서 든 예들은 짧은 것이 많지만, 두 마디와 네 마디 단위를 찾을 수 없는 사례는 사실상 없을 것입니다.[9]

베토벤: 피아노 소나타
30번, 3악장

---

8 둘을 모두 갖춘 경우가 베토벤 피아노 소나타 30번 E장조 op.109에서 3악장 변주곡의 주제입니다. (8:44경까지. 반복이 있으므로 두 번 들을 수 있습니다)

9 그림 3-16이 예외일 텐데, 본문에 브람스가 원래 박자를 7/4로 하려 했다고 적었습니다. 한 마디로 적을 것을 세 마디로 나눠 쓴 셈이지요. 이런 트릭은 의외로 자주 볼 수 있습니다.

반복하는 느낌이지만, 매우 중요하니 다시 정리하겠습니다.

- 들을 수 있는 특유의 박자와 마디 구조들은 시에 음악을 붙이는 과정에서 정착
- 한 행은 대체로 두 부분으로 나뉘고, 각각 두 마디를 사용했다. 의미상 이 두 마디(=동기)가 가장 작은 부분이며, 한 행(네 마디)은 '작은악절'임
- 2행, 즉 여덟 마디의 '큰악절'이 최소 단위인 경우가 많고, 이 둘이 합쳐져 4행이 기본이 되는 경우가 많다. 3행으로 완결되는 경우도 있으나 대개 4행(큰악절 둘, 열여섯 마디)이 정규 형태
- 관사나 전치사 등으로 시작하면, 의미가 별로 없기 때문에 약박에서 선율이 시작함(많은 경우 못갖춘마디). 각운은 중요하기 때문에, 강박에서 종료

이들이 우리에게 익숙한 서양 고전음악의 많은 특성을 이룹니다. 너무 익숙해서 한국어 가사에 곡을 붙일 때 그대로 적용하는 바람에 문제가 될 지경입니다.[10]

10 간단히 말하자면, 한국어에는 관사가 없으며 어미 때문에 각운이 별 의미가 없습니다.

악구_{phrase}

프레이징phrasing과 아티큘레이션articulation

가사가 있는 음악들은, 앞에서 보았듯이 비교적 의미 단위를 파악하기가 쉽습니다. 최소한 가사의 의미에 맞춰 끊으면 문제는 거의 없습니다. 하지만 기악 음악에서는 항상 그렇게 간단하지는 않지요.

제가 '의미 단위'라고 뭉뚱그려 말한 것을 명확하게 할 필요가 있습니다. 글에서는 단어, 문장, 문단, 전체의 구조라는 네 가지 단계가 있습니다. 산문이든 시든 글을 낭독한다면, 각 단계별로 끊어서 의미의 구분을 주어야 합니다. 이 말은 누구나 납득하실 수 있을 텐데, 끊는 부분을 바꾸면 의미가 바뀌거나 이해할 수 없는 경우가 많기 때문입니다.

- "배두나 왔다." vs. "배두 나왔다."[11]

- "아군과 적을 구별해라." vs. "아군 과적을 구별해라."

- "이해할 수 없는 수가 많기 때문" vs. "이해할 수없는 수가 많기 때문"

굳이 아버지를 가방에 집어넣지 않더라도, 예는 엄청나게 많습니다.

음악에서 글의 네 단계에 대략 대응하는 것은 동기(두 마디), 작은 악절(네 마디), 큰악절 2개(열여섯 마디), 그리고 곡 전체의 형식이 될 텐데, 즉 **이들이 이어지는 곳을 구분해서 연주해야 한다**는 것은 언어와 다르지 않습니다. 차이코프스키가 그림 5-3의 선율에서 끊어야 할 곳을 일일이 표시한 방법을 봅시다. 점 2분음표의 지속음이 약해지도록 디미누엔도를 넣거나 쉼표를 넣었습니다. 12마디에서는 구분을 없앤 것처럼 보이지만, 잘 보면 메조스타카토(mezzo-staccato)와 테누토(tenuto)의 경계가 정확히 끊어야 할 곳입니다.[12] 앞에서 링크했던 영상은 다른 부분은 분명하지 않아도, 적어도 12마디에서는 악보대로 음 길이를 정확히 구분하여 연주합니다.

다음에는 바흐를 봅시다. 그림 5-9의 인벤션(Inventio) 1번에서는 차이코프스키보다 단락을 찾기가 일반적으로 더 어려운데, 강약

차이코프스키:
교향곡 5번, 2악장

---

11 배우 배두나 님, 이 정도는 부디 양해 부탁드립니다….

12 그림 5-8에서 보듯이 스타카토를 레가토로 이어 놓았는데, 포르타토(portato)란 용어도 많이 씁니다.

그림 5-8. 차이코프스키: 교향곡 5번, 2악장. 호른 독주에서 두 마디의 끝마다 구분한 방법

등의 단서가 훨씬 적기 때문입니다. 그렇다고 단서가 전혀 없지는 않습니다만, 그림 5-2의 F. 쿠프랭이나 바흐 등 바로크 시대의 작곡가들은 악보에 꼼꼼하게 표기하지 않고 연주가에게 맡기는 경향이 커서 우리들이 판단하기는 더 어려울 수밖에 없습니다. 간단하게 보기 위해 오른손 파트만 사용하겠습니다.

여기서 중요한 단서는, 첫 마디 맨 앞의 16분 쉼표와 2, 3마디의 첫 음표 꼬리를 따로 떼어 놓았다는 점입니다. 그리고 같은 모양이 반복되는 곳을 경계로 삼으면 됩니다. 역시 두 마디 단위로 크게

클래식의 클래식

그림 5–9. 바흐: 인벤션 1번 C장조 BWV.772, 오른손 파트, 첫 여섯 마디

나뉘진다는 것은 대략 알 수 있으니까, 그 안에서 끊는 점을 찾아 보십시오.

이 기준에 따르면 답은 그림 5-10입니다. 위의 굵은 줄은 두 마디의 경계고, 아래의 얇은 줄이 그 안에서 보이는 단위입니다.

이 결과가 납득이 가시는지요?

- 단위의 시작이 첫 마디의 강박이 아니고 16분음표 뒤입니다.[13] 음표 꼬리를 끊어 놓은 것은 경계를 표시한 것입니다.[14]

- 단위는 첫째 단위를 5도 올려 반복했습니다(끝 음 E만 빼고).

- 마디에서는 16분음표 8개로 된 선율을 음높이를 바꾸면서 네 번 반복합니다(맨 마지막에 G장조로 조바꿈합니다). 이런 부분을 <u>동</u>

---

13 못갖춘마디는 약간 일찍 시작하는 셈인데, 꼭 그럴 필요는 없죠. 앞에서 본 베토벤 교향곡 5번의 1악장도 이렇다는 것을 눈치채셨습니까?

14 이렇게 해 준 악보는 친절한 편입니다. 바흐의 초고도 그렇지 않습니다.

그림 5-10. 바흐: 인벤션 1번, 오른손 파트, 첫 여섯 마디. '경계'를 표시.

형진행(sequence)이라 부르며, 시대를 불문하고 매우 많이 쓰이는 기법입니다.[15]

곡을 연주할 때 작곡가가 지시한 이 '자연적인 경계'를 지켜야 한다는 것은 정말 아무리 강조해도 부족하지 않습니다. 이들을 일반적으로 **프레이징**(phrasing)이라 부릅니다. 언어에서 끊어 읽기의 중요성과 비유했습니다만, 단지 그 때문에 중요한 것은 아닙니다. 대가들은 중요성을 충분히 인식하고 있으며, 음악 연주와 분석의 출발점은 프레이즈를 제대로 파악하는 것입니다.

바흐: 인벤션 1번
– 강의 영상

---

15 인벤션 1번 전체의 분석이 궁금하시면, 피아니스트 스베틀라나 벨스키(Svetlana Belsky)의 강의 영상을 권합니다. 그림 5-11의 '경계를 강조하는' 방법에 대해서도 잠깐 나옵니다.

클래식의 클래식

틀린 프레이즈를 하는 사람은 자신이 말하는 말을 이해하지 않는 사
람과 같다.

쇼팽이 제자 미쿨리(Mikuli)에게 했다고 전함[16]

우리들은 음악에 있어서 구두점을 두고, 끊으며, 나누지 않으면 안 된
다. 우리들은 피아노를 연주해야 하는 것이지, 피아노로 재잘거려서
는 안 된다.

한스 폰 빌로(Hans von Bülow)[17]

**악보의 음을 다 제대로 연주하고 템포를 지킨다 해도, 그것
만으로는 '우리가 익숙한 음악'이 되지 않습니다.** 악보 프로그램
에 곡을 입력해 play를 할 수는 있지만, 자연스럽게 들리지 않는 이
유는 프레이징이 결여되어 있기 때문입니다. III장의 그림 3-5에서
3-7까지 이미 비교해 보셨기 때문에 이해하실 것입니다. 제가 아는
한, 음악에서 '틀렸다'고 지적 가능한 것들 중에는 프레이징이 제일
중요한 듯합니다.

실제 연주에서 이 끊는 부분을 청중에게 들리게 하는 방법은 무
엇이 있을까요? 정답은 '쓸 수 있는 모든 음악적인 수단'이며, 청중

---

16 헤르만 켈러(Hermann Keller) ,「프레이징과 아티큘레이션」, 노병남 역, 음악춘추사,
1990, 4th ed. p.17

17 *Ibid.*, p.17

그림 5-11. 바흐: 인벤션 1번, 오른손 파트, 3~4마디. '경계'를 표시할 수 있는 여러 가지 방법들.

이 알아들을 수 있다면 무엇이든 상관 없습니다. 그림 5-10의 3, 4 마디에서 끊는 지점을 표시하려면 그림 5-11의 어떤 방법도 다 가 능합니다.

클래식의 클래식

아마 ⓐ가 가장 상식적일 것입니다. 하나로 묶이는 범위만 레가토로 연주하는 것이지요. 적어 놓은 손가락 번호를 쓰면, 자동적으로 그 지점이 레가토가 끊길 것입니다.[18] ⓑ처럼 단순히 짧게 쉼표를 쓰는 방법도 있으며, ⓒ~ⓔ는 모두 강약을 조절하는 방법입니다. ⓕ는 네 번의 반복 중 처음에는 스타카토, 다음에는 레가토, 다음엔 스타카티시모(staccatissimo), 마지막으로는 메조스타카토를 사용했습니다. 아마 누구도 이렇게 연주하진 않겠지만, 불가능하지는 않습니다. 어쨌건 '청중이 구분해 들을 수 있으면 된다'가 조건이었으니, ⓕ도 충분히 가능한 선택 중 하나인 것입니다. 그림 5-8의 12마디에서 차이코프스키가 경계를 나눈 방법이 메조스타카토와 테누토 아니었습니까. 단 고려해야 할 점은, 그림 5-10에서 보듯이 3~4마디 내의 구분이(가령 4마디 내의 경계 둘), 전체를 포괄하는 구분(3마디의 첫 구분과 5마디의 첫 구분 등)보다 더 강조되면 안 된다는 것입니다. 논리적으로도 맞지 않고, 어디가 진짜 '더 큰 경계'인지 헷갈리기 때문입니다.

연주할 때는 많은 경우 불가피하게 끊어야 하는 지점이 나오는데, 현악기에서 활 쓰는 방향을 바꿀 때와, 관악기와 성악에서 숨쉬는 곳이 이에 해당합니다.[19] 따라서 프레이즈 사이의 경계에 이 끊는 지점을 배치하면, 자연스럽게 프레이징이 해결됩니다. 성악에

---

18 이는 악기의 주법이 프레이징의 요구에 따라가야 한다는 점을 보여 줍니다.

19 현악기는 활을 아래로 그을 때(down-bow) 소리가 커지고, 위로 그을 때(up-bow) 작아지는 경향이 있습니다. 이 때문에 활의 방향을 바꾸면 구분이 자연적으로 생깁니다.

서 숨쉬는 곳이 가사의 의미 구분과 일치한다는 점은 앞에서 확인 했지만, 기악에서도 현악기와 관악기에서는 특성상 끊는 지점이 있고, 이를 프레이징에 이용합니다. 그림 5-12의 플루트 작품에서 우선 프레이즈를 끊어 보시고, 다음에 연주가가 어디서 숨을 쉬는지 비교해 보시기 바랍니다.[20] 도저히 숨쉴 데가 없어 보이지만 숨은 쉬어야 하니까 끊는 곳이 나오기 마련인데, 그게 프레이징으로 끊을 자리와 같다면 우연이 아니지요.[21]

그림 5-12. 바흐: 무반주 플루트 파르티타 a단조 BWV.1013, 알르망드, 첫 열두 마디

20 시작이 그림 5-10의 인벤션과 비슷합니다. 첫 여덟 마디에서는 연주가마다 약간씩 달라도, 9마디의 첫 16분음표 다음에서는 거의 누구든 숨쉴 것입니다.

21 건반악기, 타악기, 하프와 기타는 쉬지 않고 훨씬 오래 연주할 수 있지만, 프레이징 부분에서 약간 숨쉬는 듯하게 연주하는 경우가 꽤 많습니다. 강약과 템포를 활용할 수 있는 데도 그렇게 하는 것은 뚜렷이 성악적 스타일의 영향이지요.

클래식의 클래식

그림 5-11의 ⓕ에서는 레가토와 세 종류의 스타카토를 자유로
이 사용했는데, 이처럼 음들 사이를 끊고 연결하는 것을 일반적으
로 **아티큘레이션**(articulation)이라 합니다. 여기서 꼭 언급해야 할 것
은 ⓕ에서 보았듯이 음 사이를 끊거나 연결하는 방법을 프레이징
에 이용할 수는 있지만, 아티큘레이션은 프레이징과 동의어는 절대
아니라는 점입니다. 굳이 이 말을 하는 이유는, 실제 아티큘레이션
인데 프레이징이라고 혼동해 말하는 경우가 매우 많기 때문입니다.

그림 5-13의 두 악보는 아티큘레이션이 분명히 다릅니다만 -
물론 느낌도 많이 달라집니다 - 프레이징의 끊는 지점은 다 제대
로 준수했습니다. 프레이징에는 강약 및 템포의 변화도 사용할 수
있기 때문에, 아티큘레이션으로만 프레이징을 해야 할 필요는 전혀
없지요.

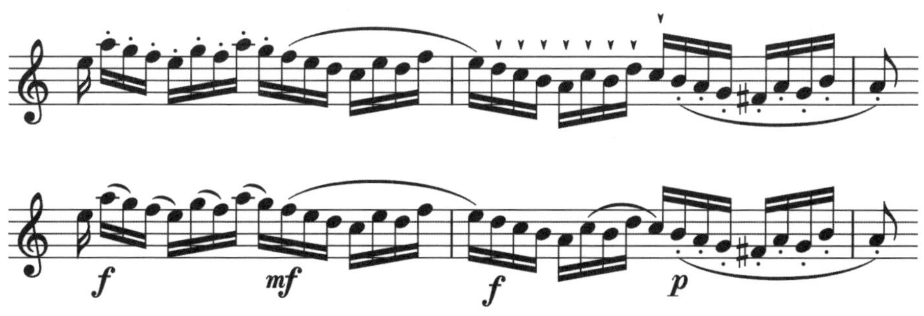

그림 5-13. 바흐: 인벤션 1번, 오른손 파트, 3〜4마디. 두 가지 아티큘레이션

그러면 아티큘레이션은 말에서 무엇과 대응할까요? 단어나 문장 간 사이를 정확히 지키면서 다르게 들리도록 하는 것, 바로 **어조**(語調)입니다.[22]

> 내가 그의 이름을 불러주기 전에는
>
> 그는 다만
>
> 하나의 몸짓에 지나지 않았다.

잘 알려진 김춘수 시인의 「꽃」의 첫 연입니다. 이 첫 세 줄을 낭독할 때 어떻게 하면 좋을까요? 대부분은 그림 5-14에서 굵게 강조한 단어들을 확실히 발음하실 것입니다. 하지만 그것을 준수해도 낭독 방법이 하나로 고정되지는 않습니다.

(V) V

내가 그의 **이름**을 **불러주기 전**에는

그는 다만

V

하나의 **몸짓**에 지나지 않았다.

• • • •

내가 그의 **이름**을 **불러주기 전**에는

그는 다만

• •

하나의 **몸짓**에 지나지 않았다.

그림 5-14. 김춘수, 「꽃」, 첫 연. 두 가지 아티큘레이션'

22 네이버 사전에 나온 의미는 동사 articulate가 '분명히 표현하다, 또렷이 말하다', 명사 articulation은 '(말로 하는) 표현, 발화(發話), 조음(調音)'입니다. 스타카토로 한 음절을 분명히 말하는지, 레가토로 이어서 말하는지를 보면 '또렷이 말하다'가 잘 어울립니다.

보통 위에 V자로 표시한 부분에서 살짝 끊겠지요. 하지만 위쪽처럼 중요한 단어들을 약간 강조만 하며 넘어갈 수도 있고, 아래쪽처럼 개별 음절을 강하게 또박또박 읽을 수도 있습니다. 전화 상태가 안 좋아 상대방이 잘 못 알아들으면 통상 그렇게 하지 않습니까. 양편의 느낌이 확실히 다른데, 둘 다 전혀 '틀린 낭독'은 아닙니다.

요컨대, 프레이징은 반드시 지켜야 하고 다르게 해석될 가능성이 많지 않습니다만, 아티큘레이션은 연주가에게 재량이 상당히 많습니다. 당연히 특정 선택을 '틀렸다'고 말하기 어렵지요.[23] 프레이징을 비슷하게 가져가도, 연주가는 아티큘레이션을 통해 표현에 다양하게 변화를 줄 수 있습니다.

---

23 사실 '틀렸다'고 말할 수 있는 여지가 하나 있긴 합니다. 바로 '양식(style)'인데, VII장에서 간략히 다루겠습니다.

음악으로 '글쓰기'

동기, 악구, 악절

이제는 글을 쓰는 데 필요한 단어와 문장, 문단에다 낭독에 필요한 어조까지 – 글로 한정하자면 '분위기' 정도가 적당하겠습니다 – 알았습니다. 직접 글 하나 써 읽어 보시면 어떨까요?

물론 '잘 쓰기'는 쉽지 않은데, 내용의 논리적 전개와 표현하는 능력 둘 다 중요하기 때문입니다. 후자는 다음 장에서 자세히 다루고, 우선 논리부터 살펴봅시다.

하이든: 교향곡 100번, 3악장

그림 5-15는 하이든 교향곡 100번 「군대」의 3악장, 메뉴엣(혹은 미뉴엣) 부분입니다. 하이든 후기의 메뉴엣은 섬세함과 고전적인 균형으로 이름이 높은데다, 이 곡은 구성을 이해하기가 쉽습니다. [24]

---

24 아래에서 보듯이 악보에 화음들을 앞에서 설명한 기호(e.g. 딸림화음; V)로 표시하고 관찰할 텐데, 귀에 주로 들리는 화음을 위주로 충분히 설명할 수 있으므로, 해당 화성에 해당하지 않는 비화성음들에 대해 별개로 설명할 필요는 없을 것입니다.

이 메뉴엣 부분 전체는 56마디고, 17~56마디는 반복이 있습니다.

■ 1~16마디; 4+4(작은악절 2개)와 그 반복

- **동기 a**: 16분음표의 못갖춘마디, 4분음표 2개의 한 마디를 반복. 으뜸화음(I)
- **동기 b**: 16분음표의 못갖춘마디, 8분음표의 한 마디, 4분음표. 딸림 7화음(V_7)
- **작은악절 A'**: 앞 A와 리듬은 같지만, 화성이 다름. 전체적으로 딸림화음에서 으뜸화음으로 진행.

첫 큰악절(여덟 마디)에서는 이 메뉴엣 부분 전체의 재료가 나옵니다. 첫 못갖춘마디의 16분음표 4개[25], 4분음표 2개, 그리고 8분음표 6개의 리듬이 핵심입니다.

첫 작은악절 A는 으뜸화음으로 시작해 딸림 7화음으로 끝나는데, 그 다음의 A'는 정확히 반대입니다. 으뜸화음과 딸림 7화음이 다 나오니 이 부분에서 조성은 명확히 확정되는데, A와 A'의 느낌은 어떻습니까? 전자는 질문하는, 후자는 그에 답하는 느낌이 드시나요? 적어도 A는 '끝나지는 않았다', A'는 '일단 뭔가 끝났다'는

25　대부분의 녹음은 이 앞꾸밈음을 16분음표로 취급합니다.

Moderato
A
a
b
A'
f
(G장조) I
V7
V7
6
p
V9° of VI VI   II6   V7   I
11
15
a'
a
f
sf
sf
sf
b
I   V3⁴   VI6   V6   (D장조) I

클래식의 클래식

a
b'
sf
p
f
sf
sf
f
sf
sf
(G장조)
(D음)

V°9♮ of II
36
p
(g단조)
dim.
pp
(D음) -----------
II6# V°9♭ of II
I6♮ I6
VII6♮ VI6
V63♮ IV6#
40
f
V IV6# V
(G장조)
45
49
ff
I
V43 of IV IV
V7 I

클래식의 클래식

그림 5-15. 하이든: 교향곡 100번 G장조 Hob.I:100 「군대」, 3악장, 메뉴엣 부분(1~56마디). 큰 보표로 압축.

감을 줍니다.[26] 바로 이것이 III장 화성 항목에서 말한 **반마침과 바른마침의 차이**입니다.

둘째 큰악절은 첫 큰악절의 반복입니다만, 훨씬 부드럽게 들립니다. 앞 큰악절은 f(forte)고 16분음표를 뺀 거의 모두 스타카토라 단호하게 들렸지만, 둘째는 더 음량이 약하고 작은악절 사이의 이음매 및 반주를 8분음표 음형의 레가토로 연결해 놓았기 때문이죠. 악보에 갈색으로 표시해 놓았습니다.

---

26 이 이유는, A는 딸림 7화음으로 끝나니 다음에 으뜸화음을 기대할 텐데, 거기서 멈춰 으뜸화음이 나오지 않기 때문입니다. 그러니 끝난 느낌이 없지요. A'는 반대로 딸림 7화음에서 으뜸화음으로 진행하기 때문에, 딸림 7화음이 정상적으로 '해결' 됩니다. 따라서 마무리한다는 인상이 확실하지요. 화음의 해결이란 개념은 III장의 화성 부분에서 3화음 설명을 다시 보아 주십시오.

하이든은 둘째 부분은 도돌이표로 반복하게 했지만, 첫째 부분 (1~16마디)은 단순히 반복만 하지 않고 변화를 주었습니다. 실제 만년 12곡의 '잘로몬 교향곡' 대부분에서는 반복하기만 했는데, 이 곡은 아닙니다. 이 변화를 후반부에서 이용했습니다.

둘째 부분은 크게 첫 부분의 전개 및 재현이라 생각할 수 있습니다. 동기 및 소재를 살펴보기는 어렵지 않은데, 무미건조하게 설명만 하면 당연히 재미가 없죠. 직접 악보를 따라 귀로 들으면서 하이든이 얼마나 섬세하게 변화를 주는가 주목해야 합니다.

- **17~56마디: 4+4+4+4+3**(중간 부분), **4+3**(연결부), **4+4**(주제 재현), **4+3**(종결). **반복.**

〈중간 부분〉

- **첫 작은악절:** 위 성부는 동기 a'로 동기 a의 4분음표만 사용. 가운데 성부는 a 그대로이고, 아래 성부는 앞의 b를 사용. a'는 물론 첫 동기 a에서 나왔지만 다르게 들립니다.

- **둘째 작은악절:** 위 성부는 동기 a, 아래 성부는 b에서 나온 2분음표와 4분음표를 사용. D장조로 조바꿈.

  같은 동기를 반복하는데, 반복할 때 음량을 줄이면서 오보에의 '삐리리릭'하는 꾸밈음을 덧붙여 놓았습니다(갈색으로 표시. 명백히 a의 앞 한 박의 변형). 오보에가 잘 들리는 음색이라 저절로 귀가 쏠리기 때문에, 반복이 지루하다는 느낌이

클래식의 클래식

잘 들지 않습니다.

- **셋째 작은악절:** a'와 a의 조합. 끝에서 D장조를 완전히 확립. 갈색 이음줄(slur)을 주목해야 합니다. 지금까지는 주선율에 이 단위로 이음줄을 한번도 잇지 않았기 때문입니다. 그리고 끝 두 마디에서 16분음표 리듬이 처음 강박(첫 박)에 등장합니다. 동기 a에서 알 수 있듯이, 이 리듬은 계속 셋째 박(약박)에만 나왔습니다. 녹음들을 들어 보면 당연히 셋째 박에 악센트가 없는데, 이 부분처럼 기보하면 악센트가 이동합니다. 들어 보면 그런 느낌이 실제 있는데, 단위가 '3박-1박-2박'이다가 '1박-2박-3박' 으로 묶이기 때문입니다.

- **넷째 작은악절:** 저음은 16분음표를 첫 박에 내면서 계속 D음을 고수. 위 성부는 계속 a. 30~32마디에서 리듬 단위가 3박에서 2박으로 바뀌는 데 주의.

  제일 눈에 띄는 것은 저음이 D를 고집한다는 점입니다. 이런 것을 보속음(保續音: pedal point 또는 organ point)이라 합니다. 한 음 또는 화음을 마치 오르간의 페달을 밟고 있듯 계속 끌고, 다른 성부들은 그에 상관없이 진행하지요. 제게는 보속음은 뭔가 고집스러운 느낌이랄까…[27]

---

[27] 바흐의 토카타와 푸가 F장조 BWV.540의 이 연주를 보면, 처음부터 50초 넘게까지 페달에서 F음을 끌고 있습니다. '(오르간) 페달 포인트'란 이름으로 불리는 데는 이런 이유가 있습니다.

바흐: 토카타와 푸가
BWV.540 – 페달 포인트

그런데 여기서는 그것보다 중간에 반복 단위가 갑자기 두 마디로 잠시 바뀐 것이 더 잘 들립니다. 갑자기 호흡이 짧아진 셈이니까요.[28] 이것은 앞 작은악절의 기본 단위 이동보다 더 효과가 확실합니다.

- **세 마디:** 다음 조바꿈 부분으로 가는 연결. 첫 두 마디에 D장조 으뜸화음을 놓고, 마지막 박에서 C음으로 딸림 7화음을 들려줘 G장조로 돌아온다.

  두 마디에서 동기 a의 리듬을 강조하는데, 약박을 강하게 때리라고 sf(sforzando)까지 넣었습니다. 이것은 원래 '3박-1박-2박' 단위로 다시 올라온 느낌은 주지만, 1박이 아니라 3박에 강세가 있어서 다르게 들립니다. 그러다가 마지막 마디에서 D-C로 진행하는데, G장조로 조바꿈하는 외에 주의해야 할 것은 둘을 이음줄(갈색)로 이었다는 점입니다. 자연스럽게 '1박-2박-3박'을 한 마디로 바꿉니다.

〈연결부〉

- **첫 작은악절:** 동기 a의 둘째 마디를 두 번 반복하고, 16분음표를 셋잇단음표로 '느리게' 만들어 반복.

  앞 절에서 나왔던 동형진행인데, 앞 두 마디에서는 조성이 불안정하다가 셋잇단음표가 나오면서 g단조라고 알아

---

28 3박자 단위의 곡에서 갑자기 [박자 기호를 바꾸지 않고] 2박자를 암시하는 것을 보통 헤미올라(hemiola)라 부릅니다. 고전부터 낭만파에 이르기까지 흔히 볼 수 있습니다.

　　　클래식의 클래식

들을 수 있습니다. 한 음표의 길이를 늘리는 것만으로 긴
장이 줄어들 수 있습니다. 화살표로 표시한 저음의 이음줄
을 보면 여기까지는 단위가 1박에서 시작하는데, 마지막 마
디의 위 성부에서는 다시 단위가 셋째 박에서 시작합니다.

- **3마디:** g단조로 넘어간 후, 힘을 빼면서 저음에서 a의 리듬을
  이용해 증 6화음(E^b-G-$C^\#$)을 들려준 후 딸림화음으로 이행
  III장에서 소개한 증 6화음의 느낌을 확인해 보십시오.

〈주제 재현과 종결coda〉

- **주제가 되돌아옴:** 단 첫 여덟 마디가 아니라, p 로 연주했
  던 9~16마디를 f로 재현. 이번에는 원래 형태가 아니라, 반
  복할 때 부드럽게 들렸던 부분을 f로 연주합니다. 주제가
  세 번 등장하면서 뭔가 다 달라졌습니다.

- **종결:** 4분음표(a')와 8분음표 (b)로 4마디를 쓰고, 마지막
  에는 상성부에서 a의 리듬으로 돌아가 마침.

  여기서도 단위를 시작하는 박자가 첫 마디부터 순간적
  으로 첫 박으로 이동합니다. 첫 작은악절의 끝에서 시작이
  다시 끝 박으로 이동하여 마무리(단 반주 부분에서는 화살표처럼
  여전히 첫 박에서 한 마디가 단위입니다).

전체의 재료는 첫 작은악절에 다 들어 있고, 이것이 주제를 이루
며 통일성을 부여했습니다. 그에 비해 앞뒤 주제 사이의 중간부에서

는 프레이징의 기본 단위가 셋째 박 또는 첫 박으로 이동하고, 조성도 이동하며(사실 이 정도 길이에서는 조바꿈이 전혀 없기가 오히려 어렵습니다), 보속음 및 강약 등 표현 수단들을 적절히 활용해 변화를 주었지요. 주제를 떠나 '여행하던' 도중 혹시 지루할 틈이 있으셨나요? 전 이 곡을 들으면서 재미가 없다고 생각했던 적이 한 번도 없습니다.

다음 장과 VII장에서도 언급하겠지만, 고전파의 메뉴엣은 통상 주제를 확보하고 중간에 딸림조로 조바꿈한 후, 주제가 재현되고 약간의 코다(coda)로 마칩니다. 단순히 이렇게 말하면 천편일률이라 생각하기 쉽겠지만, 도돌이표를 삽입한 지점만 해도 매우 다양해서 융통성이 상당히 큽니다. 한 예로, 이 곡에서는 첫 주제 부분(즉 으뜸조)만 반복했지만, 하이든의 교향곡 94번 G장조 Hob.I:94 「놀람」의 메뉴엣은 딸림조로 바뀐 다음까지 반복합니다. 하이든과 모차르트의 메뉴엣들이 보여 주는 우아함과 섬세함은 악상에 따라 기본 공식까지도 변화를 주는, 철저한 배려에 근거합니다.

하이든: 교향곡 94번, 제 3악장

사실 이런 식으로 설명하려면 낭만파 작품보다는 고전파가, 그 중에서 하이든이나 모차르트보다 베토벤이 낫습니다. 특히 그의 중기 작품들은 논리가 정말 손에 놓고 보듯이 명쾌한데, 그 중에서도 가장 이해하기 쉬운 것으로 교향곡 5번의 1악장을 꼽고 싶습니다. 전부를 다 뜯어봐도 그다지 복잡하지 않지만, 제시부만 설명하겠습니다.

클래식의 클래식

그림 5-16. 베토벤: 교향곡 5번 c단조 op.67, 1악장, 제시부(1~124마디). 큰 보표로 압축.

36
(cresc.)
V9° V7 of IV IV V7 of IV IV
sf sf sf sf sf
43
V9°
sf
ff
I
V7
49
V9° (of VII)
55
ff sf sf sf
p
dolce
(E♭; V)
(c; VII)
I V7

클래식의 클래식

65
I
74
cresc.
I
V⁶₅ of II
II
IV⁶₄ of IV
V⁶₅ of IV
IV
84
(cresc.)
V⁶₅ of V
(e♭)
I⁶₄
IV⁶♮
V⁴₃ of V
91
(cresc.)
ff
V⁶₅
(E♭)
I
V⁶₅
I⁶

99
IV
V
V
ff
105
I
112
V
I
V
118
I

클래식의 클래식

그림 5-17. 베토벤: 교향곡 5번, 1악장, 1〜6마디, 자필보[29]

〈제1주제〉 총 21마디. 2+3 / 4+4+2+2+2+2

■ **1〜5마디:** 8분쉼표에 이어 유명한 동기가 두 번 나타납니
다.

- c단조의 계명으로는 '미-도-레-시'인데, 음도 넷뿐이고
화성이 없는 단성부기 때문에 아직 조성을 확정할 수 없
습니다.

---

29 베를린 주립 도서관(Staatsbibliothek zu Berlin) 소장. 베를린 주립 도서관
(Staatsbibliothek zu Berlin) 소장(Mus,ms,autogr. Beethoven, L. v., Mendelssohn-
Stiftung 8: Thanks to the approval for free use)

- 동기의 끝 2분음표마다 페르마타가 있습니다. 재미있게도 첫 동기에서는 단순히 2분음표인데, 두 번째에는 페르마타 앞에 2분음표를 붙임줄로 더해 음의 길이를 한 마디 늘였습니다. 그림 5-17은 자필 악보인데, 분명히 둘째 페르마타는 2분음표 하나뿐입니다. 출판을 위해 교정하면서[30] 현재의 형태로 길이를 일부러 길게 만들었는데, 이유가 궁금하지 않으십니까?

- **6~21마디:** 1~5마디를 주제로서 확립하고, 조성을 확정합니다.

- 처음에 짐작하셨겠지만, 그림 5-10의 바흐 인벤션 1번처럼 프레이즈의 시작은 쉼표 다음부터, 끝은 마디의 첫 8분음표입니다.

  - 첫 작은악절: 계명 '미미미도-'에서 시작해 으뜸화음(I)으로 화성을 붙였으므로, 명백히 첫 두 마디에서 발전해 나왔습니다.

  - 다음 작은악절: 시작은 '미미미시-'지만, 마지막 네 음은 F-D이므로 명백히 3, 4번째마디에 딸림 7화음(V_7)을 붙였습니다. 이제야 조성이 c단조라 확신할 수 있지요.

- 다음 여덟 마디에서는 화성이 한 마디마다 I과 V_7을 왔

---

30 루이스 록우드, 「베토벤 심포니」, W. W. Norton & Company, 장호연 역, ㈜바다출판사, 2020, 특별 보급판 1쇄, p.167

　　　　　　　　　　　　　　　　　　클래식의 클래식

다 갔다 하는데, 그림 5-15의 30~32마디에서 하이든이
썼던 방법과 같습니다. 앞 두 작은악절에서는 네 마디였
던 화성 변경 단위가 한 마디로 줄기 때문에 갑자기 걸
음이 빨라진 듯한 효과를 주지요. 베토벤은 이것과 함
께 크레센도를 넣어 긴장감을 올리는 것을 즐겼습니다.
특히 베토벤의 작품에서 이 방법은 매우 중요한데, 다음
장에서 좀 더 자세히 설명하겠습니다.

단, 여기서 I과 V_7 외에 다른 화음이 하나 등장합니다.
바로 20마디의 화살표로 표시한 증 6화음입니다. 아마
베토벤은 I과 V_7이 이 정도 반복됐으면 청중이 다음을
예상하겠다 싶어 변화를 주었을 것입니다. 첫 동기가 다
시 나올 때도 '같은 음 세 번과 3도 아래 음'이라는 원래
꼴을 계속 바꾸고 있습니다. 6~21마디에서 원래 형태대
로 몇 번이나 나왔습니까?

끝은 앞과 똑같이 페르마타로 끝냈습니다. 여기서 갑
자기 길게 끊은 이유도 다 있습니다.

**〈경과부〉 총 37마디(22~58). 3 / 4+4+2+2+7(1마디씩
단위)+4+4+4+3**

- **첫 세 마디:** 첫 다섯 마디처럼, 이번엔 '파파파레-'로, 3~5
마디처럼 더 긴 페르마타로 끝납니다.

- **작은악절 둘:** 바로 앞 세 마디를 그대로 이어받아 V_7(감 7

화음으로 볼 수도 있겠습니다)을 전개합니다. 네 마디를 반복하는데, 맨 끝 한 마디에 관악기가 위 성부에서 변화를 줍니다.

- **다음 11마디:** 바로 이어서, 주제 동기를 높은 음 쪽으로 향하게 뒤집어 놓은 모양으로 바꿔 음높이가 점점 올라갑니다. 처음에는 두 마디 두 번, 나중에는 한 마디 단위로 줄여 일곱 번. 같은 수단을 1주제 부분에서도 썼고, 여기서도 음량이 점점 커집니다. 그런데 같은 음 세 번과 다른 음 하나라는 이전 패턴이 아니고, 같은 음을 두 번씩 반복하지요. 저음은 고집스럽게 C음만 계속 울립니다(보속음에 가깝습니다). 그리고 갈색으로 표시한 이음줄은 프레이징 관점에서 어떤 기능일까요?

- **작은악절 셋:** 처음엔 으뜸화음, 다음엔 딸림 7화음(끝에 잠깐 으뜸화음), 마지막엔 감 7화음으로 진행합니다. 긴장이 정점에 달하는 부분이고, 주제 동기의 모양도 계속 변합니다. 감 7화음 부분에서는 팀파니도 가담해 8분음표를 두들기기 때문에 인상이 더 강해집니다.

- **마지막 세 마디:** 감 7화음을 $E^\flat$장조의 딸림화음으로 해결합니다(아직은 조성이 확정되지 않음).

2주제를 설명하기 전, 세 군데 등장하는 페르마타의 의미를 짚어 봅시다. 앞에서 설명했듯이, a와 a'가 총 21마디, a"가 38마디 전개됩니다(그림 5-18). 첫 스물 한 마디의 끝은 딸림화음의 페르마타

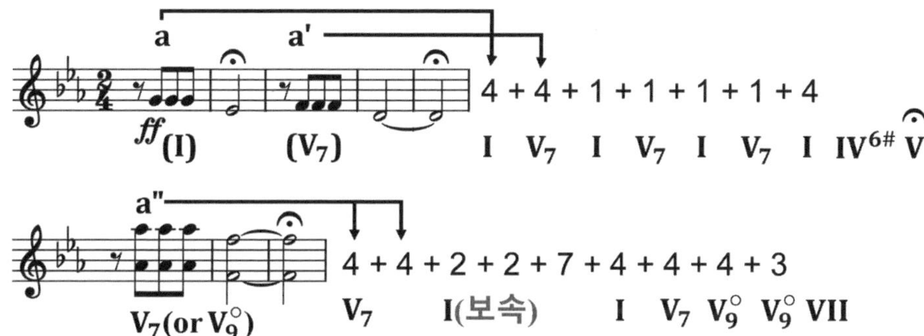

그림 5-18. 베토벤: 교향곡 5번 1악장 '운명의 동기'가 전개된 마디 숫자.

이고, 다음 서른 여덟 마디의 끝은 호른이 팡파르처럼 울리고 바로
다음에 제2주제가 등장합니다. 따라서 페르마타가 없어도 크게 한
단락임을 모를 수가 없죠.

요약해서, 큰 단락이 끝나는 곳은 5-6, 21-22, 24-25, 58-59마
디 사이에 있고, 그 중 마지막만 빼면 다 페르마타가 있습니다. 그
러면 2-3마디 사이를 5-6 또는 24-25마디 사이와 비교하면 어떨
까요? 분명히 단락은 맞는데, '더 큰 단락'이라 보기는 아무래도 어
렵지 않을까요? 그렇지 않다면, 초고에는 전부 페르마타 하나이다
가 출판하면서 같은 부분에 모두 2분음표 하나를 추가한 이유를
찾기 어렵습니다. 더 큰 단락의 마지막 음표를 더 길게 연주하라는
것이지요. 페르마타와 붙임줄을 활용하여 단락 표시, 더 크게는 프
레이징 지시에 동원한 것입니다.

〈제2주제〉 총 35마디(59~95). 4 / 4+4+4, 4+4+3+2+2+2+2+2

- **첫 네 마디:** 등장을 예비하는 성격. 시작 동기는 a라서 1주제와 묶어도 무관.

  호른이 주제 동기 다음에 2분음표 2개를 5도로 덧붙입니다. E♭장조는 다음의 2주제에 들어가야 확정됩니다.

- **제2주제**(작은악절 셋)**:** 4분음표 리듬으로 현에서 등장. 작은악절 하나를 약간의 변화를 주며 세 번 반복합니다. E♭장조는 둘째 마디에서 딸림 7화음이 등장하면서 확정됩니다.

  느낌은 1주제(a)와 완전히 다르지만, 실은 a의 네 음표 리듬의 길이를 두 배로 늘리고 선율적인 움직임을 주었을 뿐입니다. 동기 a는 저음에서 여전히 계속 등장해 존재감을 과시하지요.

- **다음 스물 한 마디:** 코다로 들어가는 연결부. 첫 작은악절 둘은 각각 f단조와 A♭장조로 볼 수 있을 만큼, 조성이 빨리 이동합니다. 여기서도 단위의 마디 수를 점점 줄이면서 크레센도를 얹어 놓았습니다. 크레센도가 있는 마지막 10마디는 최상 성부에서 2마디(84, 85마디)를 반복하고, 저음의 동기 a는 점차 상승하면서 긴장감을 올립니다. a는 정말 긴장감 조성 전문인가 싶지요.

  맨 마지막 두 마디에서 음량이 정점에 달하며, 딸림 7화음이 등장하여 E♭장조임을 확인하고 그대로 코다로 넘어

 클래식의 클래식

갑니다. 이 두 마디는 코다의 시작으로 볼 수도 있습니다
만, 반마침으로 보아서 여기 넣었습니다.

**〈코다〉 총 29마디(96~124). 4+4+4+2, 4+4+4+3. 전체
E$^\flat$장조로 확고하게 종결**

■ **처음부터 끝까지 동기 a를 전개.**
갈색으로 표시한 이음줄로 마디의 첫 8분음표를 프레이즈
개시로 들리게 만든 마디가 많습니다.

■ **마지막 열다섯 마디:** 마무리는 으뜸화음을 전 관현악이 길게
강조하고(관이 동기 a 그대로 높은 음역에서 하강), **딸림화음을 번갈아
내어** E$^\flat$장조를 각인시킵니다.

이 악장 전체의 인상은 제가 굳이 강조할 필요가 없습니다. 제
가 – 그리고 감히 여러분께서도 그러시길 바라자면 – 흥미를 갖
는 점이라면, 방금 살펴보신 것처럼 악장 전체를 첫 동기 a에서 끌
어냈는데, '같은 소재를 몇 분 내내 반복하기 때문에 지겹다'는 느
낌을 주지 않고 목적을 달성한 베토벤의 방법입니다. 전체의 중핵
인 동기 a가 여러 가지로 발전해 나가는 모습이 연관이 있어 보이
나요? 동기 a가 몇 차례나 모습을 바꾸어 나타났습니까? 여기서
음높이(같은 음높이로 세 음 – 다른 음높이로 한 음이라는 특징)와 리듬 중 베
토벤이 어느 편을 더 일관성 있게 고수했나요?

앞 장에서 템포를 설명하면서, 푸르트뱅글러의 1947년 5월 27일 연주의 템포 변화를 소개했습니다. 그가 템포를 달리하는 부분을 이 설명과 비교해 보십시오. 정확히 일치함을 확인할 수 있습니다. 처음에 a가 제시되는 부분, 가령 1~5마디나 22~24마디는 극히 느리게 개별 음을 강조하고, 이를 전개하는 6~21마디, 25~58마디 및 코다는 신속하게 움직이죠. 2주제를 약간 느리게 가져간 것도 구성을 결코 어기지 않습니다. 템포라는 수단으로 곡의 내부 구성을 들을 수 있도록 드러낸 것입니다.

현대의 연주 경향은 대개 기본 템포를 잘 안 바꾸려 하지만, 푸르트뱅글러 같은 사례도 있습니다. 템포를 바꾸는 것이 문제가 아니라, 더 중요한 것은 앞에서 인용한 노이하우스의 말처럼 '연주의 통일성을 손상시키지 않는 것'입니다. 만약 이런 템포 변화를 비음악적이라 생각했다면, 지성적인 음악가로도 유명했던 클라우디오 아바도(Claudio Abbado)가 "베토벤 음악의 논리적 중요성을 처음으로 인식한 사람이 바로 푸르트뱅글러죠"라 말하지는 않았을 것입니다.[31] 앞 절에서 연주자는 프레이징을 살려야 한다고 언급했는데, 곡 전체의 논리적 연관과 구조를 살리는 것도 연주가의 몫이며, 아바도는 푸르트뱅글러가 베토벤에 대해 그 중요성을 최초로 인식했다고 간주하는 것입니다. 템포가 어땠건, 연주가가 그 구조 자체를 인식하지 못하면 곡 전체의 의미를 살리지 못하게 됨은 물론입니다.

31   아바도 지휘 베를린 필하모닉의 베토벤 교향곡 전곡 녹음(DG 459 000-2)의 라이너 노트(19p); 볼프강 슈라이버(Wolfgang Schreiber)와 가진 대담에서 인용

1. 작곡가들이 특정 언어 가사의 억양에 맞춰 곡을 붙인다면, 번역은 여기 어떤 변화를 가져올까요?

   그림 5-6과 5-7의 원어 가사 밑에 이해를 돕기 위해 영역을 덧붙였는데, 영어의 많은 단어들이 원어와 비슷하며, 관사도 있습니다. 하지만 당연히 어순, 강세와 음절 수까지 완전히 일치하지는 않습니다. 제가 덧붙인 영역이 원래 가사에 맞춰 부르기에 적당합니까? 단순히 가사를 번역하는 것과, 원곡에 맞춰 노래할 수 있도록 만드는 것이 같을까요?

2. 고전음악에서 가장 많이 연주되는 작품들이 작곡된 시기는 17세기 중후반에서 20세기 초반입니다. 사용된 가사는 라틴어, 이탈리아어, 프랑스어, 독일어가 많고 슬라브어 계열인 체코어와 러시아어는 19세기 중반 이후에야 중요해집니다. 이 중 라틴어, 체코어, 러시아아어에는 전치사는 있어도 관사는 없습니다. 이것이 가사에 곡을 붙일 때 차이를 가져올까요?

3. 사례로 사용한 하이든 교향곡 100번의 메뉴엣에서, 사실 몇 마디를 들어내도 전체의 논리에는 크게 문제가 없습니다. 그림 5-15에서 가령 33, 34마디나 50~53마디, 심지어 더 과격하게(?) 50~55마디를 생략해도 음악은 잘만 이어집니다. 정말 그렇냐고요? 33, 34, 50~53마디를 생략한 것을 직접 들어 보실 수 있습니다. 만약 우리가 이 판본만 들었다면 정말 이것이 하이든 작곡이라 의심하지 않

교향곡 100, 메뉴엣:
생략이 있음

았겠지요.

그렇다면, 이 추가된 마디들은 음악적으로 어떤 기능을 하겠습니까? 정말 있는 편이 더 낫다고 생각하십니까? 그렇다면, 그 이유는 무엇이라 보시나요?

4. 베토벤 교향곡 5번 1악장 처음 5마디에 나오는 페르마타의 의미를 위에서 설명했습니다. 그러면 이 연주들이 그 의미를 충분히 존중했는지 확인해 보십시오.

1악장: 클렘페러
/필하모니아

1악장: 발터
/콜럼비아 심포니

* 클렘페러/필하모니아 오케스트라(EMI, 1955년)
* 브루노 발터/콜럼비아 심포니 오케스트라(Columbia Symphony Orchestra)(Sony Classical , 1958년)

5. 이음줄이나 붙임줄, 쉼표, 테누토, 스타카토 등을 프레이징에 쓴다는 것은 이미 앞 절에서 보셨습니다만, 페르마타는 좀 의외일 수 있지요. 하지만 바로크 음악을 아는 사람이라면 그다지 낯설지 않습니다. 그림 5-4에서는 생략했지만, 바흐의 칸타타(cantata)나 수난곡에 등장하는 코랄에는 대체로 각 구절의 끝마다 그림 5-19의 화살표 표시처럼 페르마타가 있는 수가 많습니다.

---

32 베를린 주립 도서관(Staatsbibliothek zu Berlin) 소장(Mus.ms. Bach P 25: Thanks to the approval for free use).
조표가 좀 이상하게 보일 텐데, 맨 위 소프라노 성부부터 테너까지가 가온음자리표(C음자리)여서 그렇습니다. 바흐 시대에는 성악 파트를 주로 가온음자리표로 썼는데, 비올라의 음자리표를 '알토 음자리표', 첼로나 바순의 높은 음역을 '테너 음자리표'라 하는 것

클래식의 클래식

그렇다면, 연주가 입장에서는 이런 페르마타를 어떻게 처리해야 할까요? 악보 그대로 모든 페르마타를 정말 2~3배 늘여 연주하면 흐름이 자주 끊어진다는 것은 자명하기 때문입니다.

그림 5-19. 바흐: 「마태 수난곡」 중 합창
'오, 피와 상처로 뒤덮이고'(그림 5-4)의 자필보.[32]

은 여기서 왔습니다. 제일 아래 줄에 중앙 C음을 놓는 소프라노 음자리표는 고전파 시대에 없어졌습니다.

rit.

VI.

표현

동기에서 악구까지의 구조를 다룬 앞 장에 이어 곡 전체의 구조인 형식을 살펴보기 전, 세부의 표현을 보는 편이 좋을 듯해서 순서를 바꿨습니다.

글을 읽으실 때 주로 무엇을 보시나요? 내용의 일관성은 일단 기본이지만, 전부는 아닙니다. 내용만이 중요하다면, 수많은 문학 작품들은 요약만 보면 되겠지요.

형제가 싸우다 둘 다 죽었다. 왕이 된 외삼촌은 둘 중 하나는 정중히 매장했으나, 다른 하나는 제대로 묻지 못하게 하고 본보기로 버려 두었다. 그 형제의 여동생은 그에 항의하여 몰래 묻어 주었다. 왕은 조카에게 생매장을 선고한다. 그녀를 사랑하던 왕의 아들은 항의하여 자살하고, 왕비도 왕을 탓하며 자살한다. 왕은 마음을 돌렸으나, 이미 늦어 아들과 왕비의 죽음을 막지 못하고 한탄한다.

어김없이 막장 드라마 스토리입니다. 하지만 이 작품은 거의 2,500년 가까이 상연되고, 해당 시대를 대표하는 명작으로 칭송을 받습니다. 건전하거나(!) 참신한 줄거리가 명작이 되는 필요조건은 아니라는 것이지요.

큰 틀은 똑같더라도, 해당 목적을 이루기 위해 거치는 경로에는 수많은 부수적 요소들이 필요합니다. 서울에서 부산으로 갈 때 지상 수 km 고도에서 구름과 땅의 풍경을 보며 비행기로 갈 수도 있고, 고속도로를 타고 산과 도시의 풍경을 보며 휴게소에 잠시 들러 갈 수도 있겠지요. 제가 말하고 싶은 것은, **해당 여정을 묘사하는 글이 설득력을 갖추려면 경로를 설명하는 '장식의 기술'도 대단히 중요하다**는 점입니다. 그것이 문학이건 과학 서적이건 다르지 않습니다.

만약 더 우월한 창조물이 우주에서 지구를 방문한 적이 있다면, 우리 문명의 수준을 평가하기 위해 그들이 처음 물을 것은, '그들이 진화를 발견했는가?'다. 지구상에 존재해 왔던 생물들은 그 중 하나가 결국 진실을 떠올리기 전에는 그 이유를 모르고 있었다. 그의 이름은 찰스 다윈(Charles Darwin)이다. 다윈이 조리 있게 답할 수 있게 해 주었다. 인간은 무엇인가요? 동물학자 G. G. 심프슨(Simpson)은 이렇게 답했다: '여기서 지적하고 싶은 것은 1859년보다 전에 그 질문에 답하려 한 모든 시도는 무시하면 더 나을 것이란 점이다.'

잘 알려진 책 「이기적 유전자(The selfish gene)」의 본문 첫 부분인데, 뭔가 이상하다 생각하셨다면 정상입니다. 실제는 이것보다 '장식' 이 더 많거든요. 앞 문학 작품 요약보다는 덜 딱딱하지만, 그래도 핵심만 남기면 원문보다 무뚝뚝하게 보이기는 마찬가지입니다.[1]

그리고 변화의 가능성이 하나 더 있는데, 장식이 아니라 <u>생략 불 가능한 핵심 문장을 쓰는 방법도 가지가지</u>라는 것입니다. 위에서 "지구상에 존재해 왔던 생물들은 그 중 하나가 결국 진실을 떠올리기 전에는 그 이유를 모르고 있었다"란 문장을 의미를 손상하지 않고 쓰는 방법이 한 가지가 아니지 않겠습니까. "과거부터 지구에 살았던 모든 생물들은, 그 중 하나가 이 진실을 깨닫고 발표하기 전엔 다들 몰랐다"고 해도 의미에는 전혀 차이가 없습니다.

물론 글만 이렇지는 않습니다. 음악이 글과 비슷한 면이 많은 이유 중 '장식'이 있다는 것도 들어갑니다. 베토벤 피아노 소나타 29번 B♭장조 op.106 「하머클라비어(Hammerklavier)」의 3악장 처음 한 마디(음표 둘)는 원래 초고에는 없다가, 완성 수 개월 후 출판될 때 베토벤이 런던 출판을 맡은 제자에게 추가해 달라고 부탁해 들어간 것입니다. 한 번 앞 두 음을 빼고 듣는다 생각해 보십시오.

베토벤: 피아노 소나타 29번, 3악장

이 경우는 본질에 영향을 줄 만한 개작이 아니기 때문에, 베토벤이 추가한 것은 분명히 장식이라 간주할 수 있습니다. 하지만 이런

---

1 알라딘(https://www.aladin.co.kr/shop/wproduct.aspx?ItemId=170482558)의 미리보기에서 원문을 볼 수 있습니다.

단서가 없으면 어떻게 판단하겠습니까? 바로 제가 III, V장에서 설명한 내용 및 다음 장에서 설명할 형식이 기본적 근거입니다. 앞 장의 하이든 메뉴엣 설명을 잘 보시면, 어느 부분이 없어도 될지는 대략 짐작이 가능합니다. 그리고 핵심 부분을 어떻게 다르게 해 볼지 짐작할 수 있을까요? 물론, 여러분께서는 – 저도 포함해서 – 아마 힘드실 것입니다. 음악은 추상적이라, 글보다 훨씬 어렵습니다. 하지만 불가능하지는 않습니다. 추측이 가능한 경우의 구체적 사례도 제시해 보겠습니다. 이렇게 **작곡가가 생각했을 만한 대안**을 검토해 보면, 작곡가가 구체적으로 노린 효과를 짐작할 수 있는 경우가 꽤 많습니다. 작곡가는 매우 많은 대안 중 하나를 선택합니다. 이것이 바로 '**표현**'의 영역입니다.

앞 장들에서 설명한 내용들을 – 음높이는 당연하니 그렇다 치고, 음색, 강약, 리듬, 선율, 화성, 템포, 프레이징 등 – 작곡가는 모두 표현에 동원할 수 있습니다. 실제 연주 상황에서 구현되기만 하면 무엇이건 가능합니다. 어느 부분을 더 돋보이게 강조할 수도, 돋보이지 않게 배경 뒤로 감출 수도 있습니다. 강조를 언급할 때 저는 항상 「발명의 10계명」이[2] 생각나는데, 음악에 맞도록 약간 고치면 그대로 강조나 표현이 되기 때문입니다.

2 왕연중, 「발명의 10계명」, 프로방스 刊, 2001

클래식의 클래식

1. [악기를] 더해보자

2. [악기를] 빼보자

3. 아이디어를 빌려보자 (인용)

4. [소리를] 크게 하고 작게 해보자

5. 모양(형식)을 바꿔보자

6. 용도를 바꿔보자 (다른 곡에 재활용해보자)

7. 재료를 바꿔보자 (곡의 기본 동기를 바꿈)

8. 반대로 해보자 [푸가(fugue)]

9. 폐품을 이용해 보자

10. 불가능한 발명은 피하자

9번만 빼고 실제 음악에서 다 볼 수 있습니다. 아니 9번도 있다고 해야 할지도…[3]   그리고 위의 1, 3, 5~7, 9번처럼 새로운 것을 덧붙여도 표현입니다만, 반대로 '늘상 하던 것을 안 해도' 신선하게 들리기는 마찬가지입니다. 영화에서 무엇을 강조하려 할 때 오히려 배경이나 음향을 아주 절제하고 배우의 동작과 말을 부각시킬 수 있듯이, 음악도 그런 경우가 없진 않습니다.

하나 더 추가하면 재미있을 것은 작곡자의 개성입니다. 글에도 개성이 보이듯이, 작곡가도 마찬가지입니다. 특정 '문제'를 해결할 때 쓰는 버릇이 있는데, 마지막 절에서 언급하죠.

---

3   아주 오래 전의 스타일을 다시 갖고 오는 경우가 있습니다.

만약 이 장에 앞보다 음악 링크가 유달리 많다고 생각하신다면, 맞습니다. 표현은 위에서 보듯이 방법이 매우 많고, 앞 장처럼 통일적인 이론으로 욱여넣기가 거의 불가능하기 때문입니다. 들어 보면서 익히는 수밖에요. 위 열 가지를 짧게나마 다 설명하고 싶어도 그럴 수 없음을 양해 바랍니다.

강조

　강약과 음색은 어느 부분을 강조하거나 대조를 줄 때 기본적으로 사용합니다. 글과 비교하면 서체나 글씨의 색과 비슷합니다. 그러면 궁서체(?)의 의미로 사용할 수도 있을까요? 경우에 따라서는 그럴 수 있습니다.

　구체적으로는, 어느 부분을 반복할 때 단조롭게 들리는 것을 막으려 선택하는 경우가 많습니다. 반복하는 이유는 많지요. 중요한 주제를 감상자들에게 각인시키거나, 더 큰 형식 내에서 반복할 때가 그렇습니다. 그리고 의도적이건 아니건 강약 변화와 음색 변화는 같이 나타날 때가 매우 많습니다. 한 악구를 현악기로 연주하고 바로 다음에 대조를 위해 관악기로 연주하거나 하면 음량 차도 나타나겠지요.

　먼저 들으실 사례는 베토벤 교향곡 7번 1악장에서 느린 서주 후 제1주제가 나타나는 부분입니다. 플루트가 주제를 제시한 후 전

베토벤: 교향곡 7번, 1악장
– 4:36 정도까지

관현악이 다시 반복합니다. 브람스의 교향곡 1번 c단조 op.68에서 4악장의 서주 후 제1주제는 현으로 두텁게 나오는데, 바로 뒤 관악기군이 반복합니다.

관현악도 그렇지만, 협주곡이나 실내악에서는 특히 한 선율을 다른 악기로 반복하는 경우가 많습니다. 모차르트 피아노 협주곡 21번 C장조 K.467의 2악장은 아름다운 선율로 유명한데, 먼저 현악기가 주제를 내고 다음에 독주 피아노가 반복하는 방식입니다. 이 정반대 방향이 클라리넷 협주곡 A장조 K.622의 2악장입니다.

프랑스의 작곡가 에두아르 랄로(Édouard Lalo)는 특이한 사례를 두엇 보여 줍니다. 먼저 들으실 것은 「스페인 교향곡(Symphonie espagnole)」 d단조 op.21의 5악장인데, 독주가 나오기 전 관현악이 같은 악구를 10회 이상이나 반복합니다.

단순히 반복하지 않고 반복할 때 앞쪽을 생략하고 뒤만 남길 수 있습니다. 보통 이것은 메아리가 울리는 듯하다고 '에코(echo)'라 하며, 예를 많이 볼 수 있습니다. 보통 음량을 조금 줄여서 연주합니다. 핸델의 「메시아(Messiah)」 중 소위 '전원 교향곡'(그림 6-1)이

그림 6-1. 핸델: 오라토리오 「메시아」 중 13번 'Pifa'. 점선으로 표시한 부분이 에코.

좋은 사례입니다. 브람스 피아노 소나타 3번 f단조 op.5에서 5악장의 론도 주제는 에코의 창의성에서 교과서 급입니다. 베토벤「합창」교향곡 3악장의 주제에서도 악기를 바꿔 나오는 에코를 확인할 수 있습니다.

브람스: 피아노 소나타 3번 – 5악장

다음 장에서 자세히 설명하겠지만, 곡의 큰 틀인 형식에서 반복을 요구하는 수가 있습니다. 소나타 형식의 재현부나, 론도 형식의 주제, 3부 형식의 첫 부분 재현 같은 경우입니다.[4] 하지만 꼭 그렇지 않더라도 대규모의 반복이 나타나는 수가 있는데, 이때는 단조롭지 않도록 무언가 바꿔 대조를 줍니다. 베를리오즈의「환상 교향곡」3악장에서 맨 앞의 관악기 주제가(대략 2분) 악장 맨 끝에 다시 나타날 때 어떻게 바뀌는지 주목해 주십시오.

베토벤: 교향곡 9번 – 3악장

베를리오즈: 환상 교향곡 – 3악장(대략 2분)

베를리오즈: 환상 교향곡 – 3악장

악센트와 대조를 얘기할 때, 서양 음악의 박자를 넘어갈 수는 없습니다. 다행히 III장과 V장에서 리듬과 박자의 진정한 의미를 이미 보셨으니, 일정 시간마다 어느 정도 강세가 붙는 의미를 이해하고 계실 것입니다. 당김음처럼 약박에 인위적으로 강세를 주면 변화가 생겨서, 충분히 음악적 표현이 됩니다.

가장 잘 알려진 것은 하이든의「놀람」교향곡 2악장입니다. 청중이 놀랄 것 같다고 하이든 자신이 장난스럽게 언급했다는 일화

하이든: 교향곡 94번, 2악장

4　바로크 시대의 춤곡들, 고전파 시대의 소나타 형식의 제시부나 메뉴엣처럼 악보에 단순히 반복을 지시했을 때는, 청중이 지루하지 않도록 연주가에게 재량이 어느 정도 있습니다. III장의 리듬 부분에서 언급했듯이 템포의 신축성(루바토 등)이나, 장식음 등을 들 수 있겠지요.

그림 6-2. 모차르트: 현악 4중주곡 14번 G장조 K.387, 2악장 메뉴엣, 첫 6마디. 큰 보표로 압축

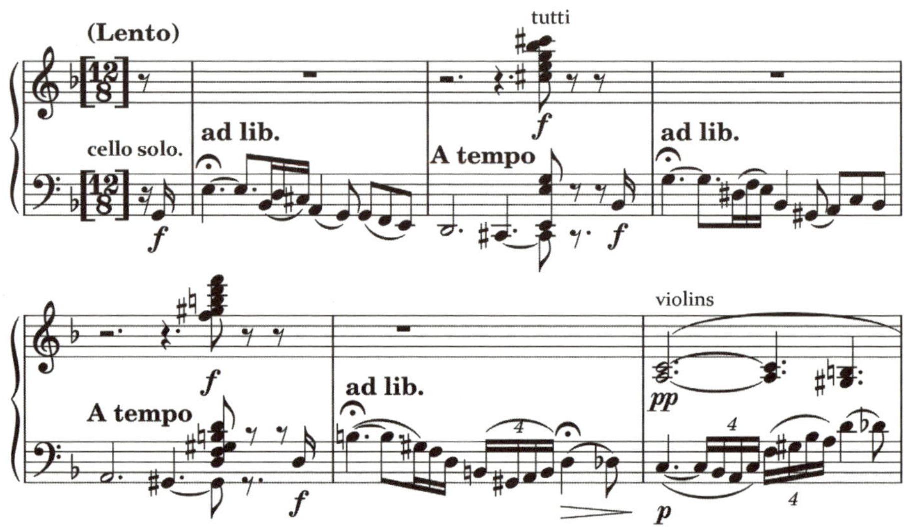

그림 6-3. 랄로: 첼로 협주곡 d단조, 1악장, 첼로 독주의 등장 부분. 큰 보표로 압축

모차르트: 현악 4중주곡
14번, 2악장

도 있습니다. 악센트 변화에서 가장 흔히 쓰는 기법 중 하나가 3박자에서 갑자기 2박자를 암시하는 것인데, 헤미올라(hemiola)라 이름까지 붙어 있습니다. 모차르트 현악 4중주곡 14번의 2악장 메뉴엣에는 선율에 2박자마다 악센트를 붙여 놓은 부분이 있습니

클래식의 클래식

다.(그림 6-2) 베토벤의 「디아벨리 변주곡」 op.120의 제5변주는 3박 단위이다가 갑자기 전반의 끝에서 2박 단위로 이동합니다(12초까지). 브람스는 헤미올라를 매우 잘 썼는데, 심지어 아주 초기 작품인 F-A-E 소나타의 스케르초(Scherzo)에도 있습니다. 끝까지 몇 번 나오는지 세어 보시는 재미도 있을 것입니다.

베토벤: 디아벨리 변주곡 – 5변주. 12초까지

랄로는 약박에 강세를 규칙적으로 놓기를 매우 좋아했습니다. 훌륭한 첼로 협주곡 d단조의 1악장 처음뿐 아니라(그림 6-3), 조금 전에 들으신 「스페인 교향곡」 5악장의 관현악 전주 바로 다음의 독주 주제도 당김음과 악기 편성을 이용해 계속 약박을 강조합니다. 재미있는 것은, 반대로 강박까지 집요하게 악센트를 넣어서 성공하는 경우도 있다는 것입니다. 스트라빈스키의 악센트에 대해서는 이미 그림 3-17에서 마디의 문제인 규칙적인 강세를 피했다고 언급했습니다.

브람스: FAE 소나타, 스케르초

랄로: 첼로 협주곡, 1악장

랄로: 스페인 교향곡, 5악장

음색과 강약으로 대조를 주는 방법은 표현의 기본이라 사례가 무척 많습니다만, 제가 재미있게 듣고 기억하는 것만 언급하겠습니다.

무소륵스키: 바바 야가

협주곡은 원래 독주 악기와 협주 악기[군]이 어울렸다가 서로 비교되었다 하면서 곡이 전개됩니다. 따라서 둘이 번갈아 연주하면서 대조를 강조하는 부분이 한 번 이상 있게 마련입니다. 바흐의 인기 있는 쳄발로 독주곡인 「이탈리아 협주곡」은 쳄발로의 스톱을 바꾸면서 협주곡의 대조 효과를 흉내냅니다. 1악장 처음에

바흐: 이탈리아 협주곡, 1악장

베토벤: 피아노 협주곡
4번, 2악장

브람스: 피아노 협주곡
1번, 1악장

바그너: 라인의 황금
– 전주곡

라벨: 볼레로

마르샹: 디알로그

서는 첫 부분이 협주곡의 총주를, 가늘게 들리는 부분은 독주를 묘사하지요.

베토벤 피아노 협주곡 4번 G장조 op.58의 2악장에서 첫 부분은 관현악이 단음, 즉 유니즌으로 단호하게 선율을 연주하고, 독주 피아노는 소리를 줄이고 풍부한 화성으로 선율을 연주합니다. 모든 면에서 대조를 강조했지요. 브람스 피아노 협주곡 1번 d단조 op.15의 1악장 전개부는 그 반대로, 피아노가 유니즌으로 단호하고 관현악이 화성적으로 연주합니다.

목적이 무엇이건, 같은 화성을 길게 연주하거나 같은 선율을 계속 반복하는 수가 있습니다. 바그너의 오페라 「라인의 황금」 전주곡은 무려 4분 넘게 으뜸화음을 계속 유지합니다. 이 경우 변화를 주지 않으면 지루해서 들을 수 없겠지요. 같은 선율을 계속 반복하는 경우는 이미 들으신 랄로의 「스페인 교향곡」 5악장 처음 말고도 매우 유명한 사례가 있습니다.[5]

마지막으로, 오르간은 수많은 스톱으로 음색을 바꿀 수 있기 때문에 대조를 보여 주기에 매우 좋습니다. 프랑스 바로크 작곡가인 마르샹(Marchand)의 오르간 작품 3권의 「디알로그(Dialogue)」를 들으실 텐데, 문자 그대로 '대화'입니다. 여러 다른 스톱을 써서 대조를 강조합니다.

사티: 벡사시옹

5　물론, 변화 없이 840번 반복하는 에릭 사티(Erik Satie)의 「벡사시옹(Vexations)」을 표준으로 삼을 수는 없습니다. 이 동영상에서 잘 볼 수 있습니다.

리듬과 템포를 사용하는 예는 많은데, 당연히 앞에서 말한 악센트와 완전히 분리하기는 불가능합니다.

가장 흔하게 들을 수 있는 것이라면 소위 '음형 변주(figurative variation)'로, 주제 선율을 점차 더 잘게 나눠서 변주에 동원하는 것입니다. 유명한 것을 이름만 들자면 모차르트의 「아! 말씀드릴게요, 어머니(Ah! vous dirai-je, maman)」 변주곡 K.265나[6], 베토벤의 피아노 소나타 32번 c단조 op.111의 2악장을 떠올릴 수 있습니다.

베토벤: 피아노 소나타 32번, 2악장

리듬을 일관되게 중요하게 사용하는 대곡이라면 누가 뭐라 해도 베토벤의 교향곡 7번을 빠뜨릴 수 없습니다. 1, 4악장은 이미 언급했고, 두 가지 리듬의 주제가 얽히면서 이끌어 가는 2악장은 꼭 리듬 측면에서 중심을 두고 감상해 보시기를 권합니다.

베토벤: 교향곡 7번, 2악장

18세기 중반 이후에는 대개 악곡에 알레그로 등의 템포 지정이 있습니다. 하지만 리듬만 건드려서 템포 지정 변화 없이 템포를 바꾸는 효과를 낼 수도 있습니다. 단 악보 없이 들으면서 알아차리기는 사실 좀 어렵죠. 베토벤의 바이올린 소나타 9번 A장조 op.47 「크로이처(Kreutzer)」 1악장에서 제2주제가 그런 경우인데, 바이올린의 음표 하나가 한 마디다 보니 음악적인 '한 마디'가 두 마디로 늘어난 셈입니다. 이런 트릭은 바그너의 오페라 「탄호이저(Tannhäuser)」 WWV.70의 서곡 마지막 부분이나(11:35 정도에서 곡의 처음

베토벤: 바이올린 소나타 9번, 1악장

바그너: '탄호이저' 서곡, 마지막 부분

---

6 보통 「작은 별」 변주곡이라 불립니다. 제가 예로 사용했던 I장의 그림 1-7 선율이 주제인데, 모차르트는 4분음표 2개를 한 마디로 정했습니다. 'Twinkle, twinkle, little star~'의 가사에는 4분음표 4개가 한 마디인 쪽이 더 적당하죠.

그림 6-4. 브람스: 교향곡 4번 e단조 op.98, 4악장 93~99마디, 중간부가 등장하는 부분. 큰 보표로 압축

브리튼: 퍼셀 주제 변주곡 과 푸가, 끝 부분

브람스: 교향곡 4번, 4악장 중간부

에 나오는 '순례의 합창' 선율이 다시 나올 때가 음표 길이를 늘린 것입니다), 브리튼의 「퍼셀의 주제에 의한 변주곡과 푸가」의 푸가 끝에서 퍼셀의 원래 주제가 다시 등장할 때도 볼 수 있습니다(푸가 시작입니다. 52:08에서 주제가 등장). 브람스 교향곡 4번의 4악장은 느린 중간부가 있다고 생각하실 텐데, 사실 그는 템포 지정을 바꾸지 않았습니다. 단 박자를 3/4에서 3/2으로 바꾸었기 때문에 그렇게 들리지요. 플루트 솔로가 화음 반주로 나오는 곳부터 박자가 바뀝니다(그림 6-4: 부터

클래식의 클래식

34:19까지). 갈색 네모로 표시한 것처럼 브람스는 겹세로줄 양편에서 템포가 바뀌지 않도록 ‘♩=♩’ 지시까지 했기 때문에, 템포를 늘어뜨리면 안 됩니다.

고전주의 시대까지는 곡의 큰 구성에 맞춰 템포 지시를 바꾸는 일은 – 그렇게는 안 하더라도 그림 6-4처럼 중간부를 느리게 들리도록 한다든가 – 드물었지만, 낭만 시대에서는 템포도 그 한 수단으로 많이 사용합니다. 리스트의 「초절기교 연습곡(Études d'exécution transcendante)」 S.139 중 11번 ‘밤의 선율(Harmonies du soir)’을 템포 변화에 주목하여 들어 보시지요.

리스트: 초절기교
연습곡집 11번

앞 장에서 말한, 아주 기본적인 고려 사항인 악구를 표현에 사용하지 않을 리가 없습니다.

동기(두 마디)→작은악절(동기 2개)→큰악절(작은악절 2개)→프레이즈(큰악절 2~3개)로 이어지는, 제가 설명한 구조는 어디까지나 <u>기본</u>일 따름입니다. 작곡가들은 이 구조에서 마디를 자유로이 삽입하고 삭제하여 길이를 바꿀 수 있습니다. 앞 장에서 어느 정도 구조를 자세히 분석한 두 곡, 하이든 교향곡 100번의 메뉴엣과 베토벤 교향곡 5번 1악장 제시부가 기본 구조를 엄격히 지켰나요? 전자의 앞부분은 정확히 작은악절 2개(실은 앞 작은악절의 반복이지만)가 맞지만, 뒷부분은 그렇지 않습니다. 그리고 베토벤은 하이든보다도 훨씬 신경을 덜 쓴 것처럼 보입니다.

규칙이 중요하지 않다는 말이 아닙니다. 더 좋은 표현을 위해서

그림 6–5. 슈베르트: 교향곡 8번(구 번호 9번) C장조 D.944, 1악장의 첫 여덟 마디.
ⓐ와 ⓑ는 대안

는 거기서 좀 벗어나도 된다고 작곡가들이 생각한다는 것이지요. 앞 장에서 이미 베토벤이 얼마나 철저하게 논리적으로 곡상을 전개했는지 보시지 않았습니까? 하지만, 작곡가가 규칙에서 벗어난 것은 규칙에 비해 얻으려 한 것에 대한 힌트가 될 수 있습니다. 이 때문에, 기본적 구조에서 벗어난 것을 확인하는 것이 의미가 있는 것입니다.

그림 6-5에서 슈베르트의 C장조 교향곡 D.944의 1악장 서두의 호른 독주 선율을 보면, 도저히 2마디-4마디 구조라 볼 수는 없고 3+3+2에 가깝습니다. 문제는 네 번째 마디인데, 첫째 마디와 비슷하기 때문에 두 마디나 네 마디 단위에 끼워 넣을 수 없다는 것

그림 6-6. 모차르트: 피아노 소나타 A장조 K.331(300i), 1악장의 변주 주제 선율

입니다. 이 문제는 ⓐ나 ⓑ처럼 셋째 마디를 다섯째 아니면 여섯째 마디 뒤로 보내면 해결됩니다. 이러면 정규의 두 마디 단위 4+4로 정리될 수 있지요.

슈베르트가 여기서 소개한 세 가지 중 무엇을 제일 먼저 떠올렸는지는 전혀 모릅니다만, 규칙을 따른 형태인 ⓐ나 ⓑ중 하나를 떠올렸다가 '좀 단조로우니까 바꿔 보자'라 생각했을 가능성은 충분합니다. 원본 및 대안을 순서대로 직접 들어 보시지요. 어느 것이

슈베르트: 교향곡 9번,
1악장 – 원본과 대안들

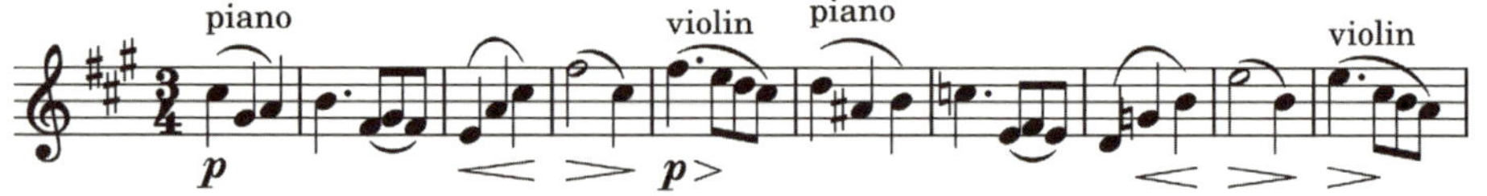

그림 6-7. 브람스: 바이올린 소나타 2번 A장조 op.100, 1악장의 주제(선율만) 첫 열 마디

가장 마음에 드십니까?

그림 6-6은 모차르트의 유명한 피아노 소나타 11번 1악장 변주곡의 주제입니다. 큰악절 2개로 딱 떨어지는데, 맨 마지막 작은악절이 여섯 마디입니다. 잘 살펴보면 갈색 선으로 표시한 두 마디를 제외하면 둘째 작은악절과 똑같습니다. 원래 선율과 삽입한 두 마디를 뺀 선율을 비교하면, 모차르트가 바란 것이 무엇일까요? 그리고 어느 편이 더 낫게 들리십니까?

모차르트: 피아노 소나타
K.331, 1악장

모차르트: 피아노 소나타
K.331, 1악장 – 대안

브람스: 바이올린 소나타
2번, 1악장

브람스의 바이올린 소나타 2번의 1악장은 악구의 확장을 보여주는 모범적 사례입니다(그림 6-7). 여기서 프레이즈는 다섯 마디가 한 단위인데, 바이올린의 한 마디는 명백히 피아노의 바로 앞 한 마디를 반복하는 에코이기 때문에 생략하더라도 흐름엔 전혀 문제가 없습니다. 모양을 섬세하게 바꾸었기 때문에 흘려들으면 에코임을 놓치기 쉽습니다. 앞에서도 말했듯이, 이런 수단은 특히 협주곡이나 실내악 등 여러 악기가 연주할 때 대조를 줄 목적으로 자주 사용합니다.

그림 6-8. 그리그: 「페르 귄트(Peer Gynt)」 제2모음곡 op.55 중 '솔베이지의 노래 (Solveig's song)'(첫 부분 선율만)

악구를 늘릴 수 있다면, 줄일 수도 있습니다. 그리그(Grieg)의 매우 잘 알려진 '솔베이지의 노래' 앞부분은 작은악절 넷으로 구성되는데, 갈색 선으로 표시한 것처럼 셋째 악절은 세 마디입니다(그림 6-8). 그런데 실제 연주를 들으면 더 짧다는 느낌이 거의 없는데, 마지막 마디의 리타르단도 때문입니다. 재미있는 것은 다음 작은악절은 리타르단도 없이 음표 길이만으로 늘렸다는 점입니다.

그리그: 솔베이지의 노래

주요 선율 부분만 늘리거나 줄이거나 하진 않습니다. 그림 6-9에서 베토벤은 약박(여기서는 상박 up-beat) 하나를 길게 늘렸습니다. 피아노 소나타 18번의 1악장 2주제 부분은 4+4마디인데, 마지막

베토벤: 피아노 소나타 18번, 1악장

그림 6-9. 베토벤: 피아노 소나타 18번 E♭장조 op.31-3, 1악장 46~61마디(오른손)

인 53마디의 둘째 박 다음에 57마디의 셋째 박이 오면 익숙한 열여섯 마디 구조가 될 것입니다. 그런데 베토벤은 그림 6-9의 갈색 선으로 표시한 부분을 삽입해서 지금 우리가 아는 형태로 만들어 놓았습니다. 옥타브 차의 두 B♭음 사이를 연결하려 길게 다리를 놓은 셈입니다. 베토벤의 두드러진 특징 중 하나가 연결부라 할 정도로 그는 신경을 많이 썼고 실제 인상적인 부분이 많습니다.

버르토크의 「현악기, 타악기와 첼레스타를 위한 음악」 2악장은 악기를 두 집단으로 나눠 주고받는 기법이 매력적입니다.[7] 그림

---

7   동영상의 콘서트마스터는 한국인 박지윤 씨입니다.

그림 6–10. 버르토크: 「현악기, 타악기와 첼레스타를 위한 음악」 Sz.106, 2악장 처음 열 여덟 마디. 두 악기군의 선율만 옮김. 네 마디 악구는 검은색, 세 마디 악구는 갈색 표시.

6-10에서는 1군과 2군의 선율만 표시했는데, 피치카토로 울리는 네 마디의 전주 후 주요 주제가 1군에서 나타납니다. 잘 보면 세 마디와 네 마디 단위를 두 군이 주고받는데, 세 마디가 될 때 없어지는 곳은 첫 4도의 두 음입니다. 17마디에서는 한 마디를 삽입해 악구를 끝냅니다. 푸가에서 자주 보이듯이, 다성 음악에서 악구 일부를 겹치거나 길이를 융통성 있게 변화시키는 경우는 매우 흔합니다.

성부가 여럿인 다성 음악을 다루는 일반적인 방법은 대위법(counterpoint)입니다. 이는 성부간 단순한 모방(imitation)에서 더 고급 기술인 푸가까지 포괄하므로, 곡상의 진행에 따라 개별 성부의 기본 단위가 늘었다 줄었다 하는 모습을 잘 볼 수 있습니다. 푸가는 중요한 형식 중 하나이므로, 다음 장에서 소개하겠습니다.

악구의 기본적 구성에서 벗어난 변칙들을 몇 개 보았으며, 그 상당 부분은 음악의 표현이란 관점에서 이해할 수 있습니다. 그리그의 약점이 '항상 2마디 또는 4마디의 악구를 단위로 하여 악상을 생각하는 경향이 있다'고 말하는 사람이 있는 것을 보면[8], 규칙을 지키는 것이 예술적으로 항상 최선의 선택은 아님을 알 수 있지요.

8 D. J. 그라우트, 「서양음악사」, 3rd ed., W. W. Norton & Company, 1980; 김진균, 나인용, 이성삼 역, 세광음악출판사, 1990(13쇄), 하권 p.733

선율과 화성, 조바꿈

굳이 정의를 다시 들지 않아도, III장에서 기본을 거의 다 설명했습니다. 여기서는 표현의 관점에서 특히 인상적인 사례들만 들겠습니다.

지금까지 이 책에서 곡의 인상에 결정적인 영향을 주는 선율은 악보 예시를 곁들여 설명해 왔습니다. 하지만 선율만 등장하는 부분은 그리 많지 않고, 보통 화성의 윤곽이 드러납니다: 대체로 반주가 있거나, 다성 음악이라면 성부 여럿이 겹쳐져 화성을 이루기 때문입니다. 표현의 관점에서는, 선율이 같더라도 화성을 넣는 방식에 따라 느낌을 매우 다르게 만들 수 있습니다.

그림 1-6에서 「작은 별」 선율에 붙인 반주로 인해 달라지는 느낌은 이미 얘기했습니다. 이 그림에서 왼손에 사용한 '도솔미솔~~~' 형태는 매우 많이 볼 수 있는데, '알베르티 베이스(Alberti bass)'라 이름까지 붙은 유명한 반주 유형입니다. 꽤 유명한 작품에서도

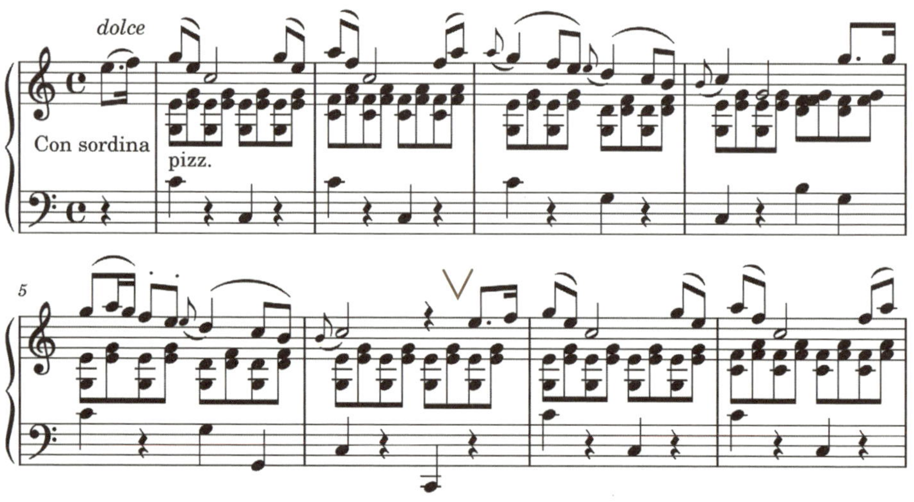

Andante cantabile

그림 6–11. 호프슈테터(Hoffstetter): 현악 4중주곡 F장조, 2악장 첫 여덟 마디(큰 보표로 압축). 하이든의 「세레나데」로 많이 알려짐. 갈색 v표는 악구의 끝.

호프슈테터: 현악 4중주곡, 2악장

이와 비슷하게 반복적인 (약간 단조로운) 반주 유형을 선율에 붙인 예가 많습니다. 하이든의 작품으로 알려졌던 현악 4중주곡 F장조의 유명한 2악장이 바로 그 예입니다(그림 6-11). 주선율을 1바이올린에게 맡기고, 나머지 세 악기들에 피치카토로 반주 화음을 맡겼습니다. 꼭 기타 반주로 노래하는 느낌이라서 「세레나데」라 불리는 것은 우연이 아니지요.

호프슈테터: 현악 4중주곡, 2악장 – 반주 변형

여기서 세 악기가 맡은 반주 부분을 트레몰로로 바꾸고 약간의 강약을 넣으면, 희한한 긴장감이 생깁니다(그림 6-12). 적어도 연인의

클래식의 클래식

그림 6–12. 그림 6–11에서 반주 부분을 트레몰로로 바꾸고 약간의 강약을 넣었음

창가에서 밤에 편안하게 부를 분위기는 아니겠지요?[9]

이쯤 되면, 여러 작곡가가 선율에 붙인 반주도 예술의 일면으로 살펴볼 가치가 충분합니다. 특히 오페라나 가곡에서 볼 수 있는 여러 패턴은 실로 작곡가들의 노력과 탐구의 집합체지요. 벨리니의 오페라 「노르마(Norma)」 중 '정결한 여신(Casta Diva)'의 확장된 펼침화음의 가벼운 음향은 장식이 많은 선율에서 신경을 분산시키지 않는 훌륭한 배경입니다. 슈베르트는 독일 리트의 예술적 지위를 정착시킨 장본인답게 반주가 매우 훌륭한데, 3대 가곡집만 해도 「아름다운 물방앗간의 아가씨(Die schöne Müllerin)」 D.795의 제1곡 '방랑(Das Wandern)'의 발걸음과 제2곡 이후를 일관하는 시냇물

벨리니 오페라 「노르마」 중
'정결한 여신'

슈베르트: 「물방앗간
아가씨」 중 1곡 '방랑'

2곡 '어디로?'

9 소리를 만드는 데 사용한 MuseScore™ 프로그램이 트레몰로의 느낌을 잘 재현하지 못함을 감안해 주십시오. 실감이 잘 나지 않으시면, 드뷔시 「목신의 오후 전주곡」에서 트레몰로를 배경으로 플루트 선율이 두드러지는 부분을 들어 보십시오. 약주인데도 뭔가 긴장이 있습니다.

그림 6–13. 슈베르트: 가곡집 「백조의 노래」 중 13번 '도플갱어', 첫 열네 마디. 갈색 줄로 표시한 마디는 노래의 마지막 두 마디를 희미하게 반복하여 따라간다.

16곡 '좋아하는 색'

슈베르트: 「겨울 여행」 중 21곡 '여인숙'

소리, 제16곡 '좋아하는 색(Die liebe Farbe)'의 공허한 집착, 「겨울 여행(Winterreise)」 D.911에서 제21곡 '여인숙(Das Wirtshaus)'의 충실하고 장중한 합창, 제24곡 '거리의 악사(Der Leiermann)'에서 손으로 돌려 소리를 내는 허디거디(Hurdy-gurdy)의 음향 등 당시 다른 작곡가의 곡에서 볼 수 없는 다양한 표현이 넘칩니다. 개인적으로는 「백조의 노래(Schwanengesang)」 D.957 제13번 '도플갱어(Der Doppelgänger)'의 뭘해도 저벅저벅 뒤를 따라오는, 저음의 음침하며 거의 소름끼치는 음향을 첫째로 들고 싶습니다.

우리가 주로 듣는 시기의 음악에는 대개 화성을 붙이기 때문에, 반대로 화성을 거의 혹은 안 붙이면 오히려 눈에 띕니다. 이것도 훌륭한 표현 수단이지요.

버르토크는 현악 4중주곡 4번 3악장에서 배경을 약한 지속음으

그림 6-14. 버르토크: 현악 4중주곡 4번 Sz.91, 3악장, 첫 열 마디. 큰 보표에 압축. 아래의 첼로 파트는 1옥타브 높여 읽어야 한다(원곡은 테너 음자리표를 사용).

로 제한하면서 첼로만 선율을 연주하게 했는데, 거의 단선율에 가깝습니다.[10] 악보의 음만 보면 매우 불협화음인데, 실제 들어 보면 강약의 차이 덕에 그렇게 불협화음이 날카롭게 들리지는 않습니다.

바그너의 오페라 「트리스탄과 이졸데(Tristan und Isolde)」 WWV.90의 3막 전주곡부터 막이 오르는 부분에서는 잉글리시 호른이 3분 이상의 긴 무반주 선율을 연주합니다. 극 내용상 황량한 분위기를 나타내 주는 데 일품이죠. 베를리오즈의 무반주 선율 사용도 특기할 만한데, 「환상 교향곡」의 3악장 처음에 거의 반주 없이 3분 이상 지속되는 선율이나, 「로미오와 줄리엣(Roméo et Juliette)」 op.17의 서장에서도 단선율이 매우 오래 이어집니다. 그리고 한 곡 내내 단선율만 쓰는 경우도 있습니다. 무반주 현악기나 관악기 작품에서는 그다지 이상하지 않지요. 바흐의 바이올린 소나타 1번 g단조 BWV.1001의 프레스토, 플루트 파르티타의 알르망드, 첼로 모음곡 3번 C장조 BWV.1009의 쿠랑트가 대표적이며, 쇼팽의 피아노 소나타 2번 B♭단조 op.35의 4악장처럼 피아노에서 사용한 경우도 있습니다.

사실 화성을 덜 붙이면서 선율을 부각시키려면, 굳이 소수의 악기만 연주시킬 필요도 없습니다. 모든 악기 혹은 성부가 똑같은

바그너: 「트리스탄과 이졸데」 3막 전주곡

베를리오즈: 「환상 교향곡」 3악장

베를리오즈: 「로미오와 줄리엣」 서장

바흐: 바이올린 소나타 1번 – 프레스토

바흐: 플루트 파르티타 – 알르망드

바흐: 첼로 모음곡 3번, 쿠랑트

쇼팽: 피아노 소나타 2번, 4악장

---

10 이 선율의 스타일은 작곡자가 소재를 자주 얻었던 헝가리 민요라 합니다. 그는 민요를 들은 그대로 옮기진 않았으나, 그 스타일을 교묘히 자신의 곡에 불어넣었지요.

클래식의 클래식

선율을 연주할 수도 있으니까요. 이 유니즌 (unison)은 효과가 생각 보다 훌륭합니다.

베를리오즈의 「레퀴엠」에서 '상투스(Sanctus)'는 테너 독창과 합창 이 번갈아 나옵니다. 독창이 끝나고 합창이 나오다가 푸가로 전개 되는 부분이 있는데, 마지막 가까이에서는 한번에 유니즌으로 전 환되었다가 화음을 넣으면서 끝납니다.

베를리오즈: 「레퀴엠」중 '상투스'

바흐의 「마태 수난곡」은 여러 모로 특이한 작품입니다. 다 아시 겠지만, 이 곡은 성서의 줄거리 해설을 복음사가(Evangelist)라 불리 는 테너 독창과 숫자 저음 파트가 맡습니다. 여러 명이 한꺼번에 등장하면 합창이 맡습니다만, 기본적으로 줄거리 및 한 명만 등장 하는 장면은 모두 독창이고, 반주는 숫자 저음이라서 낭송 도중 간간히 화성을 암시하려 등장할 뿐입니다. 즉, 성서의 내용은 대부 분 단선율에 가깝게 들립니다. 물론 독창자들의 레치타티보와 아 리아가 기막히게 아름답기 때문에 감상에서 상당한 관심을 끕니 다만, 이 음악극에서 진짜 주목해야 할 곳은 성서의 내용 부분입니 다. 여기서 바흐가 보여 주는 감각은 수난곡 같은 오라토리오가 아니라 오페라를 썼어도 한따까리하고 남았으리라 짐작하기에 충 분한데, 유니즌이 매우 인상적인 부분이 있습니다. 67(또는 58a)번 은 합창 딸린 레치타티보인데, 표 6-1에서 가사를 보십시오. 마지막 합창은 4성부 다성으로 시작하다가, 맨 마지막 바로 앞에서 단성 의 화성으로 합쳐지고, 유니즌으로 바뀝니다. 해당 가사를 유니즌 으로 돋보이게 한 이유를 쉽게 이해할 수 있습니다.

바흐: 「마태 수난곡」중 67(58a)번

Nr.67(58a) Rezitativ

Evangelist. Und da sie an die Stätte kamen mit Namen Golgatha, das ist verdeutschet Schädelstätt', gaben sie ihm Essig zu trinken mit Gallen vermischet, und da er's schmeckete, wollte er's nicht trinken.

Da sie ihn aber gekreuziget hatten, teilten sie seine Kleider und warfen das Los darum; auf daß erfüllet würde, das gesagt ist durch den Propheten: sie haben meine Kleider unter sich geteilet, und über mein Gewand haben sie das Los geworfen.

Und sie saßen allda und Hüteten sein. Und Oben zu seinem Haupte hefteten sie die Ursach' seines Todes beschrieben, nämlich; Dies ist Jesus, der Juden König.

Und da wurden zween Mörder mit ihm gekreuziget, einer zur Rechten und einer zur Linken.

Die aber vorübergingen, lästerten ihn und schüttelten ihre Köpfe und sprachen:

67(58a). 레치타티보

복음사가 골고다 즉 해골의 곳이라는 곳에 이르러, 쓸개 탄 포도주를 예수께 주어 마시게 하려 하였더니, 예수께서 맛보시고 마시고자 아니 하시더라.

저희가 예수를 십자가에 못 박은 후에, 그 옷을 제비 뽑아 나누고, 거기 앉아 지키더라. (그것은 선지자들에 의해 예언된 것을 응하게 하려 함이니, "저희가 내 옷을 나누고, 내 옷을 제비 뽑나이다")

그 머리 위에 "이는 유대인의 왕, 예수"라고 쓴 죄패를 붙였더라.

이 때에 예수와 함께 강도 둘이 십자가에 못 박히니, 하나는 우편에, 하나는 좌편에 있더라.

지나가는 자들은 자기 머리를 흔들며 예수를 모욕하여 가로되,

Chor.	**합창**(I/II군 8성: 종결은 4성, 2 플루트, 2 오보에)
Der du den Tempel Gottes zerbrichst, und bauest ihn in dreien Tagen, hilf dir selber! Bist du Gottes Sohn, so steig herab vom Kreuz.	성전을 헐고 사흘에 짓는 자여, 네가 만약 하나님의 아들이어든, 자기를 구원하고 십자가에서 내려오라.
Evangelist. Desgleichen auch die Hohenpriester spotteten sein, samt den Schriftgelehrten und Ältesten, und sprachen:	**복음사가** 그와 같이 대제사장들도 서기관들과 장로들과 함께 희롱하여 가로되,
Chor. Andern hat er geholfen, und kann sich selber nicht helfen! Ist er der König Israels, so steige er nun vom Kreuz, so wollen wir ihm glauben. Er hat Gott vertraut, der erlöse ihn nun, lüstet's ihn, denn er hat gesagt: Ich bin Gottes Sohn.	**합창**(위와 같음) 저가 남은 구원하였으나, 자기는 구원할 수 없도다. 저가 이스라엘의 왕이로다. 지금 십자가에서 내려올지어다. 그러면 우리가 믿겠노라. 저가 하나님을 신뢰하니, 하나님이 저를 기뻐하시면 이제 구원하실지라. 제 말이 나는 하나님의 아들이라 하였도다.

표 6–1. 바흐: 「마태 수난곡」 중 67(58a)번. 레치타티보와 합창. 성서의 번역은 한국어 개역판.

이처럼 합창에서 다성 운용(주로 돌림노래 canon나 푸가), 화성, 유니즌을 적절히 배합하는 것은 거의 정석인데, 당연히 합창에서만 이런 수단이 효과적이지는 않습니다. 베토벤의 「레오노레(Leonore)」 서

베토벤: 레오노레 서곡 3번

곡 3번 op.72b는 그가 좋아하던 전형적인 수법들이 매우 많은데, 유니즌 혹은 단성 기법을 매우 빈번히 사용한 곡이기도 합니다. 이 연주에서 첫 30초 가량, 동영상 시간 7:08~8:08(트럼펫이 무대 밖에서 부는 장면 포함), 11:56~12:12가 거기에 해당합니다. 정말 베토벤다운 활기가 넘치는 이 곡에서 유니즌이 주는 인상만 되새겨 보아도 재미있을 것입니다.

화성은 다소 어렵다 해도, III장에서 언급했듯이, 그리고 앞 장 베토벤 교향곡 5번 1악장 제시부의 분석에서 보았듯이 많은 경우 곡의 핵심 이해에 중요합니다. 화음 표시 및 조바꿈의 기본이 잘 기억나지 않는 분께서는 III장 3절 화성 부분과 앞 장 맨 마지막 절을 다시 읽어 보시고 이 부분을 보시면 좋겠습니다.

한 선율에 화성을 붙이는 방법이 상당히 많은 만큼, **화성과 조바꿈이 표현 수단으로 활용되지 않을 리가 없습니다.** 17세기 후반 선법에서 조성으로 음계의 기본이 전환되고 나서, 이미 널리 사용되던 화성의 사용 공식을 정리해 출판한 사람은 I장에서 말했듯이 바로크 후기의 중요한 작곡가 중 한 명인 라모입니다.[11] III장에서 설명한 딸림화음의 중요성 및 조바꿈 공식 등을 포함한 기능화성법은 모두 그가 설명한 것입니다. 이 공식으로 설명할 수 있는 곡의 범위는 대략 17세기 중후반에서 20세기 초중반에 걸칩니다.

11 1722년, 'Traité de l'harmonie réduite à ses principes naturels(Treatise on harmony reduced to its natural principles)'. 보통 우리나라에서는 「화성론」으로 부릅니다.

  클래식의 클래식

III장의 선율 부분에서 소개한 르베그의 작품은 1676년 출판되었는데, 조성적 화성이란 측면에서 전혀 유별나게 들리지 않습니다.

바로크부터 시작하여 고전파까지, 아마 으뜸조에서 딸림조로 이동하는 조바꿈을 가장 흔히 볼 수 있을 것입니다. 다음 장에서도 나오듯이, 바로크 시대의 모음곡에 쓰이는 일반 춤곡들이 두 부분으로 나뉘고, 첫 부분의 끝은 딸림조로 마치기 때문입니다.[12] 소나타 형식이 여기서 발전했다는 것이 정설이니, 고전파의 소나타 형식에서 제2주제가 흔히 딸림조로 마치는 것은 당연한 결과입니다. 앞 장에서 본 하이든의 메뉴엣과 베토벤의 1악장은 둘 다 예외라, 핸델의 건반악기 모음곡 1번 A장조 중 알르망드(그림 6-15)를 예로 들겠습니다.

알르망드의 특징 중 하나는 못갖춘마디입니다. 여기서 첫 마디 절반까지 딸림 $7(V_2)$과 으뜸화음(I^6)이 나오므로 A장조는 완전히 확정됩니다. 3마디 중간에서부터 조성이 흔들리는데, 사실 거기서 한 마디는 f$^\#$단조로 봐도 될 것입니다. 4마디 후반은 완전히 b단조인데, $V_3{}^4$-I이 나오니 분명히 알아들을 수 있습니다. 이 다음에 II^6 (A의 으뜸화음)를 공통화음으로 사용하여, D$^\#$ 음을 넣어 딸림화음의 딸림 7화음을 암시하고(부속화음) V를 사용하여 A장조로 되돌아옵니다. 조금 후에는 I을 공통화음으로 하여 e단조로 넘어갔다가 8마디에서 완전히 E장조가 확정됩니다. 딸림조의 인상을 확

르베그: 듀오

핸델: 모음곡 1번,
알르망드

---

12 개인적으로는 작은악절 둘을 큰악절로 연결할 때 앞 악절을 반마침으로 마치던 관습이
    규모가 커지면서 조바꿈으로 확장되지 않았나 추측합니다.

Allemande

클래식의 클래식

그림 6-15. 핸델: 건반악기 모음곡 1번 A장조 HWV.426, 알르망드. 조성은 괄호 안에 장조면 대문자, 단조면 소문자로 표시.

실히 주기 위해 중간에 f#단조-b단조-A장조를 거친 후 E장조를 오래 유지하지요.[13]

도돌이표 후에 E장조에서 A장조로 돌아가기 위해 D장조-b단조-E장조를 잠시 거치는 것, 끝날 때 주조인 A장조를 길게 확정하고 끝나는 것은 앞부분과 마찬가지입니다. 끝부분은 사실상 앞부분을 거의 조바꿈만 했습니다. 이런 조성의 변화가 음악의 느낌에 어떤 변화를 주는가요?

이 핸델의 곡에서, 전통적인 관계조인 딸림조와 버금딸림조, 병행 장단조, 그리고 딸림 (7)화음을 부속화음으로 이용한 조바꿈은 바로크 시대부터 정착해 있었기 때문에 그다지 특별하게 들리지는 않습니다. 재미있고 의표를 찌른다고 생각되는 것 중 대다수는 이들을 벗어난 경우입니다.

베토벤 교향곡 1번의 1악장 첫 부분은, 이 곡 이전 바로크와 고전파의 유명 작품을 주로 듣던 사람에겐 상당히 놀라울 수 있습니다. 아무리 들어도 C장조가 아니기 때문입니다.[14] 첫 마디에서는 버

13　b는 E의 딸림음이고, A는 버금딸림음입니다. 으뜸조의 느낌을 확정하기 위해 가장 가까운 관계조인 딸림조와 버금딸림조를 들려주는 것은 작곡가들이 애용하는 수법으로, 조금 후 다시 보겠습니다.

14　개인적으로 베토벤의 다른 교향곡을 다 들은 후에야 1번을 들었는데, 상당히 놀랐습니다. 확실하게 으뜸조에 속하지 않은 부속화음으로 곡을 시작하는 곡은 1번이 유일하기 때문입니다. 4번은 으뜸조의 단조 선법(bb단조)으로 시작하고, 9번은 부속화음 같긴 하나 주조인 d단조 음계에 없는 음이 나오진 않습니다.

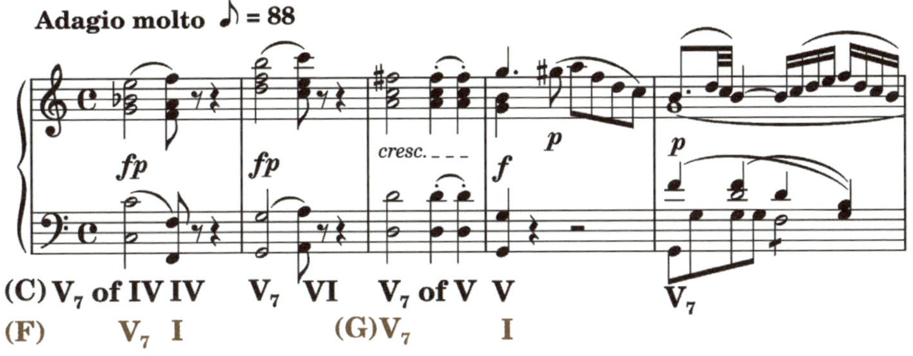

그림 6-16. 베토벤: 교향곡 1번 C장조 op.21, 1악장, 첫 다섯 마디. 큰 보표로 압축.

금딸림화음을 확정하고, 둘째 마디에서는 V₇ 다음에 으뜸화음을 낼 것 같다가 VI으로 넘어가는 거짓 마침(deceptive cadence)을 써서 덜 끝난 느낌을 준 후, 다음 마디에서는 딸림조의 종결을 준비하여 4마디에서 완결하는 것입니다. V₇–I로 C장조가 확정되는 시점은 6마디입니다. 거의 40초 이상 기다려야 으뜸조를 알아들을 수 있는 셈입니다.

사실 가장 중요한 화음들인 IV와 V를 들려주고 I을 확립하는 방법은 이미 보신 핸델과 마찬가지입니다. 곡 처음에 I을 안 드러냈을 뿐이지요. 직접 들어 보시고 다시 확인해 보십시오(52초까지).

곡의 처음에 으뜸화음을 안 드러내는 경향은 낭만파 시대에 더욱

베토벤: 교향곡 1번,
1악장 처음

심해졌습니다.[15] 처음 이 길을 개척한 사람은 상당히 진취적이었던 베를리오즈인데, 「환상 교향곡」의 5악장 처음에서 으뜸조 확립을 지연시킨 것이 압권입니다. 시작부터 대략 2분 20초 가까이 C조가 확정되지 않는데, 시작도 C장조하곤 거리가 멀고, 도중에 몇 마디 C장조가 등장하긴 하지만[16] 전혀 오래 가지 않기 때문입니다. 감상자가 완전히 C조라 확신할 수 있는 지점은 종소리의 등장 바로 다음 현악기가 '악마의 론도' 선율의 단편을 연주할 때입니다(동영상 47:20).

쇼팽 「전주곡집」 op.28의 2번 a단조는 너무 유명하고도 극단적인 사례라, 조금 덜한 5번 D장조를 쓰겠습니다. 이 곡은 템포도 빨라 정신없이 흘러가는데다 첫 네 마디를 빼면 조성이 쉴 새 없이 바뀌어서, D장조라 인식하는 자체가 어렵습니다. 그런데 처음의 딸림 7화음은 네 마디나 되니 엄청 오래 끄는 셈이지요. 그러면 이 V_7에도 모호성이 전혀 없냐? 아닙니다. 갈색 음표처럼 B음에 내림표가 붙었다가 없어졌다가 하는데, 장조인지 단조인지를 혼란스럽게 만드는 요인입니다.[17] 이런 모호성이 전혀 없는 부분은 끝나는 세 마디뿐이라 해도 좋을 정도지요.

---

15 "… 낭만음악적 심(心)은 노골적인 주화음의 출현에 즉시 거부반응을 느낀다", 이강숙, 「음악의 이해」, 민음사, 1st ed.(15쇄), 2000, p.205

16 처음 들리는 클라리넷의 고정 악상(idée fixe) 연주.

17 음계의 제6음(장조에서 계명 '라')은 으뜸음(조성)의 결정과는 크게 상관이 없습니다. 조성을 정하는 데 결정적인 V_7–I에 6음은 아예 없는 데서도 알 수 있지요. 단, 장음계와 화성 단음계를 비교하면 후자가 반음 낮기 때문에, 이 곡처럼 6음에 내림표가 붙었다 떨어졌다 하면 장단조(선법성 modality)가 모호한 것입니다.

클래식의 클래식

그림 6-17. 쇼팽: 「전주곡집」 op.28 중 5번 D장조, 첫 열한 마디

전통적인 조성의 틀에서 벗어나는 느낌을 주기 위해 그림 6-17 처럼 정신없이 몇 조성을 방황할 필요는 없습니다. 전주곡 23번처 럼 음표 한 개로도 충분히 가능합니다.

쇼팽: 전주곡집 op.28, 23번

그림 6-18은 곡의 마지막 여섯 마디인데, 갈색으로 표시한 $E^\flat$ 음 과 페달을 고려하면 마지막 화음은 명확히 딸림 7화음입니다. 그

그림 6–18. 쇼팽: 「전주곡집」 op.28 중 23번 B♭장조, 17~22마디

런데 이 곡의 전체 구도는 뚜렷이 F장조라는 것이 문제이지요. 앞 동영상처럼 문제의 음을 그다지 강조하지 않으면, 시간이 지나면서 자연스럽게 울림이 감소하기 때문에 마지막 F음을 연주할 때면 이 음은 거의 들리지 않습니다. 하지만 이 음반처럼 문제의 음을 오히려 강조하는 경우도 있지요. 사실 이 곡의 앞에서도 쇼팽은 비슷한 곳에서 같은 식으로 딸림 7화음을 암시했는데, 문제는 곡을 끝내는 화음에서도 그렇게 했다는 것입니다.

쇼팽의 화음 사용이 앞에서 본 것처럼 매우 대담했지만, 「전주곡집」op.28에서 여기 언급한 조바꿈 방향은 그림 6-17의 D-A-e-b처럼 전통적인 관계조인 5도권이 많습니다. 하지만 그의 후기 작품들은 그 외의 다른 조성을 아주 자연스럽게 사용합니다.

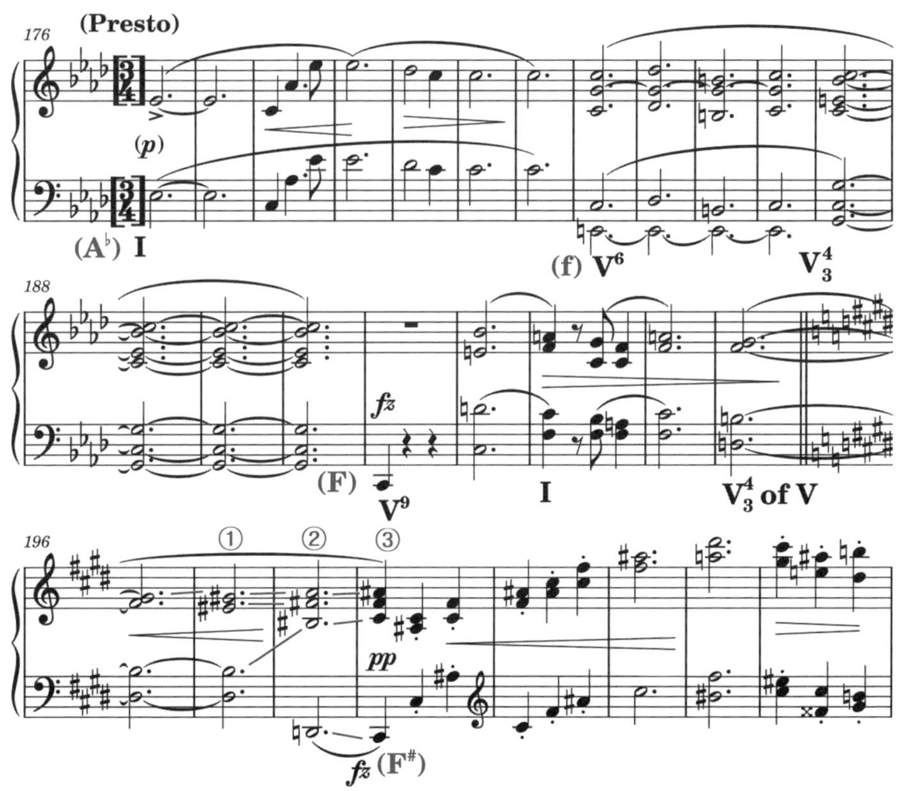

그림 6-19. 쇼팽: 스케르초 4번 E장조 op.54, 176~203마디. 갈색 선은 반음 진행.

그의 스케르초 4번에서는 아주 의외인 조바꿈이 있습니다. 그림 6-19에서 처음에는 A♭장조다가, 다음엔 병행조(relative key)인 f단조, 그리고 F장조로 진전됩니다.[18] 여기까지는 특별한 것이 전혀 없는데, 195마디에서 (C장조의) V_7이 울린 다음이 걸작입니다. 앞에 나왔던 주제대로라면, (C장조로 가지 않고) F장조에서 주제의 뒷부분을 연주하면 됩니다. 그런데…

① G음을 반음 높임: 화음은 감 7화음이 됨(실음을 모으면 D–F–G#–B)

② 밑음을 뺀 세 음을 모두 반음 높임: G장조의 딸림 7화음(실음 D, C, F#, A)

③ F#음을 뺀 세 음을 반음 이동: A와 B#(=C)은 반음 위로, 밑음 D 는 반음 아래

감상자들은 ②의 다음에는 G장조의 으뜸화음을 기대할 것이고, 그 경우는 F#이 이끎음이 돼 A→B, F#→G, C(=B#)→D로 해결됩니다. 그런데 쇼팽은 정반대로 F#은 그대로 두고 나머지 세 음을 반음 이동시켜 F#장조로 이동한 것입니다(악보는 2:20까지). 너무 자연스러워서, 어딘가 다르다는 느낌은 나는데 넘어가다 보면 어느새 F에서 F#이라는 매우 먼 조성으로 이동해 있지요.

III장에서 소개했듯이 발라드 1번에서 곡 처음을 나폴리 6화음

---

18 병행조는 조표가 같은 장조와 단조를 의미합니다. 여기서 A♭장조(조표 플랫 4개)의 병행조는 f단조지요.

　　　　　　　　　　　　　　　　　　　　　　　　클래식의 클래식

그림 6-20. 슈베르트: 「미완성」 교향곡 b단조 D.759, 2악장, 64∼83마디(큰 보표로 압축).
갈색 음은 핵심 진행.

으로 시작하는 등, 쇼팽이 전통적인 조성을 해체하는 경향의 선두에 섰다는 말은 결코 과장이 아닙니다.[19]

슈베르트: 교향곡 7(8)번,
2악장 중간

짧은 시간에 거리가 먼 조로 옮기는 조바꿈이라면 슈베르트도 기막힌 사례가 하나 있습니다. 「미완성」 교향곡 2악장 중간에서 현악기의 당김음 리듬에 실려 클라리넷이 길게 독주하는 부분인데, 그림 6-20처럼 독주의 처음과 끝은 C#조이지만 도중에 잠시 나타나는 조들이 상당히 뜻밖입니다. 첫 조바꿈은 72마디에 있는데, 앞 마디의 F#음을 G음으로 해결하여 D장조의 딸림 7화음을 만들어 이동한 것입니다. 마지막에 d단조에서 c#단조란 아주 먼 조성으로 이동할 때는 전자의 V₇과 후자의 증 6화음이 실제 소리가 같다는 것을 – G와 겹올림 F가 딴이름한소리입니다 – 절묘하게 이용했습니다. d단조 부분부터 듣다 보면 계이름 '솔#–시–솔#'이 어느새 '도–라'로 이동했음을 깨닫지요.

브람스: 피아노 협주곡
2번, 1악장 중간

브람스는 피아노 협주곡 2번의 1악장에서 좀 긴 호흡으로 3도의 관계조를 이동합니다. 피아노가 전개부에서 옥타브 하행 음형을 격렬히 *ff*로 연주한 바로 다음입니다. 그림 6-21 첫 마디에서는 C#장조이다가 바로 다음 마디에 B♭음을 축으로 바로 F장조로 넘어갑니다. 저음과 고음 관현악 악기들이 리듬 ♪♪♩을 번갈아 연주

---

19 D. J. 그라우트, 「서양음악사」, 3rd ed., W. W. Norton & Company, 1980; 김진균, 나인용, 이성삼 역, 세광음악출판사, 1990(13쇄), 하권 p.756~757

  클래식의 클래식

그림 6-21. 브람스: 피아노 협주곡 2번 B♭장조 op.83, 1악장, 244~265마디. 관현악을 큰 보표로 압축. 246~255마디의 양손 아르페지오는 245마디처럼 한 박 안에서 균등하게 나눠진 음표를 줄였다.

클래식의 클래식

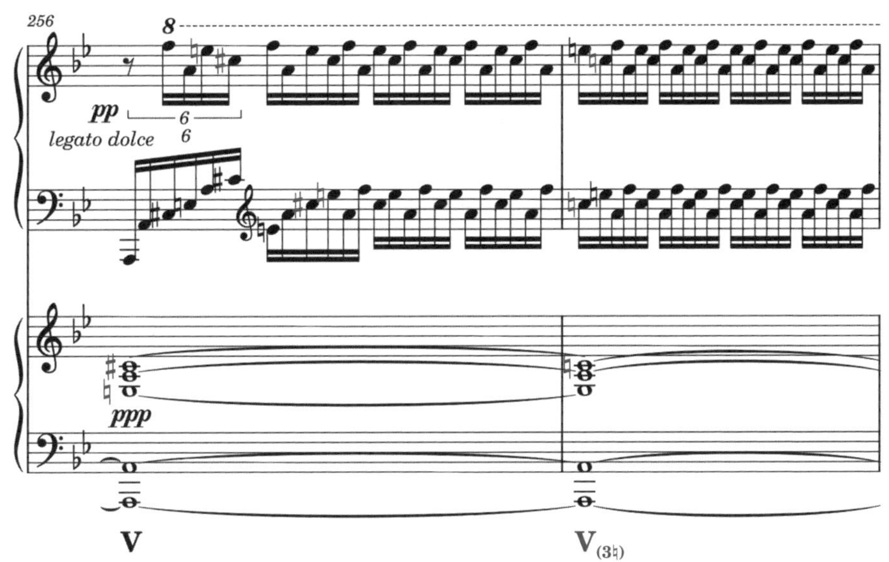

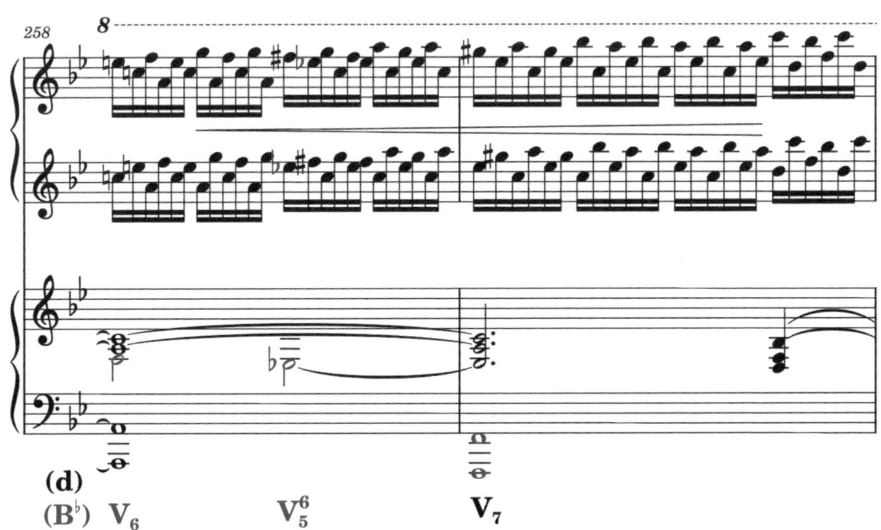

256~259마디에서 갈색으로 표시한 임시표와 음표들이 조바꿈의 핵심이다.

260
1주제 재현
262
p dolce
pizz.
winds.
p

하면서 저음이 F→G→A로 온음씩 이동하는데, d단조(저음 A)에서 일단 멈추는 듯합니다(255마디). 여기서 피아노가 저음에서 솟아나는 듯이 A 장 3화음을 펼치고, 다음 마디에서는 C(제자리)음으로 바꿔 A 단 3화음을 만듭니다. E음이 반음 올라가 F가 되고, 여기에 E♭음을 더해서 B♭장조의 V_7이 되고, 베이스를 F음으로 옮긴 후 제1주제의 첫 음이 한 박 일찍 등장할 때 비로소 원조를 확립하는 것입니다.

전체를 보면, 244마디의 전에는 f[#]조이다가, 그리 빠르지 않은 이 악장에서 원조로 돌아오는 데 열다섯 마디나 사용했습니다. 피아노는 주로 고음에서 장식하고 관현악이 베이스를 지탱하며 화음을 줍니다. 폭이 넓고 은근하다는 느낌을 주는데, 계속 장식하는 피아노에 주의가 쏠리는 동안 베이스의 화음을 서서히 바꿔서 급하다는 느낌이 없기 때문입니다. 이 악장의 광활하고 탁 트인 느낌에 딱 어울리는 느긋하고 부드러운 조바꿈입니다. 꼭 전 관현악이 강주로 크게 울려야 '스케일이 크다'는 느낌이 나는 것은 아니지요.

대부분의 조바꿈은 어느 정도 앞뒤에 준비할 시간을 줍니다만, 전혀 그렇지 않을 수도 있습니다. 앞의 쇼팽 스케르초 4번도 조바꿈에 쓴 길이가 비교적 짧은데, 베토벤은 그것조차 필요 없다는 듯이 단번에 버금딸림조로 넘어가 버리는 트릭을 선보입니다. 현악 4중주곡 14번 5악장의 101마디 이후를 보면 두 번째 주제(E장조)가

베토벤: 현악 4중주곡
14번. 5악장

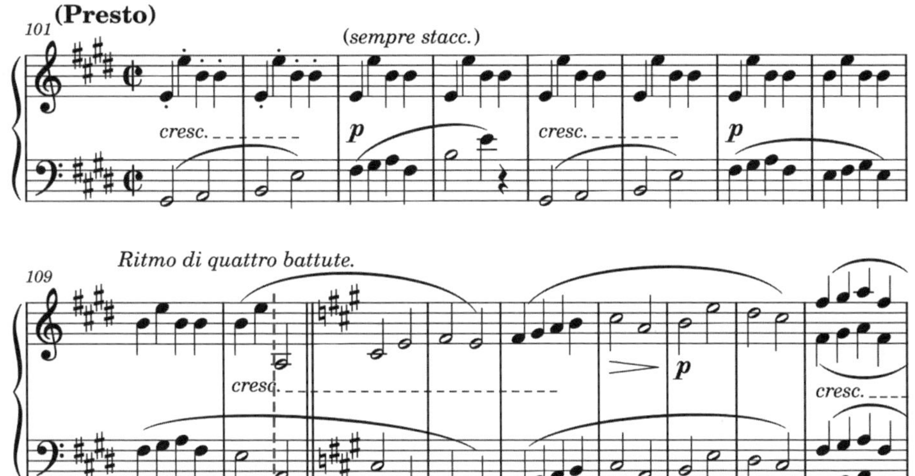

그림 6-22. 베토벤: 현악 4중주곡 14번 c#단조 op.131, 5악장, 101~117마디(반복 제외). 큰 보표로 압축. 101~116마디는 두 성부 모두 (111마디의 낮은음만 빼고) 옥타브 위에 음이 중복되어 있다.[20]

나오다가 아무 준비 없이 세 번째 주제가 바로 나타납니다(갈색 점선 이후 부분). 이 악장은 정말 쉴 새 없이 처음부터 끝까지 뛰어다니는데, 여기서는 심지어 조바꿈에 필요한 중간 부분조차 분위기를 깰까 아까웠던 모양입니다. 다음 절에서 보듯, 베토벤이 주요 부분 사이를 잇는 추이에 신경을 많이 썼다는 것을 고려하면 상당히 이채롭지요.

20 'Ritmo di quattro battute'는 'Rhythm of four beat'입니다. 이음줄을 보시면 이해할 수 있습니다.

　이런 급격한 조바꿈은 물론 베토벤과 낭만 시대 작곡가의 전유
물이 아닙니다. 앞에서 바흐가 극음악을 썼으면 매우 훌륭했을 것
이라고 말했는데, 그 편린을 「마태 수난곡」의 다른 부분에서 짐작
할 수 있습니다.

　54(45a)번 곡은 예수가 빌라도 앞에서 심문을 받는 장면입니다.
가사는 여기 싣습니다만 악보를 옮기기에는 좀 분량이 많으니, 음
악만 링크하겠습니다. 빌라도의 독창과 군중의 합창이 교차하는
데, 합창을 다룬 부분이 압권입니다. 처음에는 화음, 다음에는 다
성부 방식으로 쓴 것도 암시하는 것이 있습니다.

바흐: 「마태 수난곡」,
54(45a)번

　조성과 화성은 우리가 주로 듣는 시대의 고전음악에서 필수적
이며, 그만큼 풍요로운 표현 수단이기도 합니다. 음악대학 재학생
들이 듣기만 해도 이를 간다는 「트리스탄과 이졸데」 1막 전주곡처
럼 복잡한 곡이 아니더라도, 화성의 이해는 음악 감상에 충분히 도
움을 줄 수 있습니다.

Nr.54(45a) Rezitativ

Evangelist. Auf das Fest aber hatte der Landpfleger Gewohnheit, dem volk einen Gefangenen loszugeben, welchen sie wollten. Er hatte aber zu der Zeit einen Gefangenen, einen sonderlichen vor andern, der hieß Barrabas. Und da sie versammelt waren, sprach Pilatus zu ihnen:

Pilatus. welchen wollet ihr, daß ich euch losgebe: Barrabam oder Jesum, von dem gesaget wird, er sei Christus.

Evangelist. Denn er wußte wohl, daß sie ihn Neid überantwortet hatten. Und da er auf dem Fichtstuhl saß, schickete sein Weib zu ihm und ließ ihm sagen:

Pilati Weib. Habe du nichts zu schaffen mit diesem Gerechten, ich habe heute viel erlitten im Traum von seinetwegen.

Evangelist. Aber die Hohenpriester und die Ältesten überredeten das Volk, daß sie um Barrabam bitten sollten und Jesum umbrächten. Da antwortete nun der Landpfleger und sprach zu ihnen:

54(45a). 레치타티보

복음사가 명절을 당하면 총독이 무리의 소원대로 죄수 하나를 놓아 주는 전례가 있더니, 그 때에 바라바라 하는 유명한 죄수가 있는데, 저희가 모였을 때에 빌라도가 물어 가로되,

빌라도 너희는 내가 누구를 너희에게 놓아 주기를 원하느냐? 바라바냐, 그리스도라 하는 예수냐?

복음사가 이는 저가 그들의 시기로 예수를 넘겨준 줄 앎이러라. 총독이 재판 자리에 앉았을 때에, 그 아내가 사람을 보내어 가로되;

빌라도의 아내 저 옳은 사람에게 아무 상관도 하지 마옵소서. 오늘 꿈에 내가 그 사람을 인하여 애를 많이 썼나이다.

복음사가 대제사장들과 장로들이 무리를 권하여, 바라바를 달라 하게 하고 예수를 멸하자 하게 하였더니, 총독이 대답하여 가로되;

Pilatus. Welchen wollt ihr unter diesen zweien, den ich euch soll losgeben?	**빌라도** 둘 중에 누구를 너희에게 놓아 주기를 원하느냐?
Evangelist. Sie sprachen: **Chor**. Barrabam!	**복음사가** 가로되, **합창**(I/II군 8성부) 바라바로소이다!
Evangelist. Pilatus sprach zu ihnen: **Pilatus**. Was soll ich denn machen mit Jesu, von dem gesagt wird, er sei Christus?	**복음사가** 빌라도가 가로되, **빌라도** 그러면 그리스도라 하는 예수를 내가 어떻게 하랴?
Evangelist. Sie sprachen alle: **Chor**. Laß ihn kreuzigen!	**복음사가** 저희가 다 가로되, **합창**(I/II군 4성, 2 플루트, 2 오보에) 십자가에 못 박혀야 하겠나이다!

표 6-2. 바흐: 「마태 수난곡」 BWV.244 중 54(45a & b)번. 레치타티보와 합창. 성서의 번역은 한국어 개역판.

작곡가의 개성

지금까지 음악을 들으시면서 '아 모차르트 풍이네', '이건 누가 봐도 베토벤이구나' 싶은 느낌을 경험해 보셨을 것입니다. 하지만 '그게 구체적으로 뭔데?'란 질문을 받으시면 답이 절대 쉽게 나오지 않지요. 이것은 정말 구체적으로 악보를 파 봐야만 감을 잡을 수 있습니다. 이 일을 직업으로 하는 학자분들 얘기를 그대로 신뢰할 수도 있겠지만[21], 이 책은 그 목적이 아니니 아마추어의 관점으로 전개해 보겠습니다.

사실 작곡가별로 음악의 표현이 달라지는 모습을 가장 잘 보려면, 같은 내용으로 둘 이상의 작곡가가 곡을 쓴 사례를 찾아보면 됩니다. 소나타나 교향곡처럼 소위 '순수 음악'이라면 이럴 가능성

---

21 예를 들면 피아니스트이자 음악학자인 찰스 로젠(Charles Rosen)의 「고전적 양식(The classical style)」을 들 수 있을 것입니다. 아무리 봐도 비전공자가 읽을 책은 아니라 유감이지만…

  클래식의 클래식

이 아예 없겠지만, 이 조건을 충족하는 큰 분야가 다행스럽게도 둘이나 있습니다.

첫째, **편곡**입니다. 잘 아시겠지만 편곡 방식에 따라 분위기나 느낌은 완전히 달라집니다. 저는 매우 모범적인 편곡으로 페루치오 부조니(Ferruccio Busoni)의 바흐 편곡을 꼽는데, 유명한 「샤콘느(Chaconne)」BWV.1004-5 및 오르간곡 편곡을 권하지요(가장 잘 된 것 중 하나로 BWV 532). 하지만 역사상 가장 많이 편곡된 작품 중 하나일 림스키-코르사코프(Rimsky-Korsakov)의 「왕벌의 비행」을 뺄 수 없습니다. 원곡은 오페라 「살탄 황제의 이야기」에 나오는 오케스트라 연주인데, 두 개만 들어 보시지요: 하나는 현악기 독주, 하나는 건반악기 독주입니다. 하나만 더 들자면, 편곡자의 취향이 전면으로 드러난 라벨 편곡이 오히려 훨씬 더 인기가 있는 「전람회의 그림」입니다. 다소 수수한 피아노 원곡에 비해, 편곡의 첫 '프롬나드(Promenade)' 트럼펫 독주는 모르는 분이 거의 없으시겠지요.

둘째는 **가사 있는 성악곡**으로, 표현하려는 일차적 내용은 해당 가사가 되겠지요. 이 경우가 흥미로운 이유는, 동일한 가사에 여러 다른 작곡가가 곡을 붙인 사례가 있기 때문입니다. [22]

바흐-부조니: 샤콘느

바흐-부조니: 전주곡과 푸가 D장조

R.코르사코프: 왕벌의 비행 (원곡)

왕벌의 비행(첼로)

왕벌의 비행(쳄발로)

무소륵스키: 전람회의 그림(원곡)

무소륵스키: 전람회의 그림(라벨 편곡)

---

22 같은 가사에 많은 사람이 곡을 붙이기로는 카톨릭 교회의 전례 음악(liturgical music)이 제일입니다: 미사(mass), 레퀴엠, 스타바트 마테르(Stabat Mater)라는 세 전례문에는 수백 명 이상의 작곡가들이 곡을 썼습니다. 하지만 여기서 전례 음악을 설명에 쓰지는 않을 텐데, 우선 길이가 너무 길고, 전례라는 특수한 목적으로 인해 음악 스타일에 어느 정도 제한이 있기 때문입니다.

주로 낭만 시대의 작곡가들은 국적을 불문하고 괴테(Goethe)를 좋아했기 때문에, 유명한 사례도 좀 됩니다. 첫 사례는 「빌헬름 마이스터의 수업시대(Wilhelm Meisters Lehrjahre)」 중 미뇽(Mignon)이 주인공 빌헬름에게 자신이 살던 곳을 설명하는 시입니다. 보통 '그대는 아는가, 저 남쪽 나라를(Kennst du das Land)'이라는 제목으로 불립니다(표 6-3).

먼저 슈베르트의 리트로, 같은 선율에 여러 절을 맞춰 부르는 유절 가곡입니다만 다소의 변화가 있습니다. 다음에는 볼프의 리트로, 마찬가지로 유절 가곡이지만 변화가 있죠. 둘 모두 세 번째 절에 변화를 주었는데, 가사와 어떤 관계가 있을까요? 세 번째는 프랑스 작곡가 앙브루아즈 토마(Ambroise Thomas)의 오페라 「미뇽」 중 아리아입니다. 토마는 프랑스어 번역을 사용했지만, 비교를 위해 독어판으로 들으시죠. 토마는 앞 두 절만 작곡했습니다. 단순한 스타일, 더 폭넓은 연극, 가장 서정적이고 귀엽게 들리는 삼인삼색이라 하겠습니다.

슈베르트: 'Kennst du das Land'(유절)

볼프: 'Kennst du das Land'(통절)

토마: 'Kennst du das Land'(아리아)

두 번째 사례는 「파우스트(Faust)」 1부에서 '툴레의 왕(Der König in Thule)'을 골랐습니다. 거의 민요 같은 스타일인데, 여주인공 마르가레테(Margarete, 또는 그레트헨 Gretchen)가 메피스토펠레스(Mephistopheles)가 갖다 놓은 보석 상자를 발견하기 전에 흥얼거리는 노래지요(표 6-4). 가사의 분위기가 좀 어둡고, 그 때문인지 지금 소개할 작곡가 세 사람의 곡들 모두 분위기는 약간 우울한 편입니다.

클래식의 클래식

처음은 역시 슈베르트부터 듣지요. 극 중의 민요풍을 주목했는지, 화음의 반주도 단순합니다. 베를리오즈는 오라토리오 「파우스트의 파멸(La damnation de Faust)」 op.24 에서 사용했는데, 사용한 텍스트는 원본을 거의 충실히 옮겼습니다. 단 하나 달라진 것은 전체의 마무리가 시의 첫 두 행을 희미하게 중얼거리게 한 것입니다. 옮긴 불어 가사로 들으시지요. 구노의 오페라에서는, 시 사이에 마르가레테가 파우스트의 모습을 생각하면서 두근거린다는 고백을 삽입했으며, 원시는 6절인데 마지막을 단축하여 4절로 변경시켰습니다(표 6-5).[23] 여기서는 시가 아닌 '두근거림'과 시의 낭송을 달리 취급하는 것도 포인트입니다(5분 4초 정도까지).

슈베르트: 툴레의 왕(유절)

베를리오즈:
툴레의 왕(아리아)

구노: 툴레의 왕(아리아)

23 오페라의 대본은 여러 이유로 원래 소재들을 많이 변경시키기 때문에, 이것이 그리 이상한 것은 아닙니다.

Kennst du das Land? wo die Citronen blühn,

Im dunkeln Laub die Gold-Orangen glühn,

Ein sanfter Wind vom blauen Himmel weht,

Die Myrte still und hoch der Lorbeer steht,

Kennst du es wohl?

Dahin! Dahin Möcht' ich mit dir, o mein

Geliebter, ziehn.

Kennst du das Haus? Auf Säulen ruht sein

Dach,

Es glänzt der Saal, es schimmert das Gemach,

Und Marmorbilder stehn und sehn mich an:

Was hat man Dir, du armes Kind, gethan?

Kennst du es wohl?

Dahin! Dahin Möcht' ich mit dir, o mein

Beschützer, ziehn.

Kennst du den Berg und seinen Wolkensteg?

Das Maulthier sucht im Nebel seinen Weg;

In Höhlen wohnt der Drachen alte Brut;

Es stürzt der Fels und über ihn die Flut.

Kennst du ihn wohl?

Dahin! Dahin Geht unser Weg! o Vater, laß

uns ziehn!

그 나라를 아세요? 오렌지 꽃이 피고,

짙은 풀잎 속에 금색 오렌지가 빛나며,

부드러운 바람이 푸른 하늘에서 불어오고,

도금양이 서 있고 월계수가 높게 자랍니다.

당신은 잘 아시나요?

거기로 가요! 내 사랑, 거기가 당신과 같이

가려는 곳입니다.

그 집을 아세요? 지붕이 훌륭한 기둥 위에

있고,

회장이 밝게 빛나고, 방들은 눈이 부시며,

대리석상이 서서 나를 바라봐요:

오 안쓰러운 아이여, 당신에게 그들이 무엇

을 했나요?

당신은 잘 아시나요?

거기로 가요! 제 보호자님, 거기가 당신과

같이 가려는 곳입니다.

안개가 중턱에 걸린 그 산을 아세요?

노새가 구름을 통해 고갯길을 찾고:

용의 오랜 종족이 동굴에 삽니다;

벼랑의 바위가 소용돌이치는 격류에 떨어져

요!

당신은 잘 아시나요?

거기로 가요! 우리가 갈 길은 거깁니다!

오 아버지여, 가게 해 주셔요!

표 6-3. 괴테: 소설 「빌헬름 마이스터의 수업시대」 중 '그대는 아는가, 저 남쪽 나라를'.
(원문은 http://www.lieder.net에서)

Es war ein König in Thule
Gar treu bis an das Grab,
Dem sterbend seine Buhle
Einen goldnen Becher gab.

Es ging ihm nichts darüber,
Er leert' ihn jeden Schmaus;
Die Augen gingen ihm über,
So oft er trank daraus.

Und als er kam zu sterben,
Zählt' er seine Städt' im Reich,
Gönnt' alles seinem Erben,
Den Becher nicht zugleich.

Er saß beim Königsmahle,
Die Ritter um ihn her,
Auf hohem Vätersaale,
Dort auf dem Schloß am Meer.

Dort stand der alte Zecher,

Trank letzte Lebensgluth,

Und warf den heil'gen Becher
Hinunter in die Fluth.

옛적에 툴레에 한 왕이 있었네;
사랑하는 부인에게 충실했고,
부인은 죽을 때 금 술잔을
그에게 주었어.

그에게는 그 잔이 가장 귀중했어.
그는 축제 때마다 그것으로 술을
마셨네:
그의 눈은 마실 때마다
(눈물로) 넘쳐 흘렀지.

그가 죽을 날이 가까워 오자,
그의 영지의 도시들을 헤아리고
상속자들에게 기쁘게 모든 것을
남겼지,
단 그 술잔만은 예외였네.

바다 옆의 성에서
조상의 높다란 홀에
기사들을 주위에 두고
그는 왕의 잔치에서 왕좌에 앉았
지.

거기서, 그 늙은 와인 애호가는 일
어서
생명의 빛의 마지막 한 잔을 마시
고는
그 성스러운 술잔을
물 속으로 던졌어.

Autrefois un roi de Thulé,
Qui jusqu'au tombeau fut fidèle,
Reçut, à la mort de sa belle,
Une coupe d'or ciselé.

Comme elle ne le quittait guère,
Dans les festins les plus joyeux,
Toujours une larme légère
À sa vue humectait ses yeux.

Ce prince, à la fin de sa vie,
Lègue ses villes et son or,
Excepté la coupe chérie

Qu'à la main il conserve encor.

Il fait, à sa table royale,
Asseoir ses barons et ses pairs,
Au milieu de l'antique salle
D'un château que baignaient les
mers.

Le buveur se lève et s'avance

Auprès d'un vieux balcon doré;

Il boit, et soudain sa main lance
Dans les flots le vase sacré.

Er sah ihn stürzen, trinken,	그는 잔이 떨어져 물을 채우고	Le vase tombe; l'eau bouillonne,
Und sinken tief ins Meer.	바다 속으로 깊이 가라앉는 것을 보았어.	Puis se calme aussitôt après.
Die Augen täten ihm sinken;	그는 눈을 감고	Le vieillard pâlit et frissonne;
Trank nie einen Tropfen mehr.	더 이상 전혀 마시지 않았네.	Il ne boira plus désormais.

표 6-4. 괴테: 희곡 「파우스트」 중 '툴레의 왕' (원문은 http://www.lieder.net. 최종 확인 2023. 11. 15. 오른편은 베를리오즈가 사용한 번역으로, 원문의 각운과 같은 곳에 번역도 각운을 유지함)

Je voudrais bien savoir quel était ce jeune homme,	그 젊은이(파우스트)가 누군지 정말 잘 알고 싶어.
Si c'est un grand seigneur, et comment il se nomme?	그가 고귀한 분인지, 이름이 무엇인지…
Il était un roi de Thulé,	옛적에 툴레에 한 왕이 있었네.
Qui, jusqu'à la tombe fidèle,	그는 부인이 죽을 때까지 그녀에게 충실했고,
Eut en souvenir de sa belle,	부인은 그에게
Une coupe en or ciselé…	화려한 금 술잔을 남겼네.
Il avait bonne grâce, à ce qu'il m'a semblé.	내 생각에 그 분은 친절했던 것 같아.
Nul trésor n'avait tant de charmes!	그에게는 그 잔보다 더 귀한 것은 없었네!
Dans les grands jours il s'en servait	중요한 날마다 그는 그것으로 술을 마셨네.
Et chaque fois qu'il y buvait.	그의 눈에는 그때마다
Ses yeux se remplissaient de larmes!	눈물이 흘렀지!

클래식의 클래식

Quand il sentit venir la mort,	그는 죽을 날이 가까워 온다고 깨달았을 때
Etendu sur sa froide couche,	그의 차가운 침대 위에서,
Pour la porter jusqu'à sa bouche	마지막으로 있는 힘을 다해
Sa main fit un suprême effort!	잔을 들어 입으로 가져갔어!
Je ne savais que dire,	뭐라 말할지 모르겠네,
Et j'ai rougi d'abord.	먼저 얼굴이 빨개지잖아.
Et puis, en l'honneur de sa dame,	그리고 부인을 생각하며,
Il but une dernière fois;	그는 마지막으로 마셨지:
La coupe en trembla dans ses doigts,	그의 손가락 안에서 잔은 부르르 떨렸고,
Et doucement il rendit l'âme!	부드럽게 그의 영혼은 떠났다네!

표 6–5. 구노: 오페라 「파우스트」 중 '나는 잘 알고 싶어⋯ 툴레에 왕이 있었네'.
대본은 쥘 바르비에(Jules Barbier)와 미셸 카레(Michel Carré) 작.

셋째는 같은 음악적 형식을 다른 작곡가들이 다룬 방법을 보는 것입니다. 차이를 더 정확히 이해하려면 다음 장에서 설명할 양식(樣式 style)에 대한 이해가 좀 필요한데, 약간 미리 보아도 무방합니다. 특정 형식은 일정한 제한을 지켜야 하기 때문에, 이 안에서 나타나는 차이는 작곡가의 시각을 반영할 수밖에 없습니다.

메뉴엣은 19세기 후반 거의 없어질 때까지 매우 오래 쓰인 춤곡이라, 인기 있는 작곡가들만 모아도 거의 150년 이상을 비교해 볼

메뉴엣: 라모

메뉴엣: 바흐

메뉴엣: 텔레만

메뉴엣: 모차르트

메뉴엣: 클레멘티

메뉴엣: 베토벤

메뉴엣: 슈베르트

메뉴엣: 브람스

메뉴엣: 라벨

수 있습니다. 앞 장에서 하이든의 한 곡은 이미 보았으니, 다른 것을 듣겠습니다.

- 라모: 쳄발로 소품의 새 모음곡(1728)
- 바흐: 파르티타 4번 D장조, BWV.828
- 텔레만: 모음곡 a단조, TWV.55-a2
- 모차르트: 교향곡 39번 E♭장조 K.545, 3악장
- 클레멘티(Clementi): 교향곡 4번 D장조, 3악장
- 베토벤: 현악 4중주곡 9번 C장조 op.59-3, 3악장
- 슈베르트: 교향곡 5번 B♭장조 D.485, 3악장
- 브람스: 세레나데 1번 D장조 op.11, 4악장
- 라벨:「쿠프랭의 무덤(Le tombeau de Couperin)」M.68중 메뉴엣

3박에 우아하고 느긋해 보이는 흐름이라는 기본은 다 준수했습니다만, 이들은 서로 확연히 다르다 느낄 수밖에 없습니다.

넷째는 **일반적 음악 스타일**입니다. 바흐라면 아무래도 푸가 등 대위법적 양식을 생각하게 될 것이고, 하이든이라면 밝고 산뜻하며 기지 있는 느낌, 브루크너라면 어딘가 말을 천천히 오래 하는 분위기, 말러의 중후기는 정서적으로 상당히 염세적… 이런 식입니다. 지크프리트 옥스(Siegfried Ochs)라는 독일 작곡가는 민요 가락을 사용한 변주곡을 남겼는데, 각 개별 변주들은 특정 작곡가의 스타일

을 모방했지요. 이런 곡은 '이 부분, 그 사람이군'하며 킬킬거리는 맛으로 들어야 하는데, 안타깝게도 동영상에 누구인지 친절하게 다 넣어 놓았습니다. 굳이 양식 문제까지 들어가지 않더라도, 한 작곡가의 여러 곡이 외관상 비슷한 경우는 상당히 많으니 이런 통념을 고정관념이라 치부할 수만은 없습니다.

그림 6-23은 모차르트의 느린 악장들에서 두드러지는 선율인데, 특히 첫 부분이 으뜸화음을 계명 솔-도-미(또는 도-솔-미) 순서로 펼쳤다는 것은 명백합니다. 약간 떠올랐다 슬쩍 가라앉는 음형이 특유한 인상을 주는 것은 분명하지요.[24]

그래도 작곡가의 개성을 가장 강하게 풍기는 사람이라면, 누구보다 베토벤을 고를 수밖에 없습니다. 우선, 그의 음악을 들을 때 바흐, 핸델, 하이든, 모차르트 등과 가장 크게 다르다고 느끼는 점은 개별성이 매우 강하다는 것입니다. 가령 바흐의 현존하는 교회 칸타타는 대략 190곡 정도입니다. 이 중에 어느 곡에 있는 아리아를 대략 의미가 비슷한 다른 곡의 것과 바꿔 놓았을 때 차이를 인식하기가 쉬울까요? 아니면, 하이든 교향곡 93번과 101번의 메뉴엣을 바꿔친다면? 이건 결코 아마추어의 헛소리가 아닙니다.

… 하이든의 교향곡 98번 미뉴엣 악장과 교향곡 99번 미뉴엣 악장을

24　이 곡들은 (a)에서 (g)까지 각각 클라리넷 협주곡 K.622와 5중주곡 K.581, 피아노 협주곡 20번 K.466, 21번 K.467, 23번 K.488, 27번 K.595, 교향곡 41번 K.551의 느린 악장의 선율입니다.

옥스: 민요 가락의 변주곡

그림 6–23. 모차르트의 실내악과 교향곡, 협주곡 등의 느린 악장에서 뽑은 사례.
(c)와 (f)는 중간에 나오며, 나머지는 맨 처음에 등장.

클래식의 클래식

서로 바꿔치기한다 하더라도 각 곡의 전체적인 일관성은 크게 손상되

지 않을 것 같다는 생각을 저조차도 해온 지가 오래니 말이죠.[25]

하지만 적어도 베토벤에게 이 말은 타당하지 않습니다. 같은 메
뉴엣이라도 교향곡 1번과 8번은 정신적으로 전혀 다릅니다. 스케
르초도 교향곡 3번과 4번이 전혀 달라서 대체는 생각조차 하기
힘듭니다. 이는 그가 작품 하나하나마다 우리가 아는 어느 작곡
가보다도 더 철저히 퇴고를 거듭했다는 데 원인이 있을 것입니다.

그림 6-24. 베토벤: 피아노 소나타 29번 2악장, 97마디 이후 나온 2개의 중요 주제를 바로
인접하게 배치한 경우

25 애런 코플런드(Aaron Copland), 「What to listen for in music(음악에서 무엇을 들어 낼
    것인가)」, 이석호 역, 포노, 1st ed., 2016, p.238

그가 남긴 많은 스케치북 덕에 퇴고 과정을 추적 가능한 경우도 상당히 많지만, 여기서는 스케치북 등의 보조 자료 없이 개별 곡에서 알아볼 수 있는, 즉 그 결과로 나타난 개성들만 지적하겠습니다.

베토벤: 피아노 소나타
29번, 2악장(주제 둘)

베토벤: 피아노 소나타
29번, 2악장(원곡)

그림 6-24는 피아노 소나타 29번의 2악장에서, 중요한 주제 둘을 바로 이어 들리게 배치한 것입니다. 실제 들어 보면 그렇게 어색하지 않습니다. 그런데 베토벤은 이것으로 만족하지 않았고, 그 결과가 그림 6-25입니다.

그림 6-25에서 베토벤이 둘 사이에 삽입한 부분은 105~114마디인데, 실질적으로 앞 주제 끝의 반마침 딸림화음을 이만큼 연장한 것입니다.[26] 기술적 설명은 그렇다 치고, 원 주제가 115마디에서 등장할 때 그림 6-24보다 더 설득력이 있습니까? 그림 6-9에서도 보았지만, 두 부분을 잇는 이행(혹은 추이 transition) 부분을 이 정도로 다듬은 것은 베토벤 이전에 전례가 없었습니다. 이 외에, 대단한 사례는 교향곡 5번의 3악장에서 4악장으로 넘어가는 부분으로 설득력에 탄복할 수밖에 없지요.

베토벤: 교향곡 5번,
3-4악장 연결

---

26 그 중 맨 끝의 트레몰로는 V_7 위의 9화음이지요.

클래식의 클래식

그림 6-25. 베토벤: 피아노 소나타 29번, 2악장, 97마디 이후 실제 2개의 중요 주제 사이

그림 6-26. 베토벤: 교향곡 1번 C장조 op.21, 1악장, 13~35마디. 큰 보표로 압축.

클래식의 클래식

그림 6-26은 교향곡 1번의 1악장에서 서주가 끝난 뒤[27] 1주제가 등장하는 스물 세 마디입니다.

여기서 주목할 것은 둘입니다. 우선, 17~19마디에서 갈색으로 표시한 크레센도 후 갑자기 등장하는 피아노입니다. 가령 교향곡 1번에서는 이것이 적어도 네 군데에서 등장합니다.[28] 현악 4중주곡 15번 a단조 op.132 의 2악장에서도 등장하는 것처럼, 가장 말년까지 베토벤은 이 기술을 버리지 않았습니다.

마지막으로, 소위 '단축 반복 진행'이 있습니다. 우선 13~14마디와 15마디를 비교해도 길이를 반으로 줄였고(물론 19~20마디와 21마디도 같습니다), 25~30마디를 보면 관악기가 등장하는 빈도가 점점 짧아지면서 긴장감이 증가합니다. 이 방법을 크레센도와 함께 쓰면, 긴장감을 올리는 데 정말 효과가 있습니다. 이 사례는 운명 교향곡의 첫 부분(그림 5-16)에서도 이미 설명했습니다.[29] 그림 5-15에서 보았듯이 하이든도 사용했고, 훨씬 후대의 드뷔시도 사용했으니 베토벤은 창안자도 마지막 사용자도 아닙니다. 하지만 베토벤처럼 이 방법을 빈번히 효과적으로 사용한 사람은 다시 나오지 않았

---

27 서주 화성의 독특함은 그림 6-16에서 설명했습니다.

28 "이 곡에서 자주 사용하고 있는 cresc. ◁ p라는 기호는 베에토벤의 양식이 지니는 본질적인 요소의 하나인 강약의 음영법에 대해서 세심하게 주의를 기울인 하나의 예에 불과하다."[D. J. 그라우트, 「서양음악사」, 3rd ed., W. W. Norton & Company, 1980; 김진균, 나인용, 이성삼 역, 세광음악출판사, 1990(13쇄), 하권 p.589]

29 알프레드 브렌델(Alfred Brendel)은 이를 '축절법(foreshortening)'이라 부릅니다. (모로이 마코토 諸井 誠, 「베토벤 피아노 소나타」, 제갈삼 역, 음악춘추, 1994, 2nd ed. p.16)

습니다.[30]

이 장에서는 작곡가가 표현에 사용할 수 있는 많은 방법 중 상당히 일부만 소개했을 뿐입니다. 그 중 대위법 등 형식에 관련된 방법은 한정적으로나마 다음 장에서 다루겠지만, 인용(quotation)이나 오케스트레이션(orchestration) 등 흥미로울 많은 주제는 뺄 수밖에 없었습니다.

우리가 글을 쓸 때만큼이나 작곡가가 쓸 수 있는 수단은 다양합니다. 작곡가는 베토벤처럼 한 마디 한 마디를 철저히 갈고 닦은 사람부터 생상스나 다리우스 미요(Darius Milhaud)처럼 '나무에 사과가 열리듯이' 자연스럽게 비교적 덜 퇴고한 사람까지 폭이 매우 넓습니다만, 빨리 썼다고 곡에 '표현'이 부족한 것은 아닙니다. **우리가 지금 걸작이라 알고 감상하는 곡들은 내용과 형식이 잘 어우러졌으며, 그 중 표현은 매우 큰 부분을 차지합니다.** 듣는 사람이 세부의 변화를 놓친다면, 작곡가는 매우 아쉬워할 것입니다.

---

30 덤으로, 여기서도 관악기의 첫 두 번 등장은 현악기들의 동기 반복 사이를 부드럽게 잇는 이행의 역할도 하고 있음을 주목해 주십시오.

1. 곡 하나를 처음부터 끝까지 들으면서 제가 설명한 표현의 방식들을 찾아보시는 것도 좋습니다. 베토벤의 개성에 대해 설명을 많이 했으니, 그의 「레오노레」 서곡 3번을 예로 들지요.

   이 곡에는 제가 앞에서 언급한 단성 및 유니즌의 사용 외에, 급격한 원격조 조바꿈, 단축 반복 진행, 크레센도-피아노 등의 사례가 모두 등장합니다. 특히 단축 반복 진행은 너무 많아서 제가 몇 개 헤아리다가 그만두었을 정도입니다.

베토벤: 레오노레 서곡 3번

2. 베토벤의 이행부 예를 하나 더 들겠습니다. 현악 4중주곡 13번 B♭장조 op.130의 2악장은 2박자의 스케르초인데, 첫 부분은 b♭단조며 중간부는 B♭장조입니다. 같은으뜸음인 장조와 단조는 같은 조성으로 취급될 정도로 아주 쉽게 갈아탈 수 있습니다. 당연히 중간부에서 첫 부분으로 돌아오기도 매우 간단했을 텐데, 베토벤은 여기에 마디를 많이 들였습니다. 이어지는 부분에서 어떤 느낌을 받으십니까?

베토벤: 현악 4중주곡
13번, 2악장

f
dim.
a tempo
3
4

VII.

구조 II.

형식form

형식은 가장 규모가 큰 구조로, 곡 전체의 흐름을 잡는 기본 틀입니다. 긴 글을 쓸 때는 대개 어느 내용을 어느 정도 분량으로 쓰겠다고 사전에 계획을 세우기 마련입니다. 이 때 수미쌍관법이나 기승전결 등 전체의 구성을 규정하는 관례적이고 잘 알려진 틀을 고를 수 있지요. 흥미로운 점이라면, 음악에서도 마찬가지라는 것입니다. 그 이유는, 이런 틀들이 글을 포함해 영화, 음악, 그림 등 어떤 예술 장르라도 지켜야 할 두 기준인 **통일성과 다양성**을 최소한 일정 수준 보장하기 때문입니다.

형식이 중요한 이유는, 곡을 만든 논리의 가장 기본이기 때문입니다. 작곡가들이 일정한 – 잘못하면 진부하게 보일 수도 있는 – 틀에 곡을 맞춘 이유는, 감상자들이 이미 익숙해서 기본 논리를 이해할 것이라 생각했기 때문이라 추측합니다. 한편으로는 이런 틀은 오래 실험되고 효과가 검증되어 왔기 때문에, 이들을 벗어나 완전히 새 틀을 짜기가 오히려 더 힘들다는 측면도 부정하기 어렵습니다.

여기서는 대위법 형식, 두도막과 세도막 형식(춤곡 포함), 소나타 형식, 론도 형식, 변주곡 형식, 다악장 형식, 그리고 표제음악을 간단히 다룰 생각입니다. 양식은 중요하지만, 전체적으로 보면 양이 너무 방대하기 때문에 짧게 주의만 환기하는 정도로 그치겠습니다. 글 쓰는 방식이 매우 많은 것처럼, 사례들을 보여주는 음악 링크가 많을 수밖에 없습니다.

대위법 형식

　　대위법(counterpoint)은 다성부 음악에서 거의 필수적으로 취급되는 방법입니다. 통일성은 각 성부들이 같은 재료를 사용한다는 점에서, 다양성은 주제와 같이 등장하는 재료의 변화 및 그들을 주제와 엮는 방식 등에서 찾을 수 있습니다. 성부 사이에서 같은 주제를 단순히 모방하는 카논(canon)과, 좀 더 격식을 갖춘 푸가를 포괄합니다. 특히 후자에서는 개별 성부에서 주제의 기본 단위가 늘어났다 줄었다 하면서 겹쳐지는 모습 등이 재미의 핵심입니다. 다른 형식 안에서 기법 중 하나로 쓰이거나, 바흐의 작품 중 '전주곡(환상곡, 토카타 등)과 푸가' 처럼 독립하여 쓰일 때도 있습니다.

　　대위법의 기본은 카논인데, '돌림노래'라 생각하면 이해하기 쉽습니다. 베토벤의 오페라 「피델리오(Fidelio)」 op.72 중 1막 4중창 '아주 놀라움을 느끼네(Mir ist so wunderbar)'나 슈만의 「숲의 정경(Waldszene)」 op.82 중 7번 '예언조(Vogel als Prophet)', 프랑크의 바이올

베토벤: 「피델리오」 중
'아주 놀라움을 느끼네'

슈만: 「숲의 정경」 중
'예언조'

린 소나타 A장조 M.8의 제4악장 등의 사례도 있지만, 가장 이해하기 쉽고 체계적으로 정리한 점에서는 바흐의 「골드베르크 변주곡 (Goldberg–Variationen)」이 좋을 것입니다.

바흐가 이 작품에서 변주를 만드는 데 쓴 방식은, 주제의 베이스 선율 및 화성을 유지하고 그 위에 깔리는 선율들을 바꾼 것입니다. 이것은 변주곡 형식에서 나올 샤콘느 또는 파사칼리아 (passacaglia)인데, 그 설명은 일단 뒤로 미루고, 여러 변주들에서 바흐가 카논을 다룬 방식만 집중하겠습니다.

주제는 두 부분으로 나뉘어 각각 반복됩니다.[1] 앞부분의 베이스 윤곽은 아래 그림 7-1입니다. 이 위에서 바흐는 지그, 서곡, 푸가 등 매우 다양한 스타일을 보여 주는데, 변주가 3의 배수일 때마다 카논이 하나씩 들어갑니다. 그림 7-2는 3, 6, 9, 12 변주의 위 성부입니다.

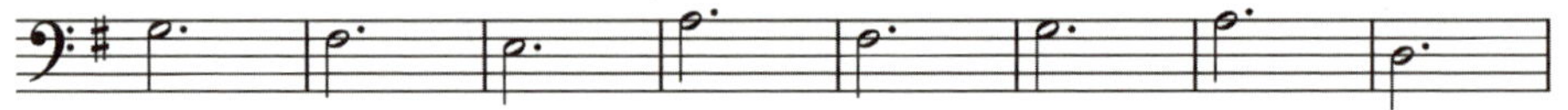

그림 7-1. 바흐: 「골드베르크 변주곡」 BWV.988. 베이스의 윤곽, 첫 열여섯 마디.

1 실제 연주에서는 반복을 전체 다, 혹은 변주별로 골라 생략하는 수가 많습니다.

클래식의 클래식

그림 7–2. 바흐: 「골드베르크 변주곡」, 3, 6, 9, 12 변주의 처음, 윗 성부. 모두 오른손인데 12변주만 양손으로 나눠 연주한다. 보기 편하게 두 단으로 나누었다.

3변주: 1도 카논

6변주: 2도 카논

9변주: 3도 카논

12변주: 4도 카논(도치형)

30변주: 두 민요 선율

모두 나중에 들어오는 성부가 한 마디 간격으로 등장합니다. 재미있는 것은 3변주는 같은 음정(유니즌)으로 한 마디 뒤에 들어오는데, 6변주는 2도, 9변주는 3도, 12변주는 4도… 이렇게 1도씩 간격이 점점 늘어난다는 점입니다. 좀 더 설명하면 3변주는 한 마디 뒤에 등장하는 성부가 앞에 나온 것을 그대로 반복하고, 6변주는 한 음 위에서 시작하며, 9변주는 3도 아래에서 시작해 따라갑니다. 12변주는 약간 다른데, 4도 아래에서 시작은 합니다만 성부가 움직이는 방향이 반대(위아래를 뒤집음)입니다. 악보는 이 넷만 보여 드립니다만, 12와 15변주만 이 도치형(inversion)이고 18, 21, 24, 27변주는 정상입니다.[2] 12변주 이후에서 카논 음정 차이가 하나씩 계속 늘어나는 것은 예상하신 대로입니다. 개인적으로 이 카논들만 이해하면 어떤 다른 카논을 이해하는 데도 문제가 없으실 것이라 생각합니다.

정말 절묘한 것은 30변주인데, 앞에서 해 온 대로 10도 카논일까요? 아닙니다. 대신 바흐는 아래 두 민요의 – '유행가'가 우리들의 감각에 더 맞겠지요 – 가락을 베이스 위에 입혔습니다. 가사를 보면 정말 술집이나 가족 모임에서 불릴 만한 곡입니다. 이 둘을 같이 부르면서 이상하지 않게 만들기도 꽤 힘들 텐데, 게다가 베이스까지 맞추어야 하니 저 같은 범인(凡人)은 도대체 상상하기가 힘듭니다. 그런데 바흐는 그림 7-4처럼 별 어려움 없이 짜맞춥니다!

2 4, 5도만 도치형으로 만든 이유는 아마 병행 4도와 5도를 피하기 위해서일 텐데, 앞 화성법 부분에서 이 둘의 문제점을 설명하지 않았기 때문에 자세한 설명은 줄이겠습니다.

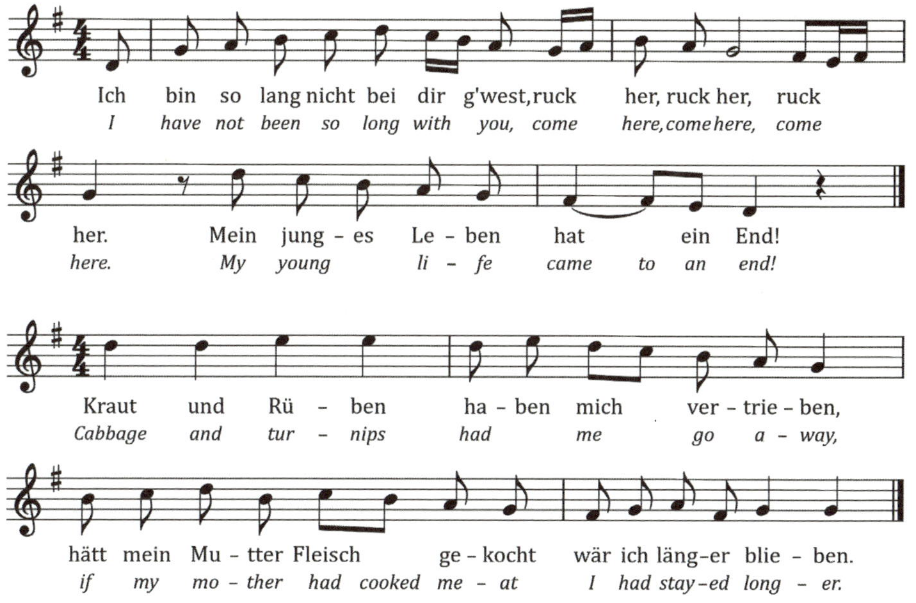

그림 7–3. 바흐: 「골드베르크 변주곡」. 30변주 '쿠오들리베트(quodlibet)'에 사용된 민요 두 개의 가락

첫 가락은 진한 갈색, 둘째는 갈색, 베이스 윤곽은 회색으로 표시 했습니다.

30변주: '쿠오들리베트'

첫 선율은 첫 마디와 둘째 마디가 카논이고, 둘째 선율은 둘째 와 셋째, 다섯째와 일곱째 마디가 각각 카논입니다. 둘을 베이스와 겹치는 것만도 꽤 힘든데 개별 가락끼리도 카논… 기술이 극도로

그림 7-4. 바흐: 「골드베르크 변주곡」, 30변주 첫 부분

세련되면 예술이라는 말을 실감하게 해 주지요.[3]

푸가는 카논보다는 좀 더 엄격하고, 다성 작법(polyphony)의 꽃으로 불립니다. 역시 푸가의 규범이라 할 정도로 명확한 바흐의 작품으로 설명하겠습니다.

그림 7-5는 「WTC」 2권의 c단조 푸가입니다. 주제(subject)가 나오는 곳을 선으로 표시했고, 주제와 같이 연주하는 선율은 그림

바흐: WTC 2권, c단조
푸가 – 주제

3　이 변주에 대한 좀 더 자세한 설명은 이 페이지를 참고하시기 바랍니다(https://www.
　bach-cantatas.com/Articles/BWV988-Quodlibet%5bBraatz%5d.htm, 2023년 10월 31일
　최종 확인).

그림 7-5. 바흐: 「WTC」 2권 c단조 BWV.871, 푸가, 1~7마디. 주제는 선으로 표시.

3-10에서 언급했듯이 대위선율(countersubject)이라 부릅니다. 이 푸가
는 4성부기 때문에 처음에 주제가 네 번 등장하는데, 첫 일곱 마디
에서는 성부 넷 전체가 한 번에 다 연주되지 않아서 알아보기 힘듭
니다. 4성부가 전부 한 번에 연주하는 것은 그림 7-6의 마지막인
19마디에서야 들을 수 있지요.

그림 7-6에서는 바흐가 얼마나 자유롭게 주제를 여러 성부에서
등장시키는지 볼 수 있습니다. 진한 갈색 음표들은 주제가 [조는
바뀌지만] 처음 등장했을 때 형태 그대로이고, 갈색 음표들은 음표
의 길이를 2배로 늘린 확대형(augmented)이며, 회색 음표들은 도치형
입니다. 불과 여섯 마디 내에 주제가 10회나 등장합니다. 이런 변형

c단조 푸가
– 부분(그림 7-6)

그림 7-6. 바흐: 「WTC」 2권 c단조 푸가, 14~19마디.

과 반복을 견디기 위해, 푸가의 주제는 대개 길지 않은 편입니다.[4] 처음부터 전체를 다 들어 보시지요.

설명 사례로는 클라비어 작품을 골랐지만, 바흐의 오르간용 푸가들은 이 양식의 정수라는 말에 걸맞습니다. 저는 거의 오르간 곡의 상징처럼 된 토카타[와 푸가] d단조 BWV.565보다는[5] 원숙기에 작곡한 전주곡과 푸가 C장조 BWV.547을 추천하고 싶습니다

4 예외는 항상 있습니다. 베토벤 피아노 소나타 29번 4악장이 그렇습니다.

5 저도 좋아하기는 합니다만, 푸가의 정교함에서는 그의 다른 작품과 비교해 특히 뛰어나다고 보기는 어렵습니다.

클래식의 클래식

(푸가 부분).

　　대위법 양식이 매우 오래된 만큼, 바흐 외의 많은 작곡가들이 훌륭한 곡들을 남겼습니다. 특히 푸가를 독립곡으로 쓰지 않더라도, 다른 형식 내에 넣어 훌륭한 효과를 거둔 경우도 많습니다. 소나타 형식과 카논-푸가가 융합된 모차르트 「주피터」 교향곡의 4악장이나 베토벤 현악 4중주곡 9번의 4악장은 꼭 들어 보시도록 권합니다. 특히 합창에서는 어느 정도 대위법적 부분이 없으면 단조롭게 들릴 가능성이 높을 정도로 유용합니다. VI장의 유니즌에서 소개한 베를리오즈의 「레퀴엠」 외에, 브람스의 「독일 레퀴엠(Ein Deutsches Requiem)」 3곡 끝부분을 추천합니다. 주제가 동시에 두 개 등장하는 이중 푸가로는 모차르트 「레퀴엠」의 '키리에'가 가장 잘 알려져 있을 것입니다. 심지어는 세 개 나오는 삼중 푸가도 있습니다. 바흐의 전주곡과 푸가 E♭장조 BWV.552인데, 푸가는 세 부분으로 구성되고 각 부분마다 새 주제가 하나씩 등장하며, 마지막 부분에서는 셋이 얽힙니다.

바흐: 전주곡과 푸가
BWV.547

모차르트: 교향곡 41번,
4악장

베토벤: 현악 4중주곡 9번,
4악장

베를리오즈: 레퀴엠

브람스: 독일 레퀴엠,
3곡 끝

모차르트: 레퀴엠 중
'키리에'

바흐: 전주곡과 푸가
BWV.552 - 푸가

베토벤: '영웅 변주곡'
– 푸가

베토벤: 디아벨리 변주곡
– 32변주(푸가)

브람스: 헨델 주제 변주곡

그 외에는 규모가 좀 되는 변주곡의 끝맺음 역할로 푸가를 선택한 경우가 많은데, 베토벤의 소위 「영웅 변주곡」 op.35나 「디아벨리 변주곡」(특이하게도 맨 마지막 변주가 아니라 그 하나 앞에 배치했습니다), 브람스의 「헨델 주제 변주곡(Variations on a theme by Händel)」 op.24가 그 사례입니다.

클래식의 클래식

두도막/세도막 형식binary/ternary form

바로크 시대에 춤곡은 기악 음악의 중심이었고, 대부분 두도막 형식을 따랐습니다. 춤곡들을 모아 놓은 모음곡은 셀 수 없을 만큼 많이 작곡되었지요. 그림 6-15에서 살펴본 핸델의 알르망드도 이 중 하나입니다.

주목할 점은 이 곡의 조성 도식으로, 대부분의 두도막 형식 춤곡에 그대로 적용됩니다. 그림 7-7을 보면 두 부분이 각각 반복되고, 첫 부분은 딸림조로 끝나며, 둘째 부분은 딸림조로 시작하여 으뜸조로 끝납니다. 끝 으뜸조는 관례적으로 첫 부분 마지막의 딸림조 부분을 일정 부분 조바꿈하여 끝맺습니다. 여기서 변화의 요점은 당연히 조바꿈에, 통일성은 끝에 첫 부분의 일부가 재현된다는 점에 있지요.

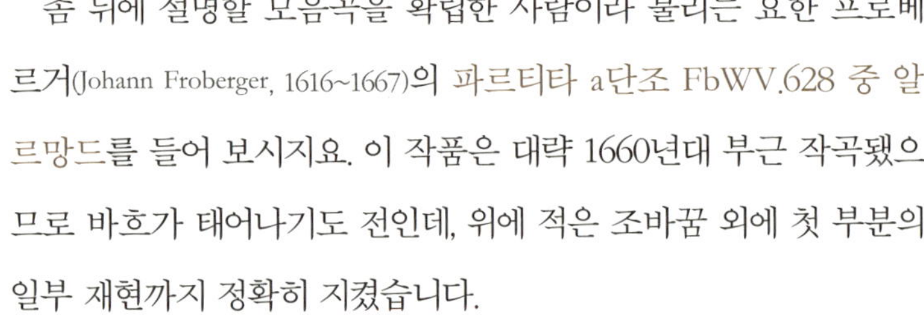

그림 7-7. 두도막 형식의 가장 기본적인 도식

프로베르거:
파르티타 a단조

바흐: 파르티타 6번
BWV.830

좀 뒤에 설명할 모음곡을 확립한 사람이라 불리는 요한 프로베르거(Johann Froberger, 1616~1667)의 파르티타 a단조 FbWV.628 중 알르망드를 들어 보시지요. 이 작품은 대략 1660년대 부근 작곡됐으므로 바흐가 태어나기도 전인데, 위에 적은 조바꿈 외에 첫 부분의 일부 재현까지 정확히 지켰습니다.

바흐도 마찬가지인데, 예를 들면 그림 3-5인 파르티타 1번의 사라방드 첫 부분도 그렇고, 규모가 크고 인상적인 6번 e단조 BWV.830의 전 악장에서도 첫 곡인 토카타와(반복이 없고 춤곡도 아닙니다) 가보트풍 템포만 빼면 거의 그렇다고 볼 수 있습니다. 「골드베르크 변주곡」 전체는 기술적으로 샤콘느 혹은 파사칼리아인데, 주제인 아리아만 보면 거의 이 공식을 따랐습니다.

III장의 리듬 부분에서 언급했듯이, 이 형식을 사용하는 춤곡들은 대부분 박자와 리듬, 그리고 템포의 차이가 종류를 가르는 핵심입니다. 그림 7-8에서 보듯이 알르망드의 특징적인 못갖춘마디나 III장에서 본 사라방드의 제2박 강세, 지그(Gigue)의 빠른 활달함 등이 그 사례지요. 바로크 모음곡에 주로 쓰인 종류가 아니더

그림 7–8. 프로베르거: 파르티타 a단조 FbWV.628 중 알르망드. 바뀐 조성을 괄호로 표기

클래식의 클래식

Gavotte II ou la Musette

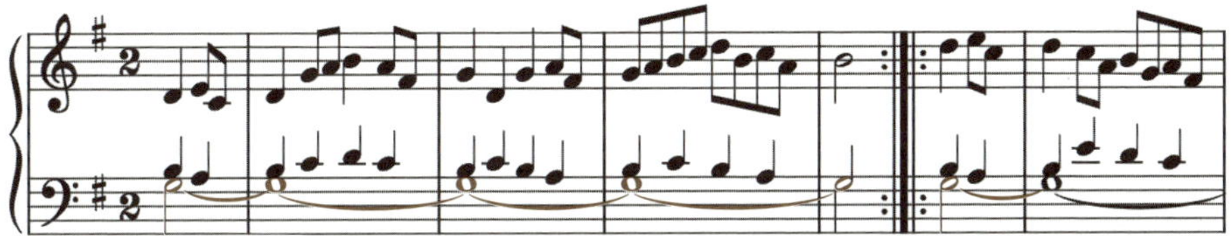

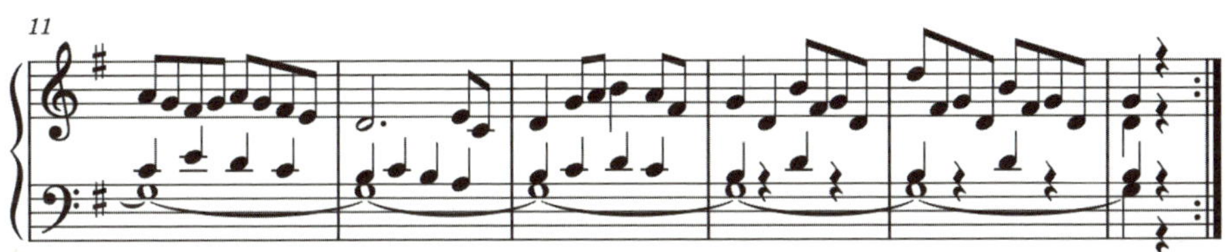

그림 7-9. 바흐: 영국 모음곡 3번 g단조 BWV.808 중 가보트 II(뮈제트)

크라이슬러:
중국의 탕부랭

포레: 시실리엔느

라도 그렇습니다. 탕부랭(Tambourin)의 규칙적인 저음 리듬[6], 시실리엔느(Sicilienne)의 6/8박과 점음표 리듬, 뮈제트(Musette)의 낮은 성부의 지속음 등이 거기 해당합니다.

---

6 이 곡을 「중국의 북」이라 하는 경우도 많은데, 단어의 기원이 무엇이건 결국 춤곡 종류에 붙은 이름이기 때문에 오해의 소지가 있습니다. 초등학교 때부터 본 '탬버린(Tambourine)'은 더더욱 아니지요.

그림 7-9의 뮈제트는 웬만해서는 지속음으로 알아차리지 못하는데, 쳄발로건 피아노건 갈색으로 표시한 G음이 저 악보의 길이만큼 길게 가지 못하기 때문입니다. 브람스는 랩소디 op.79-1에서 이를 고려해 페달과 반복을 활용해 92마디의 F#, B음, 99마디의 C#음을 지속시켰습니다(그림 7-10). 뮈제트라고 명시하지는 않았지만 스타일을 보면 틀림없지요.

세도막 형식은 두도막 형식에서 앞 부분이 대개 일부만 재현되는 것과는 달리, 거의 대부분이 재현됩니다. 그림 1-7의「작은 별」

그림 7-10. 브람스: 랩소디 1번 b단조 op.79-1, 92∼101마디. 되돌이표는 생략. 갈색으로 표시한 음들에 주목

클래식의 클래식

선율이 가장 작은 A-B-A 형태인데, 이것을 좀 더 큰 규모로 다루는 경우입니다. 통일성은 반복 부분이 달성하고, 변화는 첫 부분과 중간 부분의 대조가 주요한 흥미의 대상이 되지요.

우선 상당히 많은 수를 차지하는 것이 다 카포(da capo) 방식으로, 첫째 부분 뒤에 대조적인 재료의 둘째 부분을 넣고 끝나면 첫째 부분을 완전히 반복하는 것입니다. 바로크 시대의 수많은 다 카포 아리아(da capo aria)들, 역시 다 카포 형식을 사용한 일부 춤곡들, 고전파 시대의 메뉴엣과 스케르초 등 소위 '제3악장 형식'들이 여기 포함됩니다.

다 카포 아리아는 바로크 오페라나 오라토리오의 아리아 상당수를 차지합니다. 그림 7-11의 유명한 헨델 아리아를 보면 9~14마디를 연주한 후, 첫 여덟 마디를 완전히 반복합니다. 이 형식은 반복될 때 가수의 재량껏 장식을 넣을 수 있었기 때문에, 성악가의 화려한 기교를 좋아하던 당시 분위기에 잘 맞아서 매우 인기가 있었습니다. 반복 때 장식하는 방식은 이 동영상에서 확인할 수 있습니다.

바흐의 「마태 수난곡」의 아리아들은 이 공식에서 좀 벗어난 것도 많습니다. '회개와 후회(Buß und Reu)'처럼 전통적인 다 카포 방식을 그대로 사용한 경우도 있으나, '사랑으로 내 구주께서 돌아가시네(Aus liebe will mein Heiland sterben)'이나 '자비를 베푸소서, 나의 하나님(Erbarme dich, mein Gott)'처럼 유명한 아리아에서는 엄격하게 재현되는 부분이 성악이 아니라 기악 독주의 전주입니다. 고전 시대 이

헨델: 「리날도」 중
'울게 하소서'

바흐: 「마태 수난곡」 중
'회개와 후회'

「마태 수난곡」 중
'Aus liebe~'

「마태 수난곡」 중
'Erbarme dich~'

그림 7–11. 핸델: 오페라 「리날도(Rinaldo)」 HWV.7, 2막 중 '울게 하소서 (Lascia ch'io pianga)'. 오케스트라를 큰 보표로 압축.

378

후에는 유명한 곡들 사이에서는 잘 보이지 않지만, 모차르트「피가로의 결혼(Le nozze di Figaro)」 중 '어디 있나(Dove sono)'에서 희미하게 흔적을 볼 수 있습니다.

모차르트:
「피가로의 결혼」 중
'어디 있나'

앞에서 말했듯이 바로크 시대의 춤곡은 대개 두도막 형식입니다만, 다 카포 방식을 채택한 사례를 바흐의 모음곡들이 제공합니다. 영국 모음곡에서 'I/II'라 된 춤곡들을 보면, 1번의 두블(double)을 제외하고 뮈제트에서 설명한 3번의 가보트를 포함하여 모두 다 카포 형식이기 때문입니다. 그 중 5번 BWV.810의 론도풍 파스피에(Passepied en rondeau) I/II를 들어 보시겠습니다. 론도에 대해 뒤에서 자세히 설명하겠지만, 이 곡은 첫 부분에 론도처럼 주제 외의 에피소드(episode)가 둘 들어갔고, II가 중간 부분이자 그 자체로 두도막 형식인 복합 형식입니다.

바흐: 영국 모음곡 5번
'론도풍 파스피에'

고전 시대에는 메뉴엣과 스케르초가 가장 흔히 접할 수 있는 다 카포 형식입니다. 첫 부분과 중간 부분을 – 이때부터는 보통 트리오(trio)라 불리기 시작합니다 – 모두 두 부분으로 나눠 각각 반복하는 것은 두도막 형식과 같습니다. 이는 원래 춤곡이었다가 소나타의 일부로 편입된 역사 때문입니다.

그림 5-15에서 하이든 교향곡 100번「군대」의 메뉴엣 첫 부분을 설명했는데, 첫째 반복 부분에서 딸림조로 이동하지 않는 점을 빼면 두도막 형식의 특징에 들어맞습니다. 이 작품은 트리오의 첫째 반복 부분에서도 역시 딸림조로 이동하지 않는 예외에 가깝습니

하이든: 교향곡 100번 –
메뉴엣(전체)

다. 처음부터 끝까지 다 들어 보시지요. 앞 장 '작곡가의 개성' 부분에서 20세기까지 작곡된 메뉴엣들의 사례를 제시했기 때문에, 다시 상술하지는 않겠습니다. 모차르트의 교향곡 40번과 베토벤의 피아노 소나타 1번 f단조 op.2-1의 메뉴엣처럼 정서가 다른 경우도 있지만, 대개 우아하고 밝은 기분은 어느 정도 유지합니다. 이 외 중요한 예외로는 트리오를 여럿 넣어 론도 같은 느낌을 주는 바흐 「브란덴부르크」 협주곡 1번이 있습니다.

'농담'이란 의미를 가진 스케르초는 하이든이 현악 4중주의 2악장 혹은 3악장에서 사용하는 용법을 1781년의 「러시아 4중주곡」 Hob.III:37~42(op.33)의 여섯 곡에서 선보이며 의미를 갖기 시작합니다.[7] 이 중 2번인 「농담」의 2악장은 완전히 후대의 스케르초풍은 아니더라도, 느낌은 꽤 납니다.

그런데 그는 뒤의 현악 4중주나 교향곡에서 더 이상 스케르초를 발전시키려 시도하지 않았습니다. 모차르트는 스케르초에 거의 흥미를 갖지 않았기 때문에, 메뉴엣을 거의 몰아내고 소나타의 한 악장으로서 정규 위치를 차지하게 만든 것은 베토벤입니다. 그는 스케르초를 사용하면서 신속히 형식을 혁신해 갔기 때문에, 메뉴엣처럼 개략이나마 맞는 공식을 만들기 어렵습니다. 하지만 활기찬 리듬은 대개 공통이며, 그의 후계자들도 이 특성은 거의 그대로

7 바흐가 파르티타 3번 a단조 BWV.827에서 스케르초라 한 악장이 하나 있긴 합니다만, 2/4박입니다. 우리가 익숙한 3박이 아니고 지속적으로 쓰지도 않았으므로, 바흐가 출발점이라 보긴 어렵지요.

클래식의 클래식

그림 7-12. 하이든: 현악 4중주곡 E♭장조 Hob.III:38(op.33-2) 「농담」, 2악장 스케르초, 첫 일곱 마디. 큰 보표로 압축.

베토벤: 피아노 소나타
2번 – 3악장

소나타 3번 – 3악장

교향곡 1번 – 3악장

교향곡 3번 – 3악장

교향곡 6번 – 3악장

교향곡 7번 – 3악장

교향곡 9번 – 2악장

유지했습니다.

가장 초기에는 피아노 소나타 2번 A장조 op.2-2처럼 메뉴엣과 비슷한 우아함도 좀 풍겼으나, 바로 다음의 3번부터는 활기와 긴박감이 감돌아서 느낌이 전혀 다릅니다. 교향곡 1번의 3악장은 표기와 공식은 메뉴엣의 기존 구조를 따랐지만 내용은 완전히 스케르초입니다. 그 후 교향곡 3번의 3악장처럼 코다를 붙이거나, 교향곡 6번처럼 스케르초와 트리오를 반복한 후 스케르초를 단축하여 마무리하거나, 교향곡 7번은 6번처럼 반복한 후 스케르초 부분을 완전히 반복하여 끝내는 등 틀에 박혔다는 느낌이 전혀 없습니다. 교향곡 9번은 스케르초 부분을 아예 큰 소나타 형식으로 구성할 정도로, 전체적으로 길이와 짜임새의 변화가 매우 큽니다.

그의 뒤에 슈베르트, 멘델스존, 쇼팽, 슈만, 브람스 등의 여러 낭만파 작곡가들이 스케르초를 작곡했는데, 특히 인상적인 것은 스

슈베르트: 현악 5중주곡
– 3악장

멘델스존: 「한여름밤의 꿈」
중 스케르초

브람스: 피아노 4중주곡
1번 – 2악장

바이올린 소나타 2번
– 2악장

쇼팽: 스케르초 3번

케르초와 트리오를 강렬히 대비시킨 슈베르트의 현악 5중주곡 C 장조 D.956, 멘델스존의 극 부수음악 「한여름밤의 꿈」 op.61 중 공중을 떠도는 듯한 스케르초[8], 브람스의 피아노 4중주곡 1번 g단조 op.25의 신비스러운 2악장과 느린 악장과 융합된 바이올린 소나타 2번의 2악장입니다. 마지막으로 쇼팽의 네 곡을 빼놓을 수 없는데, 스케르초에서 '농담'의 성격을 거의 없앤 반면 진지하고 스케일 크게 빚어낸 걸작입니다. 3번 C#단조 op.39를 링크하겠습니다.

이 외에 다양한 종류의 소품들, 소위 '성격적 소품(character pieces)'도 세도막 형식을 쓴 것이 많습니다. 예를 들어 쇼팽의 연습곡이나 녹턴(Nocturne), 즉흥곡(Impromptus)이 그렇습니다. 슈베르트의 「음악의 순간(6 moments musicaux)」 D.780이나, 베토벤 「영웅」 교향곡의 2악장을 포함한 많은 행진곡들이 연주 시간은 차이가 매우 커도 세도막 형식에 속합니다.

쇼팽: 연습곡 op.10–8

녹턴: 4번, op.15–1

즉흥곡 3번 op.51

슈베르트: 음악의 순간
1번

베토벤: 교향곡 3번
2악장 '장송 행진곡'

8 멘델스존의 스케르초들은 두 부분의 대비가 상당히 약한 편입니다. 대조의 묘미를 약화시킨 대신 스케르초의 활달함을 특화시켰다고 볼 수 있지요.

                                           클래식의 클래식

론도 형식rondo form

론도 형식은 주제(theme, 또는 리프레인 refrain)를 여러 번 반복해 통일성을 얻고[9], 그 사이에 다른 소재(에피소드 episode 또는 쿠플레 couplet)들을 끼워 넣어 다양성을 얻습니다. 에피소드들을 E_1, E_2…로 표시하면, 적어도 세 번 이상 주제가 등장하고($T-E_1-T-E_2-T$) 많은 경우는 네 번이며($T-E_1-T-E_2-T-E_1-T$), 가끔은 주제가 이 공식에서 한 번 정도 안 나올 수도 있습니다. 상당히 진중한 분위기일 때도 있으나, 대개는 어딘가 스케르초와 비슷한 활기 넘치는 재담의 흔적이 남아 있습니다. 에피소드는 대개 조성을 바꿔서 변화를 줍니다.

바로크 시대부터 론도(rondeau)라면 같은 주제를 여러 번 반복하는 방식이었습니다.[10] 1674년 초연된 륄리(Jean-Baptiste Lully) 의 「알

---

9 리프레인은 지금까지도 그렇듯이 '가사의 후렴'이라는 뜻입니다. 자주 돌아오기 때문에 론도 주제의 의미로 전용된 것입니다.

10 Rondeau는 프랑스어인데, 'rond'(원)에 작다는 의미의 접미사 -eau를 붙였고, '주제가

체스테(Alceste)」 3막 중 '바다 축제를 위한 론도(Rondeau pour la fête marine)'가 그 사례입니다. 바흐의 무반주 바이올린 파르티타 3번 중 '론도풍 가보트(Gavotte en Rondeau)'를 보면, 주제를 각인시키기 위해 처음에 두 번 반복한 후에 총 네 번 더 나옵니다. 물론 사이에는 에피소드가 네 개 끼어 있지요. 그림 7-13에 주제와 에피소드를 표시했습니다.

고전파 이후의 론도 형식은 조금 다릅니다. 그림 7-13을 보면 주제와 에피소드는 조성을 달리해 대조를 주었지만, 전반적으로 분위기가 그렇게 다르지 않습니다. 반면 고전파부터는 차이를 더 드러내는 경향이 있습니다. 단독 작품으로도 가끔 나타나지만, 주로 협주곡과 소나타의 마지막 악장에 많이 쓰였습니다.

베토벤의 피아노 소나타 4번의 4악장(그림 7-14)은 주제와 두 에피소드의 대조가 꽤 선명합니다. 당시에 가장 많은 조성 선택은 첫째 에피소드(E_1)는 딸림조, 둘째(E_2)는 병행조였습니다. 주제가 네 번 나올 때는 첫째 에피소드를 으뜸조로 일치시킵니다. 이 곡은 정확히 그 공식에 맞습니다. 이 작품은 론도의 약간 가벼운 농담보다는 부드러운 인상이 앞서는데 – 우아하게(grazioso)라고 지시해 놓았지요 – 그 활기와 변덕은 둘째 에피소드(E_2)에 집중된 느낌입니다.

(작은 원처럼) 빙글빙글 자주 돌아온다'는 의미입니다. 이것이 이탈리아어로 rondo가 된 것입니다.

클래식의 클래식

그림 7–13. 바흐: 무반주 바이올린 파르티타 3번 E장조 BWV.1006, '론도풍 가보트', 1~49
마디

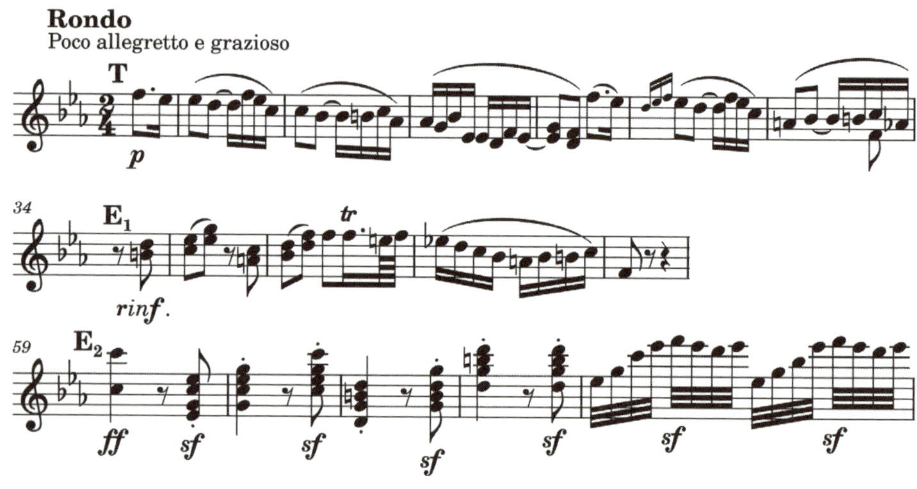

그림 7-14. 베토벤: 피아노 소나타 4번 E♭장조 op.7, 4악장 – 론도 주제(T)와 에피소드(E)

모차르트: 론도 K.511

베토벤: 피아노 소나타
8번 – 2악장

현악 4중주곡 8번
– 4악장

브람스: 피아노 4중주곡
1번 – 4악장

전체적으로 톤이 전형적인 '빠른 론도'와 조금 다른 것은, 모차르트의 a단조 K.511과 베토벤의 피아노 소나타 8번 「비창」의 2악장 등 느린 악장에 사용한 론도에서 볼 수 있습니다.

베토벤은 론도 주제를 몇 번이고 똑같은 모습으로 등장시킨다는 데 조금 불만을 느꼈던 모양입니다. 그림 7-14인 op.7의 4악장에서 맨 마지막에 나올 때는 한 옥타브를 올렸고, 현악 4중주곡 8번 e단조 op.59-2의 4악장에서는 처음엔 주제를 네 번 반복했다가 다시 나올 때마다 한 번씩 반복을 줄여 네 번째에는 딱 한 번 들려줍니다. 이 방식을 창조적으로 계승한 것이 브람스 피아노 4중주곡 1번의 매력적인 4악장 「집시풍 론도(Rondo alla Zingarese)」입니다.

클래식의 클래식

이 악장에서 브람스가 통상적인 주제 배치 순서를 다룬 방식도 주목할 만한데, 결코 단순한 베토벤의 모방자가 아닙니다.

가끔 새로운 에피소드 대신 소나타 형식처럼 주제의 소재를 발전시킨 부분을 넣는 경우가 있습니다. 물론 베토벤이 소재 전개에서 고금의 작곡가 중 원탑이라 해도 좋을 실력자인 만큼, 그의 작품 중 '론도-소나타 형식(rondo-sonata form)'이라 불리는 것도 가끔 있습니다. 특히 둘째 에피소드(E_2)를 전개풍으로 다루면 'T-E_1-T-전개-T-E_1-T'가 되어 소나타 형식과 매우 비슷해지기 때문입니다. 그의 교향곡에서만 보면 2번의 4악장과 6번의 5악장이 좋은 사례지요.

20세기의 론도 형식으로는, 프로코피예프 교향곡 5번 B♭장조 op.100의 4악장이나 버르토크의 「현악기, 타악기, 첼레스타를 위한 음악」의 4악장이 주목할 만합니다. 특히 후자는 론도 주제가 반복될 때의 변화나, 네 악장 전체를 관통하는 악상을 추가로 삽입했다는 점에서 특히 가치가 있습니다.

베토벤: 교향곡 2번 – 4악장

교향곡 6번 – 5악장

프로코피예프: 교향곡 5번 – 4악장

버르토크: 현, 타악기, 첼레스타를 위한 음악 – 4악장

소나타 형식sonata form

소나타 형식은 조금 뒤 설명할 집합 형식의 소나타(sonata)와 혼동되기 쉬워서 [11], '소나타-알레그로 형식(sonata-allegro form)' 또는 '1악장 형식'이라 부르기도 합니다. 이 형식은 고전파 시대에 나타나 완성되고 낭만파 시대까지 널리 사용되며 다른 형식을 압도하는 중요성을 차지했습니다. 현대에는 사용 빈도가 좀 줄긴 했으나, 여전히 중요하게 취급됩니다.

이 형식은 기원적으로는 춤곡의 두도막 및 세도막 형식에서 발전해 나왔다고 간주됩니다. 두도막 형식(그림 7-7)의 조바꿈인 '으뜸→딸림, 딸림→으뜸'이 약간 바뀌었지요. 그리고 큰 단락으로 보면 명확히 세도막 형식에 가깝습니다.

이 틀은 D. 스카를라티(Domenico Scarlatti)의 많은 건반악기용 단

11 바로크나 낭만 시대에 단일 악장 소나타도 있습니다만, 일단 집합 형식 부분으로 넘기겠습니다.

악장 소나타들에서 전조를 알아볼 수 있습니다. 이들은 춤곡의 정석인 두도막 형식의 앞뒤 반복이 기본틀이지만, 리듬은 춤곡의 제약에서 벗어났습니다. 그 중 잘 알려진 D장조 K.491은 으뜸조에서 꽤 먼 조로 조바꿈하기 때문에 전개부의 특성을 암시합니다. 바흐의 「WTC」 2권 D장조 BWV.874의 전주곡은 제2주제가 좀 불명확하지만, 오히려 그 때문에 두도막 형식과 소나타 형식의 연관을 명확히 보여 줍니다.

스카를라티: 소나타 K.491

바흐: WTC 2권 D장조
전주곡 BWV.874

그림 7-15는 소나타 형식의 기본 틀입니다. 첫 부분인 제시부(exposition)에서는 주제가 두 개 등장하는데, 당연히 제1주제는 으뜸조고 제2주제는 딸림조입니다. 으뜸조가 단조면 베토벤 교향곡 5번의 1악장처럼(그림 5-16) 병행 장조인 수가 많습니다. 바로크의 두도막 형식에서 발전한 점이, **두 개의 주제를 만들고 성격을 대비시키는 것**입니다. 전개부(development)에서는 제시부에 쓰인 소재들을 기반으로 다양한 조바꿈을 곁들입니다. 재현부(recapitulation)에서는 2주제를 으뜸조로 통일하는데, 단조에서는 같은 으뜸음의 장조 선법을 채택하는 경우도 꽤 됩니다. 고전파 초기에는 두도막 형

그림 7-15. 소나타 형식의 기본 도식: 제시부 – 전개부 – 재현부

식의 관습에 따라 전개부와 재현부도 반복하는 수가 많았습니다
만, 하이든의 피아노 소나타에서도 생략하는 경우가 상당히 보일
정도로 일찍부터 없어지기 시작했지요.

이 형식에서 통일성의 요소는 '기본적으로 주제 두 개만 사용하
여 전체를 구성한다'는 것입니다. [12] 반면 변화의 요소는 크게 **셋**이
나 있습니다.

- **1, 2주제의 대비:** 두도막 형식도 첫 부분에서 조바꿈으로 변
  화를 주지만, 뚜렷하게 두 번째 주제를 만들지는 않습니다.
  이는 두도막 형식에서 예로 든 많은 춤곡들, 특히 그림 6-15
  와 7-8의 악보를 살펴보면 명백합니다. 앞에서 언급한 스카
  를라티의 K.491은 그래도 2주제라 할 만한 것이 있지만, 바흐
  의 D장조 전주곡은 아직 불분명합니다.
- **전개부:** 뒤에서 자세히 설명하겠지만, 제시부에서 나온 무엇
  이건 사용해 '썰을 푸는' 자리입니다. 1, 2주제의 소재들이 중
  심이란 것은 말할 필요도 없습니다.
- **재현부의 1, 2주제 사이:** 재현부에서는 2주제도 으뜸조로 통
  일하기 때문에, 조바꿈을 하는 부분이 제시부와는 달라집니
  다. 이 점은 크게 주목을 못 받는 느낌인데, 의외로 상당한 재

---

12 주제 세 개면 더 다양하고 대비의 요소도 많다고 생각할 수 있지요. 문제는 셋을 다 구
   별할 수는 있어도 통일성에 손상을 줄 우려가 있다는 점입니다. 통일성과 다양성을 양립
   하기는 생각보다 어렵습니다.

                                          클래식의 클래식

밑거리입니다.

빈 고전파의 세 거장들은 이를 이해하고 최대한 섬세하게 다뤘습니다. 사실 우리가 아는 소나타 형식의 개념을 교향곡과 현악 4중주에서 확립한 사람은 하이든이고, 협주곡까지 확장해 보인 사람은 모차르트며, 주제의 전개와 발전을 곡 전체의 흐름과 완전히 융합시켜 형식의 가능성을 극한까지 입증한 사람이 베토벤입니다. 낭만파에서는 형식 자체의 아름다움은 좀 느슨해지지만, 그래도 최소한 지키려 노력은 하는 편이지요. [13]

멘델스존: 피아노 3중주곡
1번 – 1악장

그림 7-16은 멘델스존 피아노 3중주곡 1번 1악장의 두 주제입니다. 첫 주제는 어딘가 긴장감이 감돌고, 2주제는 평온하게 노래하는 가요적 측면이 강합니다. 많은 곡에서 1주제와 2주제의 성격을 이렇게 대비시키는데, 1주제의 요소들을 발전에 주로 사용한다는 점에서 이해해야 합니다. 현저하게 서정적이고 아름다운 주제는 세부를 전개하기보다, 전체를 그대로 감상하는 편이 나을 수 있지요.

물론 제2주제를 주로 발전에 사용할 경우는 그 반대가 되기도 합니다. 하이든의 현악 4중주곡 D장조 「종달새」는 1주제가 더 서

하이든: 현악 4중주곡
D장조 Hob.III:63 – 1악장

---

13 가령 로젠 같은 음악학자들은 "소나타(형식)는 1840년이면 하이든 시대에 바로크 푸가와 마찬가지로 낡은 폐물이 되었다"고 지적합니다(「고전적 양식」, 장호연 역, 풍월당, p.75). 그는 그림 7-15의 도식이 별로 유용하지 않으며 미흡하다고 주장하지만, 이 책에서는 일단 알기 쉽게 전통적인 설명 방식을 채택했습니다.

그림 7-16. 멘델스존: 피아노 3중주곡 1번 d단조 op.49, 1악장 – 제1주제(ⓐ)와 제2주제(ⓑ). 모두 첼로가 연주

그림 7-17. 하이든: 현악 4중주곡 D장조 Hob.Ⅲ:63 「종달새」, 1악장 – 제1주제(ⓐ)와 제2주제(ⓑ), 제1바이올린 파트

클래식의 클래식

그림 7-18. 베토벤: 피아노 소나타 15번 op.28, 1악장 - 제1주제(ⓐ)와 제2주제(ⓑ)

정적인데, 전개부를 보면 2주제 이후의 소재를 더 많이 사용합니다.

베토벤은 1주제를 철저하게 발전시키는 데 몰두했기 때문에, 이 경우는 교향곡 5번의 1악장 제시부에서 보았듯이 딱 보아도 둘을 구별할 수 있을 정도입니다.[14]

물론 예외는 꽤 많은데, 베토벤도 1주제에 폭넓고 서정적인 소재를 사용한 경우가 제법 있습니다. 피아노 소나타 15번「전원」의 1악장과 피아노 소나타 31번 A♭장조 op.110의 1악장이 좋은 예입니다.

베토벤: 피아노 소나타
15번 - 1악장

베토벤: 피아노 소나타
31번 - 1악장

14 여기에도 작곡자마다 개인차가 있어서, 모차르트나 슈베르트같은 타고난 선율의 명수 (melody maker)들은 이 문제에 주의를 덜 기울이는 경향이 있습니다. "그(모차르트)의 주제에는 하이든이 간혹 그러했듯이 동기전개의 가능성을 중시하며 만들어졌다는 인상을 주는 것이 거의 없다. 모차르트의 주제는 그 자체로 완전하다."[D. J. 그라우트, 「서양 음악사」, 3rd ed., W. W. Norton & Company, 1980; 김진균, 나인용, 이성삼 역, 세광음악 출판사, 1990(13쇄), 하권 p.564] 하지만 고전파 소나타 형식의 최고봉으로 인정받는 「주 피터」 교향곡의 1, 4악장과, 슈베르트가 형식미에서도 베토벤에 근접해 가는 최후의 교 향곡 C장조와 현악 5중주곡 C장조의 주제들은 확실히 전개에도 더 적절합니다.

브람스도 교향곡 1번의 1악장, 현악 5중주곡 2번 G장조 op.111의 1악장, 피아노 소나타 3번의 1악장처럼 1주제는 긴장감과 특징이 있고 2주제는 서정적으로 폭넓게 쓴 경우가 있는가 하면, 피아노 협주곡 2번의 1악장(그림 6-21 참고)이나 교향곡 2번 D장조 op.73의 1악장처럼 1주제도 서정적인 경우가 있습니다. 따라서 중요한 것은 1주제가 서정적인지 여부보다는 두 주제 사이의 대비 – 그림 7-18처럼 '다른 느낌'은 충분히 줄 수 있습니다 – 및 전개부에서 소재를 흥미 있게 발전시킬 능력입니다. 리듬이나 윤곽에 다양한 특징이 있으면 적어도 소재를 흥미 있게 다루기가 조금 더 편한 것은 사실이기 때문입니다.

전개부는 작곡가의 상상력의 정점을 보여 줍니다. 제시부에서 사용한 소재면 동기나 부분동기(1마디), 주제 전체나 리듬 등 무엇이건 사용할 수 있습니다. 일관성을 유지해야 하기 때문에 여기서 완전히 새롭게 들리는 소재가 나타나는 일은 흔하지 않습니다.

길이는 대체로 제시부보다 약간 짧게, 2/3~3/4 정도로 가져가는 경우가 많습니다. 단 베토벤은 예외인데, 그의 압도적인 장기가 소재의 치밀한 전개와 구성이다 보니, 제시부와 길이가 거의 같은 것으로도 모자라서 코다까지 제시부와 거의 같은 길이로 늘려서 둘째 전개부처럼 사용한 경우가 많았습니다. 그래서 이런 곡들을 '4부 구성 소나타 형식'이라고도 부릅니다. 교향곡만 보면 3, 5, 7, 9번의 1악장들이 그렇고, 특히 「영웅」 교향곡 1악장의 전개부 길이는 대단한데, 제시부보다 그 2/3 정도가 더 길어서 중간에 새로운 주제가 등장할 정도입니다. 그러나 이런 예는 드물기 때문에, 좀 더 표준에 가까운 모차르트의 소나타를 예로 설명하겠습니다.

그림 7-19에서 모차르트의 피아노 소나타 K.310의 1악장에는 씩씩한 행진곡풍의 제1주제ⓐ와 16분음표가 이리저리 움직이는 제2주제ⓑ가 있습니다. 전개부의 맨 첫 부분은 ⓒ며, 길이는 총 30마디로 제시부 49마디의 대략 60%입니다.

이 연주는 제시부를 반복하고, 전개부는 연주 시간 3:12~4:10입니다. 초기의 공식대로 전개부와 재현부도 완전히 반복하므로 두 번 들어 볼 수 있습니다. 그림 7-19에 보이는 전개부의 첫 네 마디는 뚜렷이 1주제의 재료를, 다음은 2주제의 16분음표와 1주제의 부점음표를 사용했습니다. 그 외 뒤편에서 인상적으로 들리는 소재는 제시부의 끝 쪽에 나오는 트릴이 붙은 4분음표입니다.

고전과 낭만파 작곡가들이 전개부에서 보여 주는 상상력을 여기서 다 열거하기는 무리가 있으며, 그럴 필요도 없습니다. 개별 곡마다 해결 방식이 다르기 때문에, 구체적 사례들에 대해서는 직접 해당 곡을 들으며 사용한 소재와 처리를 익히는 것이 가장 도움이 됩니다. 중기 고전파 이후 곡의 규모가 조금만 커지면 거의 붙는 코다도 마찬가지로 제시부 및 전개부에서 나온 소재를 활용하므로, 더 설명하지는 않겠습니다. 한 곡에서 장대하고 상상력 넘치는 전개부와 코다를 다 감상하려면, 베토벤의 교향곡 3번 1악장과 5번의 1악장을 소재를 검토하며 집중 감상해 보시기 바랍니다.

그림 7-19. 모차르트: 피아노 소나타 a단조 K.310(300d). 1, 2주제와 전개부의 맨 처음

마지막으로, 제시부와 재현부의 차이를 살펴볼 차례입니다. 그림 5-16에서 베토벤 5번 교향곡 1악장의 제시부를 보았는데, 재현부는 그림 7-20을 보십시오.

- 갈색으로 표시했듯이, 처음의 4음 동기에 G음이 관으로(특히 호른과 트럼펫) 추가되었습니다. 전개부 맨 마지막부터 고조되어 긴장의 정점에서 재현부의 4음 동기가 나타나므로, 주요 동기를 강조했다고 이해할 수 있습니다.

- 268마디에서 딸림화음으로 반마침하기 전, 관을 추가하고 저음에 4분음표를 넣어 움직임이 조금 더 부드러워졌습니다. 갈색으로 표시한 음표는 오보에인데, 가장 눈에 띄는 점은 268마디의 독주입니다.

- 268마디 다음, 제시부 22~24마디의 A♭-F음 주제 동기를 생략하고 바로 그 발전으로 들어갑니다. 268마디의 오보에 솔로가 이를 대신한 셈입니다.

- 273마디에 크레센도가 있는데, 제시부보다 네 마디 일찍 나옵니다.

- 296~300마디는 감 7화음인데, 제시부에서는 G♭음을 F로 해결시켜 B♭ 장 3화음을 끌어내 병행조인 E♭으로 진행했지만, 재현부에서는 F♯(딴이름한소리)을 강조하고 G로 진행해 갈색으로 표시한 G 장 3화음을 끌어냅니다. 물론 다음에 제2주제를

그림 7-20. 베토벤: 교향곡 5번, 1악장의 재현부 (248~374마디). 큰 보표로 압축.

280
sf sf sf sf sf sf
288
ff
296
ff
303
strings
ff
sf sf
sf
p
dolce
p winds

클래식의 클래식

4
349
356
winds.
362
368
ff

C장조로 옮기기 위한 수단입니다.[15]

303마디 이후 제2주제 부분에서도 미묘하게 다른 점이 있지만, 그림 7-20에서 직접 살펴보시기를 권합니다.

성공적인 소나타 형식에서는 이 차이를 처리하는 방법이 다 특색이 있습니다. 충분히 귀를 기울이시면 그에 합당한 재미를 느낄 수 있으리라 생각합니다.

지금까지 설명한 것은 단지 공식일 뿐이고, 예외가 매우 많습니다.

■ 속도가 빠른 경우(소나타의 1악장이나 4악장), 느린 서주(序奏)가 붙는 일이 상당히 많습니다. 교향곡의 1악장만 봐도 하이든의 다수, 모차르트 36번 C장조 K.425 「린츠(Linz)」와 39번, 베토벤 1, 2, 4, 7번, 슈베르트 D.944(이전 9번), 슈만 1번 B♭장조 op.38 「봄」, 4번 d단조 op.120, 브람스 1번, 차이코프스키 5, 6번 등 정말 많습니다. 여기 열거한 것 중 4악장에도 서주가 있는 것이 몇 개 있지요. 그 중 브람스 1번 1악장을 예로 들겠습니다. 예외적으로, 빠른 주요 부분을 쓴 뒤 주제 재료를 가져

브람스: 교향곡 1번
– 1악장

---

15 감 7화음이 조바꿈에 매우 유용한 것을 실감할 수 있습니다. 음 사이의 음정이 단 3도로 모두 똑같기 때문에, 이런 식으로 E♭장조와 C장조(단 3도 간격)뿐 아니라 A장조와 F♯장조로 이동할 수도 있기 때문입니다.

와 서주를 만들었음이 명백하기 때문입니다.

- 대체로 곡 전체를 끝내는 코다가 덧붙는데, 예외라 보기 어려울 정도로 중기 고전파 이후는 흔하지요. 길이는 대개 전개부보다 짧습니다. 베토벤은 이를 확장해 두 번째 전개부처럼 만들기를 즐겼다는 것은 이미 언급했습니다.

- 전개부를 매우 짧게 줄이거나 아예 생략하는 수가 있습니다. 베토벤의 피아노 소나타 5번 c단조 op.10-1의 2악장을 들어보면, 전개부를 단지 아르페지오 하나로 대체했습니다. 이런 경우, 브람스 교향곡 1번 4악장처럼 재현부의 1, 2주제 사이에서 전개를 하는 경우가 있습니다(재현부부터).

- 재현부에서 1주제를 생략하는 수도 있습니다. 쇼팽의 피아노 소나타 3번 b단조 op.58의 1악장이나, 드보르자크의 첼로 협주곡 b단조 1악장이 그 사례입니다.

베토벤: 피아노 소나타
5번 – 2악장

브람스: 교향곡 1번
– 4악장

쇼팽: 피아노 소나타
3번 – 1악장

드보르자크: 첼로 협주곡
– 1악장

지금 보신 것처럼 재현부 1, 2주제 사이의 조바꿈은 전개부(또는 전개적 요소)와 함께 변화의 핵심이라, 둘 다 없앤 경우는 거의 없다시피 합니다. 재현부에서 1주제를 뺀 것은 위의 둘을 융합한 것입니다. 차라리 전개부에서 주로 활용한 1주제를 생략하면 모를까, 재현부 1, 2주제 사이의 조바꿈을 재현부와 똑같이 가져가면 – 즉 제시부를 조바꿈하여 으뜸조로 끝나게 만들면 – 개인적으로는

상당히 어색하게 들립니다.[16]

　위와 같은 예외 사항을 허용해도 소나타 형식으로 알아보기는 어렵지 않은데, 처음에 설명한 통일성의 핵심(1, 2주제)과 변화 요건만 어느 정도 유지하면 흥미를 끌 수 있기 때문입니다. 그러니 소나타 형식이 의외로 융통성이 대단히 큽니다. 가령 전개부를 아주 짧게 줄이더라도 흥미를 유지할 변화의 요소는 여전히 남아 있습니다. 1, 2주제의 대비를 약화시켜도 ― 전형적으로 베토벤 교향곡 7번의 1악장 ― 전개의 묘미는 구사할 수 있지요. 이런 특성 때문에 소나타의 네 악장 모두를 소나타 형식으로 채운 예가 있고[17], 고전파의 틀을 대체로 유지하던 낭만파에서도 지배적인 형식으로 군림할 수 있었던 것입니다.

모차르트: 피아노 소나타
K.545 ― 1악장

슈베르트: 피아노 5중주곡
― 1악장

16　모차르트의 피아노 소나타 C장조 K.545의 1악장이 그렇습니다. 그래도 이 곡은 일부러 초보자들을 위해 썼다는 이유라도 있지, 슈베르트의 피아노 5중주곡 「송어」의 1악장은 좀…

17　베토벤의 현악 4중주곡 7번이 그렇습니다.

변주곡 형식 variation form

변주곡 형식은 대위법 형식만큼이나 오래됐으며, 아직까지 명맥을 유지하고 있습니다. 그 아이디어는 매우 간단해서 주제(T)를 내놓고, 이의 변형을 $T_1-T_2-T_3\cdots$ 이런 식으로 계속 이어 나갑니다. 통일성(주제)과 변화(변주들)라는 요소를 모두 훌륭하게 잡아냈지요. 변주곡이 얼마나 오래 전부터 내려왔는가 하면, 비교적 잘 들을 수 있는 레퍼토리 중에는 루이스 데 나르바에스(Luis de Narváez) 의 「암소를 지켜라(Guárdame las vacas)」에 의한 4개의 변주곡이 거의 처음일 것입니다. 16세기 전반의 작품인데 현대에도 별로 위화감이 없지요. 가락 자체가 더 오래 전부터 내려온 것은 「라 폴리아(La folia)」인데, 16세기 후반부터 바로크-고전 시기의 수많은 작곡가가 사용했으며 비교적 널리 알려진 것은 A. 코렐리(Arcangelo Corelli)의 작품입니다. 패러디식으로 가볍게 사용한 사람 중 베토벤마저 들어 있을

데 나르바에스:
암소를 지켜라

코렐리: 라 폴리아

모차르트: 변주곡 K.265

베토벤: 피아노 소나타 32번 - 2악장

핸델: 샤콘느 HWV.435

바흐: 샤콘느(무반주 바이올린 파르티타 2번)

파사칼리아 BWV.582

골드베르크 변주곡

바흐: 샤콘느(부조니 편곡)

정도입니다. [18]

변주를 만드는 것은 개별적 요소들이 중요하기 때문에, 소나타 형식과 같은 공식을 만들 수는 없습니다. 하지만 외형상 두 가지로 크게 분류됩니다. 주제의 음표들을 점점 짧은 음표로 줄이면서 변주를 하나씩 만드는 것을 **음형 변주**라 하고, 자유롭게 주제의 개별적 특징을 잡아 변화시키는 것을 **성격 변주**(characteristic variation)라 합니다.

전자는 I장에서 지겨울 정도로 등장한「작은 별」선율을 모차르트가 변주곡으로 만든 것이 널리 알려져 있지요. 명곡이라 분류되는 것은 비교적 적지만, 그렇다고 없지는 않습니다. 개인적으로 베토벤 피아노 소나타 32번의 2악장에서 감동받지 않았다는 애호가를 거의 본 적이 없습니다.

명 변주곡의 상당 부분은 성격 변주곡으로 볼 수 있습니다. 바로크 시대의 대표작이라면 핸델의 샤콘느 G장조 HWV.435, 바흐의 무반주 바이올린 파르티타 2번 d단조 BWV.1004 중의 '샤콘느', 오르간을 위한 파사칼리아[와 푸가] c단조 및「골드베르크 변주곡」인데, 이들은 모두 저음부에서 화성을 유지하고(ground bass) 그 윗 성부를 바꿔 나가는 방식입니다. [19] 샤콘느 또는 파사칼리아는

18 교향곡 5번의 2악장 변주곡 중 잠시 등장합니다.

19 바흐의 '샤콘느'는 무반주 바이올린 곡이라 저음을 분명히 부각시키기 어렵긴 한데, 제1 변주뿐 아니라 단선율처럼 보이는 많은 변주들도 G선에서 저음을 암시합니다. 부조니

원래 춤곡에서 출발했다고는 하나 현재는 거의 변주곡으로 간주합니다. 「골드베르크 변주곡」은 대위법 형식에서 이미 많은 부분을 설명했기 때문에, 여기서는 설명을 생략하겠습니다.

고전파 시대에는 피아노 독주곡 외에도 소나타 등 다악장 형식의 한 악장으로 훌륭한 것이 많습니다. 모차르트의 피아노 협주곡 24번 c단조 K.491은 협주곡의 마지막 악장으로 변주곡을 넣은 드문 예입니다. 그의 작품은 대체로 피아노 독주곡보다 실내악이나 더 큰 규모의 곡에 변주곡으로 들을 만한 것이 많은데, 클라리넷 5중주곡 A장조 K.581의 4악장과 세레나데 10번 B♭장조 K.361(370a) 「그란 파르티타(Gran Partita)」의 6악장을 추천합니다.

베토벤은 주제 하나를 써서 피아노 독주와 관현악으로 두 곡을 만들었습니다. 전자는 소위 「영웅 변주곡」 op.35고, 후자는 물론 「영웅」 교향곡의 4악장입니다. 이 둘의 주제는 원래 다른 곡에서 따왔고, 그 주제의 베이스 선율을 주체로 하여 처음 몇 변주를 진행하며, 원곡의 주선율은 나중에야 등장한다는 점이 특이합니다. 그 외에 베토벤은 가끔 두 개의 주제를 번갈아 변주시키기도 했습니다. 교향곡 5번의 2악장뿐 아니라 9번의 3악장, 현악 4중주곡 15번 3악장이 그 사례입니다.

그러나 베토벤의 변주곡 중 최고의 걸작이라면 「디아벨리 변주곡」을 꼽을 사람이 많을 것입니다. 「골드베르크 변주곡」도 분위기

의 피아노 편곡은 이를 전면으로 드러냈다고 볼 수 있습니다.

모차르트: 피아노 협주곡
24번 – 3악장

클라리넷 5중주곡
– 4악장

세레나데 10번 – 6악장

베토벤: 영웅 변주곡 op.35

교향곡 3번 – 4악장

교향곡 5번 – 2악장

교향곡 9번 – 3악장

현악 4중주곡 15번
– 3악장

바흐: 골드베르크 변주곡
– 15변주

골드베르크 변주곡
– 16변주

골드베르크 변주곡
– 30변주

베토벤: 디아벨리 변주곡

멘델스존: 엄격한 변주곡

슈만: 교향적 연습곡

브람스: 핸델 주제 변주곡

브람스: 파가니니 주제
변주곡

가 매우 다양한데, 슬픔에 잠기기도 하고(15변주) 장대한 서곡풍(16변주)에서 대중 가요(30변주) 수준까지 나옵니다. 하지만 「디아벨리 변주곡」의 변덕스럽고 듣는 사람을 놀리는 듯한 기분에는 미치지 못합니다. 매우 단순한 왈츠 선율과 배경 화성의 단순한 특징 두세 개로 베토벤이 만들어낸 인상은 만화경처럼 찬란해서[20], 듣다 보면 저도 전체를 잇는 특성을 잊기 십상입니다. 그림 7-21이 변주곡의 주제인데, 베토벤이 32개나 되는 변주의 공통점을 구성하는 것은 놀랍게도 A와 B의 단 둘입니다. a1과 a2는 A의 전반과 후반이지요. a1만을 강조하기도 하고 B가 두드러지기도 하며, 리듬을 늘리며 위아래를 도치시키기도 하는 등 베토벤의 상상력은 끝이 없는 듯합니다. 이 곡을 이해하기가 쉽다고는 못 하겠지만, 반드시 변주들의 공통점에 집중해 들어 보시기를 권합니다.[21]

그 뒤 낭만파 변주곡으로는 피아노 독주로 멘델스존의 「엄격한 변주곡 (Variations sérieuses)」op.54에서 시작하여, 특히 슈만의 「교향적 연습곡」과 브람스의 「핸델 주제 변주곡」 및 「파가니니 주제 변주곡(Variations on a theme by Paganini)」op.35가 훌륭합니다.

낭만파 이후에는 관현악이 들어간 편성에 훌륭한 작품이 많

20 2023년 12월 현재는 '제임스 웹 우주망원경(James Webb space telescope) 사진처럼 찬란하다'고 말해야 되겠습니다(이과생이라 죄송합니다).

21 제 음악 홈페이지에 개별 변주곡에 대한 설명이 있습니다. 링크는 http://trmsolutions.co.kr/music/Diabelli/Diabelli_VariationsK.htm.

클래식의 클래식

그림 7–21. 베토벤: 「디아벨리 변주곡」의 주제. 출판사 사장 안톤 디아벨리(Anton Diabelli)
가 자신의 왈츠를 베토벤에게 제공

프랑크: 「교향적 변주곡」

차이코프스키:
로코코 주제 변주곡

차이코프스키: 관현악
모음곡 3번 – 4악장

브람스:
하이든 주제 변주곡

브람스: 교향곡 4번
– 4악장

엘가: 수수께끼 변주곡

브리튼: 퍼셀 주제의
변주곡과 푸가

월튼: 힌데미트 주제의
변주곡

습니다. 독주가 붙은 오케스트라 곡인 프랑크의 「교향적 변주곡(Variations symphoniques)」 M.46과 차이코프스키의 「로코코 주제 변주곡(Variations on a Rococo theme)」 op.33 및 모음곡 3번 G장조 op.55의 끝 악장, 브람스의 「하이든 주제 변주곡(Variations on a theme by Haydn)」 op.56a과 교향곡 4번의 4악장, 엘가의 「수수께끼 변주곡(Variations on an original theme)」 op.36 외에, 더 현대에 속하는 것들은 브리튼의 「퍼셀의 주제에 의한 변주곡과 푸가」와 월튼(Walton)의 「힌데미트의 주제에 의한 변주곡(Variations on a theme by Hindemith)」이 있습니다.

이제까지 단일 곡들의 형식 중 중요한 것들을 살펴보았습니다. 그런데 주제에 집중해본 경험이 좀 있으신 분이라면, 유명한 작곡가들이 형식에 따라 주제를 미묘하게 달리 만든다는 것을 눈치채셨을 것입니다. 소나타 형식의 1, 2주제도 차이가 나도록 작곡하는데, 형식이 다르면 말할 필요도 없지요. 당장 그림 7-21을 소나타 형식의 1주제로 사용한다는 것은 생각하기 힘듭니다. 이것은 주제를 다루는 방식이 다르기 때문인데, 론도 주제는 대략 4~5회까지 거의 원형 그대로 반복되고 끝납니다. 반면에 소나타 형식의 1주제는 원래 그대로의 모양으로는 한 번만 다시 나오지만(곡의 도돌이 표를 제외하고요), 그 작은 부분이 모양을 바꾸어 전개부에서 많이 다뤄집니다. 아마 원형에 가까운 모양으로 가장 많이 반복되는 것은 푸가의 주제겠지요. 그러니 지루함을 피하기 위해 푸가 주제는 대개 짧으며, 단 1마디만 쓰기도 합니다. 이렇게 반복 횟수, 전개 등 주제의 취급 방법까지도 고려하여 작곡가들은 주제를 만듭니다.

이 설명에서 환상곡이 빠졌는데, 기존의 형식을 거부했다고 기본적인 통일성까지 거부한 것은 아닙니다. 외적으로 최소한의 통일성을 부여하려 한 시도는 낭만파에 흔합니다: 예를 들어 그림 7-22 슈베르트의 「방랑자 환상곡(Wanderer-Fantasie)」에서는 첫 부분의 리듬과 음형이 전체를 잇는 역할을 합니다. 쇼팽의 환상곡 f단조 op.49와 슈만의 환상곡 C장조 op.17에서는 상당 부분을 조만 바꿔 반복합니다. 전체의 통일성을 도외시한 음악이란 있을 수가 없습니다.

슈베르트: 방랑자 환상곡

쇼팽: 환상곡 op.49

슈만: 환상곡 op.17

그림 7–22. 슈베르트: 「방랑자 환상곡」 D.760. ⓐ는 첫 주제, ⓑ는 첫 부분의 둘째 주제, ⓒ ～ⓔ는 각 부분의 주제이다. 여섯 음의 부분동기(ⓓ에서는 동기)에 유의.

집합 형식

다악장 음악

완결된 곡 몇 개를 모아서 하나로 엮는 방식입니다. 걸작으로 인정되는 고전의 대다수는 이 형식이지요. 서로 관련 있는 내용을 담은 몇 개의 장(chapter)으로 큰 책을 구성하는 것과 비슷합니다. 당연히 각 악장의 느낌이나 분위기, 길이는 무언가 일관된 감을 줍니다. '서로 따로 논다'는 느낌을 주면 안 되기 때문입니다.

모음곡(suite)은 크게 볼 때 여러 가지 이름으로 불립니다. 파르티타(Partita), 세레나데(Serenade), 디베르티멘토(Divertimento)는 근본적으로 모두 모음곡 양식이라 간주할 수 있는데, 나중의 둘은 주로 고전 시대의 명칭이고, 파르티타는 바로크 시대, 모음곡은 바로크와 낭만파 이후에 모두 쓰였습니다.

바로크 시대의 모음곡은 두도막 형식으로 된 춤곡들을 모았습니다. 보통 이 형식을 확립한 사람은 프로베르거라고 하며, 그림

바흐: 프랑스 모음곡 5번

7-8에서 이미 알르망드를 보았지요. 알르망드 다음에는 대개 쿠랑트와 사라방드, 지그의 순서로 이어집니다. 템포는 알르망드가 중간 정도, 사라방드는 느리고, 쿠랑트와 지그는 빨라서 변화를 줍니다. 기본적으로 각 곡의 조성은 모두 같습니다. 그림 7-23은 바흐 프랑스 모음곡 5번의 각 곡 처음인데, 사라방드 뒤에 곡이 셋 더 들어 있지만 부레(Bourrée)는 빠르고 루르(Loure)는 대체로 느리게 연주하기 때문에 변화의 원칙을 고스란히 지킵니다. 각 곡은 변주(두블이 여기에 해당)나 트리오가 들어간 3부 형식 같은 것이 아니라면 기본적으로 전부 반복 있는 두도막 형식입니다.

앞에서 말한 네 종류를 모음곡의 필수품처럼 거의 들어가도록 정착시킨 사람이 바로 프로베르거입니다. 파르티타 4번 a단조 FbWV.610을 들어 보실텐데, 재미있게도 지그가 쿠랑트의 앞입니다.

프로베르거: 파르티타 4번

바로크 후기로 가면, 모음곡이라 이름 붙여도 이 형식을 엄밀히는 따르지 않는 경우가 상당히 많아집니다. 텔레만의 많은 작품 중 형식을 비교적 충실하게 따른 대표작은 서곡 「함부르크의 조수와 간만(Hamburger Ebb und Fluth)」 TWV.55:C3인데, 전반적으로 '기본형'과는 많이 다릅니다. 반면 「모음곡 형식의 6개의 새 4중주(Nouveaux quatuors en six suites)」 TWV.43에 수록된 작품들은 춤곡과 관련이 거의 없고 전체적으로 오히려 협주곡에 가까운데, 그 중 a단조 43:a2를 들어 보시겠습니다. 핸델도 모음곡을 상당히 자유롭게 썼는데, 건반악기 모음곡 2번 F장조 HWV.427은 네 악장에

텔레만:
함부르크의 조수와 간만

텔레만: 모음곡 a단조
TWV.43:a2 – 1악장

핸델: 모음곡 2번
HWV.427 – 1악장

클래식의 클래식

그림 7–23. 바흐: 프랑스 모음곡 5번 G장조 BWV.816, 각 곡 첫 부분의 선율. 사라방드와 가보트의 꾸밈음 'C'는 현대의 연주에서는 화려하게 장식을 넣는 수가 많음

춤곡 이름이 전혀 붙어 있지 않습니다. 마지막 악장을 당시 지그의 스타일 중 하나인 푸가풍으로 쓰긴 했지만, 빠르기가 느림-빠름-느림-빠름이고 느린 악장이 바른마침으로 끝나지 않으므로, 모음곡보다는 바로크 소나타 양식에 더 가깝습니다.

후기 바로크 모음곡의 대표라 할 작곡가는 역시 바흐인데, 그의 대표적 모음곡은 「관현악 모음곡」이라 흔히 불리는 서곡(overture) 4곡 및, 건반악기용은 작곡 순서대로 영국 모음곡-프랑스 모음곡-파르티타-프랑스풍 서곡, 다른 악기용으로 무반주 바이올린 파르티타 3곡과 무반주 첼로 모음곡, 무반주 플루트 파르티타가 유명합니다. 건반악기 모음곡들에서 작곡 연도 순서에 따른 변화를 잘 볼 수 있는데, 제일 이른 영국 모음곡이 프로베르거의 틀을 가장 잘 준수하고, 다양한 춤곡들을 많이 삽입한 것은 프랑스 모음곡이며, 파르티타와 프랑스풍 서곡은 규모가 매우 확대되었으며 기법이 화려합니다. 하지만 프로베르거의 틀을 – 4곡 외에 1곡 정도 첨가 – 엄밀하게 지킨 것은 거의 없습니다. 가장 마지막인 프랑스풍 서곡 b단조 BWV.831은 서곡으로 알르망드를 대체하고 곡을 넷이나 추가했기 때문에 상당히 자유롭습니다.

고전파 이후 '모음곡'은 춤곡을 엮던 데서 완전히 벗어납니다. 비제의 극 부수음악 「아를르의 여인(L'Arlésienne)」 제1모음곡이나[22] 프로

바흐: 프랑스풍 서곡 b단조

비제: 아를르의 여인
제1 모음곡

---

22 제2모음곡은 비제가 구성하지 않았으며, 네 곡 전부를 '아를르의 여인'에서 가져오지도 않았습니다.

코피예프의 발레 음악 「로미오와 줄리엣(Romeo and Juliet)」 모음곡[23] 등은 오페라나 발레 음악, 극 부수음악같이 작은 곡을 많이 포함한 작품에서 작곡자가 직접 몇 개를 묶어서 발표한 사례입니다. 반면 그런 다른 용도 없이 모음곡을 독립적으로 작곡할 경우 고전 시대 이후 쓰이던 형식들을 각 곡에 사용합니다. 가끔은 교향곡을 방불케 하는 규모로 확대되기도 하는데, 모차르트의 세레나데 7번 D장조 K.250(248b) 「하프너(Haffner)」는 8악장, 디베르티멘토 K.334는 6악장입니다. 그 이후의 작품으로는 브람스의 규모 큰 2개의 세레나데(2번 1악장), 드보르자크의 현악 세레나데 E장조 op.22, 차이코프스키의 현악 세레나데 C장조 op.48 및 관현악 모음곡 3번 등이 유명합니다.

프로코피예프: 로미오와 줄리엣 모음곡

모차르트: 세레나데 K.250 '하프너' – 1악장

디베르티멘토 K.334 – 1악장

브람스: 세레나데 2번 – 1악장

소나타(sonata)는 앞에서 말한 소나타 형식과 혼동하면 안 됩니다. 모음곡과 마찬가지로, 소나타도 바로크와 고전 이후의 개념이 매우 많이 달라졌습니다. 바로크 시대에 기악곡의 다악장 작품의 대표가 모음곡이었다면, 고전파 이후는 소나타가 그 자리를 물려받았지요.

바로크 시대에 D. 스카를라티의 작품들 같은 단악장 소나타도 있습니다만, 당시 주도적인 스타일은 소위 교회 소나타(sonata da chiesa)였습니다. 실내 소나타(sonata da camera)라 불리던 것들은 악장

드보르자크: 현악 세레나데 op.22 – 1악장

차이코프스키: 현악 세레나데 – 1악장

관현악 모음곡 3번 – 1악장

23　작곡자 자신이 구성한 모음곡이 하나가 아닙니다.

으로 춤곡을 주로 사용하다가 모음곡 쪽으로 넘어갔고, 끝까지 소나타란 이름이 남은 것은 교회 소나타입니다. 4악장으로, 악장별 빠르기 배열은 느림-빠름-느림-빠름입니다. 빠른 2악장은 푸가 스타일일 때가 많고, 조성은 모음곡처럼 하나로 통일하기보다 전형적 관계조인 딸림/버금딸림조나 병행조를 하나 정도 끼워 변화를 줍니다. 대개 셋째 악장의 조가 다른 수가 많습니다.

교회 소나타인 코렐리의 트리오 소나타 F장조 op.1-1을 듣겠습니다. 그는 바이올린 소나타집 op.5에서 첫 6곡에서는 교회 소나타(1번,10:48까지), 다음 5곡에서는 실내 소나타의 형식을 취했습니다(7번

그림 7-24. 르클레르: 바이올린 소나타 D장조 op.9-3. 각 악장 첫 바이올린 선율. 자주 보이는 + 표시는 대체로 트릴이나 모르덴트(mordent: ∿)로 연주하는 장식음임

클래식의 클래식

d단조, 1:12:06까지). 전형적 교회 소나타의 다른 사례는 르클레르(Jean-Marie Leclair)의 매력적인 바이올린 소나타 D장조입니다. 두 악장이 춤곡풍이니 실내 소나타의 영향이 어슴푸레 보입니다.

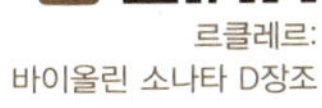

핸델의 바이올린 소나타 D장조도 빠르기 배치는 똑같습니다만, 느린 1, 3악장의 종결이 정상적 으뜸화음으로 끝나는 바른마침이 아니라 딸림화음으로 끝나는 반마침이기 때문에 각각 2, 4악장의 서주 같은 느낌을 줍니다. 앞에서 본 르클레르의 소나타는 모두 바른마침이었지요. 바흐의 바이올린 소나타 및 무반주 바이올린 소나타들은 곡에 따라 느린 악장의 마지막이 반마침과 바른마침

그림 7–25. 핸델: 바이올린 소나타 D장조 HWV.371. 1–2악장과 3–4악장의 경계 부분. 1악장은 D장조, 3악장은 b단조이므로, 바른마침이 아니다.

이 섞여 있습니다.

이 바로크 소나타 스타일을 현대에 살린 대표적인 작품은 버르토크의 1944년작 무반주 바이올린 소나타 Sz.117으로, 이 분야에서 바흐와 비견할 유이한 곡입니다.[24]

고전파의 소나타들은 양식이 완전히 다릅니다. 고전파 소나타가 확립될 때의 대략적인 모습을 공식으로 보시지요.

- **1악장: 소나타 형식. 빠름. 주요 조성**
- **2악장: 세도막 또는 소나타 형식. 느림. 관계조**(딸림/버금딸림조, 드물게 병행조)
- **3악장: 메뉴엣 혹은 스케르초. 전자면 중간 이상, 후자면 빠름. 주요 조성**
- **4악장: 론도 또는 소나타 형식. 빠름. 주요 조성**

가장 눈에 띄는 통일성은 **조성**이며 – 2악장은 다르긴 하나, 관계조기 때문에 완전히 동떨어졌다는 느낌은 덜합니다 – 변화의 포인트는 조성과 템포가 다른 느린 악장 및, 1악장과 조성은 같아도 형식과 느낌이 다른 3, 4악장입니다. 이 모습을 기본으로, 18세기 중반에서 20세기 초반까지 나온 절대 음악 중 대부분의 명곡은

---

24 1악장이 '샤콘느의 템포'라 지정되어 있고 2악장은 푸가며, 느림-빠름-느림-빠름의 속도 배치 등 많은 부분이 교회 소나타를 연상시킵니다.

소나타였습니다. 관현악(교향곡), 독주 악기와 관현악(협주곡), 소편성
(실내악), 독주(피아노 소나타) 등 성악을 뺀 모든 기악곡에서 어느 정도
규모가 있는 대곡들은 사실상 전부 소나타 양식이었으니까요.

베토벤: 피아노 소나타
27번 - 1악장

매우 많이 나온 만큼, 소나타 형식과 마찬가지로 변형이 상당히
많습니다. 먼저 2악장과 3악장은 순서가 바뀌기도 하며, 교향곡에
선 바뀌는 경우가 드물지만 현악 4중주나 피아노 독주처럼 작은
편성에서는 드물지 않습니다.[25] 2악장이 론도 형식인 경우도 간혹
있고, 드물게 변주곡 형식도 있습니다. 4악장에 변주곡 형식이 오
기도 하는데 아주 흔하진 않습니다.

피아노 소나타
27번 - 2악장

3악장 구성은 특히 건반악기 독주 소나타에서 매우 많은데, 이
때는 대개 메뉴엣이나 스케르초 악장을 생략합니다. 템포에서 가
장 대조를 이루는 느린 악장을 생략하기는 쉽지 않기 때문일 것입
니다. 숫자가 적어서 예외에 가까운 2악장 소나타에서도 템포의
대조는 최소한 남겨 놓는데, 베토벤의 피아노 소나타 27번 e단조
op.90(2악장이 1악장보다 확연히 여유 있는 템포), 22번 F장조 op.54(27번과 정
반대), 32번이나(2악장은 긴 변주곡이고 3, 4악장 생략), 첼로 소나타 1번 F장
조 op.5-1과 2번 g단조 op.5-2(2악장 대신 1악장에 상당히 긴 느린 서주. 1번
1악장)을 들 수 있습니다. 협주곡은 소나타긴 합니다만 3악장이 정
석이며, 고전파 시대에는 1악장의 소나타 형식의 구성도 일반적으
로 좀 다르기 때문에 뒤편의 '양식' 부분에서 언급하겠습니다. 5악

피아노 소나타 22번
- 1악장

피아노 소나타 22번
- 2악장

피아노 소나타
32번 - 1악장

피아노 소나타
32번 - 2악장

첼로 소나타 1번 - 1악장

---

25 하이든과 모차르트의 작품 중에도 있는 만큼, 이것을 변형으로 보지 않는 사람도 있지
    요.

브람스: 피아노 소나타
3번 – 4악장

장도 종종 보이는데, 이때는 대체로 한 개가 연주 시간이 상대적으로 짧고 가볍게 삽입된 느낌입니다. 브람스의 피아노 소나타 3번이 좋은 예입니다(삽입된 4악장. 꼭 전 악장을 다 들어 보시기 바랍니다).

관현악을 위한 소나타가 바로 교향곡입니다. 바흐가 한창 활약하던 1730년대부터 젊은 작곡가들은 다른 가능성을 탐색하고 있었습니다. 바로크 시대에는 최상성과 베이스의 두 선율이 기반이었고 이 위에 대위법을 올린 구성이 자연스러웠는데, 선율이 [주로 최상성에] 하나이고 그것을 화성적 반주가 뒷받침하는 단성(homophony) 구성으로 이동한 것입니다. 이 과도기를 대표하는 작곡가가 C. P. E. 바흐입니다. 하이든은 그의 실험을 잘 알고 있었지만, 곡 전체의 틀을 짜는 측면에서는 대체로 다른 길로 갔습니다.[26]

하이든: 교향곡 6번

하이든의 초기인 1761년작 6번 D장조 「아침」 Hob.I:6은 관현악 중 독주 악기들의 활약이 두드러진다는 예외성은 있으나 전반적으로 '공식'을 정확히 지키며, 소나타 형식의 1, 2주제도 명확합니다. 그보다 2년 전의 1번 D장조 Hob.I:1은 3악장이었는데, 몇 년

교향곡 1번

뒤인 1769년의 41번 C장조 Hob.I:41은 4악장에다 역시 공식을 따라가는 것으로 보아 그가 완전히 이 방향으로 노선을 결정했음을

교향곡 41번

알 수 있습니다(1악장). 그 이후는 적어도 외관에서는 큰 변화가 없습니다. 현악 4중주에서는 1772년 op.20(Hob.III:31~36)의 「태양 4중주곡」 6곡을 거치면서(1번 E♭장조 Hob.III:31의 1악장) 교향곡과 같은 4

C.P.E.바흐: 신포니아
Wq.182–5 – 1악장

---

26 C. P. E. 바흐의 1760년대 이후 교향곡(신포니아) b단조 Wq.182-5를 보면, 전형적인 고전파 3악장 소나타의 모습과도 거리가 멉니다(1악장).

악장의 스타일로 정착했습니다. 반면 피아노 소나타에서 적어도 '소나타'라 이름 붙인 것 중에는 초창기의 실험작 외에는 4악장이 하나도 없습니다. 모차르트의 작품에도 4악장은 없고, 피아노 소나타에서 4악장을 도입한 유명 작곡가는 사실상 베토벤입니다.[27] 이는 피아노 3중주곡과 바이올린 소나타에서도 마찬가지입니다. 따라서 실내악과 건반악기 독주곡의 모든 장르에서 소나타를 4악장까지 사용 가능하다는 전범을 세워 교향곡 및 현악 4중주와 동등하게 만든 것은 베토벤이라 하겠습니다.

시대가 지나면서 쌓인 다양한 예외들 때문에 비록 모양이 앞에서 제시한 공식과는 상당히 달라 보일 수 있지만, 소나타는 현대까지 계속 작곡됩니다. 책의 앞부분에서 링크한 소나타들이 매우 많은 만큼, 전체를 들을 목적으로는 앞에서 소개하지 않은 곡들을 중심으로 몇 개만 링크를 넣어도 되겠지요. 공식에서 예외를 많이 드는 것은 소나타라는 장르의 융통성을 보여 주는 것입니다.

- **모차르트:** 교향곡 38번 D장조 K.504 「프라하」. 메뉴엣이 없는 3악장인데, 3악장의 교향곡은 고전 시대 이후로는 비교적 드뭅니다.

- **베토벤:** 피아노 소나타 30번 E장조 op.109. 3악장의 느린 변

---

27 베토벤이 하이든에게 헌정한 op.2가 최초입니다. 당시 클레멘티는 피아니스트로서나 작곡가로서 당대 일류로 평가되고 피아노 소나타도 많이 남겼습니다. 하지만 4악장 구성은 사실상 없습니다.

베토벤: 피아노 소나타 30번

브람스: 현악 5중주곡 1번

브람스: 첼로 소나타 1번

리스트: 피아노 소나타

드뷔시: 현악 4중주곡

말러: 교향곡 2번

쇼스타코비치: 피아노 소나타 2번

주곡이 전체의 핵심인 특이한 구조

- **브람스:** 현악 5중주곡 1번 F장조 op.88. 느린 악장과 스케르초를 합친 3악장 형식으로, 브람스는 이런 방식을 좋아해서 바이올린 소나타 2번과 첼로 소나타 1번 e단조 op.38에서도 사용했습니다.

- **단일 악장 소나타:** 환상곡이란 이름만 붙지 않았다면 슈베르트의 「방랑자 환상곡」 D.760을 들 수 있었을 것입니다. 그렇다면 리스트의 피아노 소나타 b단조 S.178이 첫째로 떠오르는 후보입니다.

- **드뷔시:** 현악 4중주곡 d단조 L.91. 프랑크의 바이올린 소나타처럼, 순환 동기를 사용하는 구조. 1악장 처음에 나오는 주제의 요소가 뒤 악장 모두에 교묘히 들어갑니다.

- **말러:** 교향곡 2번 c단조 「부활(Auferstehung)」. 성악이 등장하는 전례는 베토벤이 남겼으므로 새삼스럽지 않습니다. 오히려 기존의 4악장 체계에 어떤 악장을 덧붙였는지가 흥미거리지요.

- **쇼스타코비치:** 피아노 소나타 2번 d단조 op.61. 20세기 중반의 3악장 소나타로, 대체로 기존 3악장 소나타의 정석을 따랐습니다.

표제 음악 program music

글, 그림, 영상, 기타 무엇이건 음악 외의 것이 음악의 전개에 영향을 미치는 음악들을 통칭합니다. 앞에서 설명한 형식들은 곡을 만드는 원칙이 모두 음악 **안**에 있는데, 표제 음악은 연주되는 음악 **밖에도** 있는 셈입니다.[28]

크게 둘로 나눌 수 있는데, 첫째는 음악이 연주되는 동안 가사나 영상이 실시간으로 부가적 의미를 알려주는 부류입니다. 가곡, 오페라나 오라토리오, 종교 음악처럼 가사가 있는 성악곡은 물론이고, 발레 음악이나 멘델스존의 극 부수음악 「한여름밤의 꿈(A midsummer night's dream)」 op.21 & 61같이 무대 희곡을 위한 음악도 당연히 포함됩니다. 반면 연주 동안에는 다른 것이 개입하지 않는

멘델스존: '한여름밤의 꿈'
op.61 – 녹턴

---

28 모음곡에서 나왔던 춤곡은 뭐냐고 질문하는 분이 있을지 모르겠습니다. 하지만 바로크 시대 후기에는 모음곡에 동원한 춤곡들이 이미 춤 본래의 기능을 잃고 리듬 등 몇 가지 특징만 남았습니다. 이를 양식화(樣式化 stylization)라 합니다.

베를리오즈:
'이탈리아의 해롤드'

드뷔시: 전주곡집 2권
– 1곡 '안개'

드뷔시: '판화' 중 1곡 '탑'

슈만: '숲의 정경' – 1곡
'Eintritt'

F.쿠프랭: 'Le tic toc choc
ou Les maillotins'

레스피기: '로마의 분수'

레스피기: '새' 중 5곡
'뻐꾸기'

차이코프스키: 1812년 서곡

부류가 두 번째인데, 베를리오즈의 「환상 교향곡」과 「이탈리아의 해롤드(Harold en Italie)」 H.68같이 작곡가가 의미를 서술한 프로그램에 따른 음악이나, 특정 장면(scene)을 묘사한 드뷔시의 「전주곡집」 1, 2권(2권 첫 곡 '안개 Brouillards'), 「판화(Estampes)」 L.108(첫 곡 '탑 Pagodes') 및 슈만의 「숲의 정경」(첫 곡) 등은 좀 넓은 의미의 표제 음악이라고 봐야 하겠지요.[29]

이 두 부류 중 전자는 물론이고, 후자도 바로크 시대에 이미 존재했습니다. F. 쿠프랭의 수많은 쳄발로 음악들에는 그림 5-2처럼 재치 있는 제목이 많은데, 시계가 째깍거리는 소리를 제목으로 사용한 곡도 있습니다. 비발디의 바이올린 협주곡집 「사계(Le quattro stagioni)」 op.8-1~4는 말할 것도 없습니다. 「전원」 교향곡, 레스피기(Respighi)의 「로마 3부작」(첫 곡 '로마의 분수 Le fontane di Roma' P.106)과 모음곡 「새(Gli uccelli)」 P.154(5곡 '뻐꾸기 Il cucù')도 이 부류로 넣을 수 있을 것입니다. 이런 광의(廣義)의 표제 음악들을 연주하면 [가사 없이] 음악만 나오니, 따라서 **음악만 봐도 군더더기가 없어야 합니다.** 예를 들면 「1812년 서곡」 op.49에서 대포 소리 같은 '음향 효과'가 아니라, 러시아 민요와 프랑스 국가의 선율이 겨루면서 전자가 후자를 압도해 가는 모습, 즉 프로그램에 실린 음악 외적인 심상(image)을 음악의 자연스러운 흐름에 포용할 수 있는지가 중요

---

29 저는 음악의 일반적 특성을 설명하는 이 책에서 전자의 의미는 크게 다룰 생각이 없는데, 오페라의 극적 표현을 설명하기는 소나타 형식의 전개부를 설명하는 만큼이나 작곡가별로 구체적이기 때문입니다. 개별적 사항들을 일일이 나열하기는 상당히 힘듭니다.

합니다. 비발디의 「사계」 중 '여름' 2악장의 우르릉거리는 소리, 「전원」 교향곡의 2악장 시냇물 소리와 끝 부분 새들의 지저귐 및 4악장의 번개를 묘사한 피콜로 음향, 이미 보았던 「환상 교향곡」 3악장 끝의 인상적인 팀파니 등이 좋은 예입니다. 군인들이 행군하는 발자국 소리를 묘사하는 레스피기 '로마의 소나무(Pini di Roma)' P.141의 마지막 부분 '아피아 가도의 소나무(I pini della via Appia)'를 링크합니다.

레스피기: '로마의 소나무' 중 '아피아 가도의 소나무'

그리고 음악 외적인 설명뿐 아니라, 당연히 **음악 내적으로도 기본적 일관성**이 있어야 음악 자체로서 매력적일 수 있습니다. 「환상 교향곡」과 「이탈리아의 해롤드」의 고정 악상이 이 목적에 기여한다는 것은 말할 것도 없습니다. 리스트의 교향시 「전주곡(Les Préludes)」의 프로그램의 핵심은 대략 아래처럼 번역됩니다.[30]

우리 생명은, 죽음이 처음으로 엄숙히 읊조리는 미지의 찬가에 대한 일련의 전주곡들이 아니라면 무엇이겠습니까?

처음 나오는 선율은 그림 7-26입니다. 선으로 표시한 3개의 음이 중요합니다.

---

30 1855년 베를린 연주 때 사용된 좀 간결한 것을 번역했습니다. 제목이 복수형인 이유가 이것입니다. 다른 선율들은 더 긴 프로그램에 맞춰 등장시키는데, 1856년 출판될 때 서문에 인쇄했습니다. 여기를 참고하시기 바랍니다(https://en.wikipedia.org/wiki/Les_pr%C3%A9ludes#The_programme, 2023년 11월 13일 최종 확인).

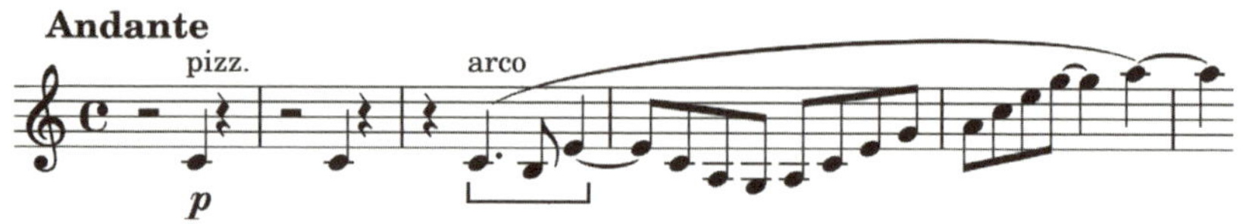

그림 7-26. 리스트: 교향시 「전주곡」 S.97, 첫 여섯 마디. 현악기가 유니즌으로 연주.

리스트: 교향시 '전주곡'

곡 중간에 프로그램에 맞춰 나타나는 몇 개의 선율이 두드러지는데, 모두 이 C-B-E음 부분동기에서 파생되었습니다. 동기의 관점에서 일관성을 주었으니 앞에서 본 「방랑자 환상곡」과 같은 수법입니다. 전체를 들어 보시겠습니다.

보로딘: 교향곡 2번

보로딘: 현악 4중주곡
2번 – 1악장

절대 음악과 표제 음악 중 어느 편이 잘 맞는지는 작곡가들마다 편차가 커서, 같은 풍토에서 성장한 러시아 5인조 중 보로딘(Borodin)은 교향곡 2번 b단조나 현악 4중주곡 2번 D장조 등 절대 음악에 성공작이 있던 반면, 무소륵스키는 그쪽으로 전혀 흥미가 없었습니다. 어느 편이 더 어렵거나 더 가치가 있냐는 질문은 의미가 없고, 성공작을 만드는 데는 작곡자의 상상력이 자연스럽게 어느 편으로 움직이는지가 중요합니다. 절대 음악의 많은 분야와 오페라 양쪽에서 모두 거장으로 – 그것도 30대에 – 성장한 모차르트가 괜히 대천재라 불리는 것이 아니지요.

428

양식style

이 장의 마지막 주제는 시간[과 공간]에 따라 변화하는 스타일, 즉 양식입니다. I장 2절에서 언급했던 기보법, 음높이, 음계, 화성, 악기에 대해서는 실질적으로 앞 장들에서 거의 답을 마쳤습니다. 여기서는 두 가지만 간략히 정리하여 주의를 환기하는 정도로 그치겠습니다.

첫째는 **연주의 문제**입니다. 매우 주관성이 강할 수도 있습니다만, 베토벤과 동시대의 – 즉 시대적 고려가 유사한 – 훔멜(Hummel), 슈포어(Spohr) 및 슈베르트를 같은 개념으로 연주할 수는 없겠지요. 작곡가마다 특유의 '버릇'이 있다는 것은 앞 장에서 설명했는데, 이것이 좁은 의미의 '스타일'입니다. 노이하우스는 이 스타일에 대해 아주 좋은 사례를 알려줍니다.

그림 7-27. 리스트: 헝가리 랩소디 12번 S.244-12, 88~91마디.

내가 가르쳤던 학생 중의 한 명이 과거에 리스트의 [헝가리] 랩소디 제 12번의 악구를 연주했다: 그는 개개의 프레이즈 그룹 중 첫번째 16분 음표에 세심한 악센트를 붙임으로써 아주 쉽고 박자에 맞게 연주했다. 그 결과는 일련의 전형적인 바흐의 강약격(強弱格)의 운율과 같았다(그림 7-27). 나는 갑자기 마음의 눈으로 바흐의 날개를 달고, 18세기 라이프치히 교회의 오르간 연주자와 같은 옷을 입고서 헝가리 민요의 랩소디들을 연주하는 리스트를 보았다. [31]

노이하우스의 말은, 그림 7-27에서 갈색으로 표시한 음표를 세게, 그 다음 음표를 약하게 연주했다는 것이며, 이 아티큘레이션이 리스트의 스타일이 아니라는 주장입니다. 참고로 백건우의 연주를 들어 보십시오.[32] 제가 인용한 부분의 바로 앞에서, 노이하우스는

리스트: 헝가리 랩소디 12번

---

31   하인리히 노이하우스, 「피아노 연주기법」, 조윤용 역, 삼호출판사, 1992, 1st ed., p.65

"많은 리듬의 부적합성은 사실상 작곡가의 정신과 스타일을 충분히 이해하지 못하는 데에 기인한다"고 말합니다.

시대가 문제인 경우는 좀 더 까다롭습니다. II장의 질문에서 역사주의 연주를 간단히 소개했는데, 악기와 주법을 이전의 방식으로 채택하면 당연히 문제는 많이 줄어들 것입니다. 그런데 그것이 항상 해결책이 될 수는 없습니다. 현대의 악기를 사용하여 악기의 차가 큰 이전의 레퍼토리를 연주하는 일이 매우 잦기 때문이지요. 이 경우, 어차피 작곡가가 의도했던 음향을 100% 달성하기는 불가능합니다. 이 상황에서 연주가는 어떻게 대처해야 하겠습니까? 제가 상상할 수 있는 답은, 작곡가의 스타일에 따라 당시의 악기에서 얻으려 했던 것이 궁극적으로 무엇이었는지 상상하고 현재의 악기에서 표현하는 것이 있고, 다른 방법은 작곡가 앞에 현대의 악기가 놓였을 때를 상상하고 표현하는 것입니다.[33]

스타일에 대해 예를 하나만 더 들겠습니다. 그림 2-33에서 나왔던 드뷔시 「전주곡집」 I권의 10번 '가라앉은 성당' 입니다.

---

32 백건우의 연주처럼 템포가 느리다면 악센트 없이 연주할 수 있으나, 템포가 빠르다면 쉽지 않습니다. 베토벤 피아노 소나타 17번 d단조 op.31-2의 1악장 첫 부분에서, 아르페지오 화음 다음의 빠른 악구를 들어 보십시오.

33 이것도 역시 문제가 있습니다. **작곡가가 쓸 수 있는 수단이 바뀌면, 음악도 바뀌기 때문입니다.** 가령 피아노가 빠르게 발전하던 시대를 보낸 베토벤의 음악은 초기와 후기의 양식 차이가 상당하며, 현대처럼 큰 음량을 얻기 위해 팔과 상체의 낙하를 이용하는 주법은 당시에 아예 없었습니다. II장에서 말했듯이, 현대 레가토의 기본인 싱코페이티드 페달링조차 없었지요.

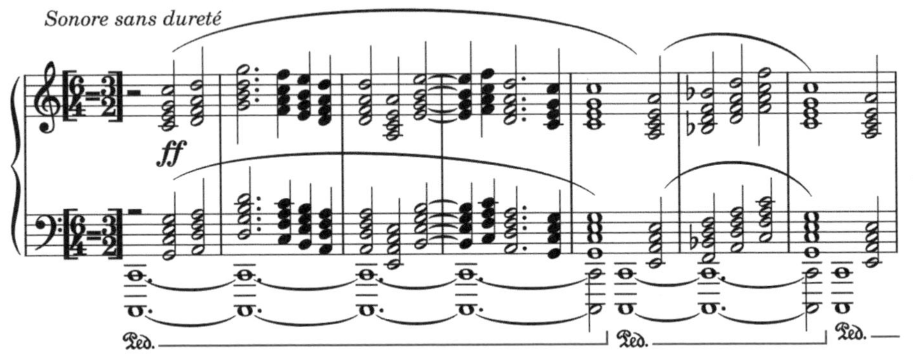

그림 7-28(=2-33). 드뷔시: '가라앉은 성당'(「전주곡집」I권, 10번), 28~34마디.

II장의 건반악기 음색 부분에서 페달에 대해 설명했던 부분을 보시면, 드뷔시가 썼던 피아노에서는 오른편 댐퍼 페달을 갈색 선 길이만큼 밟을 수밖에 없지만, 현대 연주회장에 있는 스타인웨이 3-페달 모델에서는 왼손의 C 옥타브를 유지하면서 오른손 화음마다 오른쪽 페달을 완전히 바꿀 수 있다고 설명했습니다. 그러면, 두 번째 방법처럼 페달을 바꿔 소리가 섞이지 않도록 연주하는 것이 옳을까요?

이 곡은 브르타뉴(Bretagne) 지방의 전설에 근거하는데, 그랄롱(Gralon) 왕이 바다를 둑으로 막아 건설한 도시 이스(Ys)에서 다위(Dahut) 공주의 실수로 둑의 수문이 열리면서 가라앉은 성당이 바다가 고요한 날 오전에 물 위로 떠오른다는 얘기입니다. 이 전설처럼 곡에는 성당의 종소리, 오르간 소리, 합창단의 소리 등이 들립니

다. 그림 7-28처럼 양손의 화음 성부가 전부 평행 진행을 하는 것
은 명백히 오래 전의 합창 음악 스타일을 흉내냈지요.[34] 물 속에 보
이는 영상을 암시하는 곡에서 소리를 아주 투명하게 만드는 편이
옳을지는 생각해 볼 문제입니다. 실제 피아니스트들은 이렇게 연
주합니다.

둘째는 협주곡의 **형식 변천**입니다. 소나타 형식에서 제가 설
명하지 않은 장르가 바로 협주곡이었습니다. 현악 4중주이건 다
른 실내악이건 피아노 독주건, 소나타 형식은 제가 설명한 도식으
로 맞출 수 있습니다. 하지만 협주곡풍 소나타 형식(concerto-sonata
form), 즉 대부분의 고전파 협주곡의 1악장에서 쓰이는 형식은 그렇
지 않습니다.

① **제시부 I:** 1, 2주제가 관현악에서 나타남. 독주 악기는 연주
   시작하지 않음

② **제시부 II:** 1, 2주제를 독주 악기를 곁들여 반복. 2주제는 보
   통 딸림조

③ **전개부:** 독주 악기가 화려하게 악상 전개

④ **재현부:** 1주제는 대개 관현악이 재현, 1주제의 등장 이후는
   독주 악기를 동원. 대개 다음 카덴차로 넘어가기 직전 I_4^6화음

---

34 중세의 오르가눔(organum: https://en.wikipedia.org/wiki/Organum, 2023년 11월 11일
    최종 확인)을 모방했습니다.

으로 종결

⑤ **카덴차**: 독주 악기가 혼자 기교를 과시하는 곳

⑥ **코다**: 일반적으로 베토벤 피아노 협주곡 3번 이전에는 코다
에 독주 악기가 등장하지 않았음

모차르트: 오보에 협주곡
K.314

하이든: 첼로 협주곡 2번

제시부 I(관현악 제시부)에서 2주제는 으뜸조일 수도, 딸림조(혹은 단
조라면 병행조)일 수도 있습니다. 모차르트의 협주곡은 오보에 협주
곡 C장조 K.314처럼 으뜸조인 경우가 많은데, 하이든의 첼로 협주
곡 2번 D장조 Hob.VIIb:2처럼 딸림조를 쓸 때도 있지요. 제시부
II(독주악기 제시부)에서는 통상의 소나타 형식과 같은 딸림조나 병행
조입니다.

제시부 I에서 독주 악기가 등장하지 않는 이유는 "(보통의 소나타
형식에서) 어차피 반복을 하는데 두 번째에 화려하게 등장시키자"는
생각이 아니라, 근본적으로 협주곡풍 소나타 형식의 기원이 다르
기 때문입니다. 앞에서 보셨듯이, 협주곡 외의 다른 장르에서 소나
타 형식의 출발점은 두도막 및 세도막 형식입니다. 그런데 협주곡
만은 바로크 협주곡들이 사용하는 **리토르넬로 형식**(ritornello form)
이 출발점입니다.

이 형식의 기본 개념은 론도 형식과 비슷하게 주제가 자주 반복
된다는 것입니다.[35] 하지만 론도 형식과는 다른데, 론도 형식은 반

---

35 'ritorno'는 'return'이며, '-ello'는 작다는 뜻의 접미사입니다. 어원이 Rondo와 의미상으
로 같지요.

                                        클래식의 클래식

복할 때 기본적으로 주제 전체가 나오며, 조바꿈되지 않습니다. 반면 리토르넬로 형식은 주제의 조바꿈이 잦으며, 부분적으로만 나오는 경우도 많아 약간 전개풍이란 인상을 줍니다. 이 방식은 주제의 반복이라는 통일적 요소와, 독주 악기와 배경의 대조라는 변화를 성공적으로 융합시켰기 때문에, 이탈리아에서 16세기 후반에 등장한 후 모범적인 틀이 되어 오래 쓰였습니다. 전형적 사례인 바흐의 쳄발로 협주곡 1번 d단조 BWV.1052의 1악장을 들어 보시겠습니다. 그 외에도 비발디 「사계」 중 1, 3번의 1악장(1번 1악장), C. P. E. 바흐 첼로 협주곡 A장조 Wq.172의 1악장 등 적절한 예는 많습니다. 독주 악기가 여럿 등장하는 콘체르토 그로소(concerto grosso)도 기본적으로는 이 형식이며, 「브란덴부르크」 협주곡 5번 D장조 BWV.1050의 1, 3악장이 좋은 사례입니다.

바흐: 쳄발로 협주곡 1번 BWV.1052

비발디: '사계' 1번 RV.269 – 1악장

C.P.E.바흐: 첼로 협주곡 3번 Wq.172

바흐: 브란덴부르크 협주곡 5번 – 1악장

　기본적으로 단일 주제인 리토르넬로 형식을 협주곡풍 소나타 형식으로 전환한 방법은 이렇습니다: 주제 등장 후 2주제의 요소를 삽입하고, 다음 반복 때 독주자를 등장시켰으며, 중간 부분의 전개적 요소를 더 늘린 뒤 1, 2주제를 반복했습니다. 다시 말하면 반복과 전개적 요소를 이용해 소나타 형식의 틀에 끼워 맞춘 것입니다. 이 틀에 따르면 관현악의 제시부는 반복 한 번에 해당하기 때문에 흥미의 초점인 독주 악기가 등장하기 전의 예비 또는 서주라 볼 수 있습니다. 실제 낭만파 이후 협주곡에서는 관현악 제시부가 거의 없어집니다.

　상당히 이른 시점의 고전파 협주곡 중 지금까지도 인기 있는 것

하이든: 첼로 협주곡 1번

모차르트: 피아노 협주곡 9번, 1악장

모차르트: 피아노 협주곡 24번 – 1악장

베버: 피아노 소협주곡

멘델스존: 피아노 협주곡 1번

리스트: 피아노 협주곡 1번

슈만: 첼로 협주곡

은 1761~65년 사이의 하이든 첼로 협주곡 1번 C장조 Hob.VIIb:1 인데, 이미 1악장이 협주곡풍 소나타 형식으로 완전히 틀을 갖추었습니다. 그런데 전개부를 시작할 때 오케스트라가 1주제를 딸림조로 연주합니다(전개부는 2:59부터). 리토르넬로 형식의 특징을 희미하게 남겼다고 볼 수 있겠습니다.[36] '공식'을 완전히 정착시킨 것은 모차르트의 피아노 협주곡들이라 볼 수 있습니다. 젊은 시기에 쓴 곡 중 가장 뛰어나다 평가받는 9번 E♭장조 K.271의 1악장은 맨 앞에 독주 악기가 잠깐 등장하는 것만 빼면, 완벽한 전형입니다. 모차르트는 이 후에는 더 큰 변화를 이끌어 내지는 못합니다. 단 24번은 1악장 코다에서 독주 악기가 나타난다는 점이 예외입니다.[37] 결국 변화는 베토벤이 피아노 협주곡 4번부터 주도했습니다.

다음 변화는 전체를 이어 연주하는 베버의 피아노 소협주곡 (Konzertstück) f단조 J.282입니다. 3악장을 유지하면서 전체를 다 이어 연주하고 관현악 제시부를 없앤 것은, 멘델스존의 피아노 협주곡 1번 g단조 op.25가 실질적 시작입니다. 그 뒤 리스트가 피아노 협주곡 1번 E♭장조 S.124로 이 길을 계속 밟았고, 슈만은 첼로 협주곡 a단조 op.129로 이 경향에 합류합니다. 이 흐름의 예외라면 훌륭한 네 협주곡의 1악장을 모두 고전 양식으로 남긴 브람

---

36 거의 비슷한 시기의 바이올린 협주곡 1번 C장조 VIIa:1은 전개부의 처음이 아니라 중간에 주제가 거의 그대로 딸림조로 나타납니다.

37 이 협주곡은 끝악장이 론도가 아니라 변주곡이라는 것도 상당한 예외입니다. 베토벤은 이 협주곡을 자신의 피아노 협주곡 3번에서 모범으로 삼은 것이 틀림없습니다.

스인데, 그러면서도 피아노 협주곡 2번처럼 4악장을 처음 시도했으며, 베토벤 5번에서 나타난 곡 첫 부분의 독주 악기 카덴차를 계승했습니다(1악장). 프로코피예프의 바이올린 협주곡 2번, 버르토크의 바이올린 협주곡 2번 Sz.112(1악장), 풀랑크(Poulenc)의 「전원 협주곡(Concert champêtre)」 FP.49 등에서 보듯이, 20세기 협주곡의 주류는 19세기 중반에 바뀐 관현악 제시부가 없는 소나타 형식의 1악장과 전체의 3악장 구성으로 여전히 남아 있습니다.

브람스: 피아노 협주곡
2번 – 1악장

프로코피예프: 바이올린
협주곡 2번 – 1악장

버르토크: 바이올린
협주곡 2번 – 1악장

질문

끝까지 다 오셨으니, 이 장에서 다룬 내용에 국한되지 않고 질문을 선정해 보았습니다.

풀랑크: 전원 협주곡
– 1악장

1. 19세기 가장 끝(거의 20세기라 볼)의 인상적인 '론도 형식'의 사례는 리하르트 슈트라우스(Richard Strauss)의 「틸 오일렌슈피겔의 유쾌한 장난(Till Eulenspiegels lustige Streiche)」 op.28일 것입니다. 그런데 이 곡을 잘 들어 보면 제가 설명한 론도 형식의 틀과는 좀 거리가 있는데, 규칙적으로 주제가 돌아오고 에피소드를 넣는 방식이 아니기 때문입니다. 그런데도 작곡자는 론도 형식이라고 명기했습니다. 그렇게 볼 근거는 무엇이라 생각하십니까?

R.슈트라우스:
틸 오일렌슈피겔의
유쾌한 장난

2. 그림 7-20에서 제2주제에 들어갈 때, 제시부에서는 호른이 솔로로 계명 '솔솔솔 도 레 솔'을 힘차게 울렸지만, 재현부에서는 바순이 맡습니다. 그런데 실제 들어 보면 아무래도 음량이나 음색에서 호

베토벤: 교향곡 5번
1악장

교향곡 5번
– 1악장(재현부; 호른)

른이 더 낫고, 호른을 사용하는 지휘자들도 있습니다. 베토벤은 왜 바순을 썼을까요?

클래식의 클래식

에필로그

책 처음에 '2~3시간보다는 좀 더 긴 여행을 떠나 보자'고 말씀드렸습니다. 음, 처음부터 그렇게 안 될 줄 알고는 있었습니다만 상당히 많이 어긴 듯합니다(…). 이 장에서 할 말은 음반(전반적인 녹음)에 대한 약간의 제 의견과, 참고 삼아 살펴볼 것 하나가 다입니다. 맨 끝까지 일관되게 거짓말(?!)을 할 정도로 간이 크지는 못하네요.

제 주변에는 음반을 많이 모으는 분이 많고, 저도 갖고 있는 음반 수가 적지 않습니다. 젊은 분들 중엔 유튜브와 스트리밍이 대세라서 CDP(CD player)를 아예 안 갖고 계신 경우가 많다고 압니다. 무엇으로 듣건, 음악을 좋아하는 사람으로서 I장에서 말했듯이 녹음이 축복이란 것은 절대적인 사실입니다. 그런데 주로 녹음으로 음악을 들을 때 – 시간으로 따지면 연주회에 가 있는 시간보다는 훨씬 많으시겠지요 - 우리가 유의해야 할 점이 좀 있습니다.

녹음은 같은 부분을 마음에 들 때까지 여러 번 할 수 있고, 다 된 것을 들어 본 후 발매 여부는 연주가가 정합니다. 이러니 눈에 띌 만한 실수를 그냥 넘어갈 연주가가 몇이나 있겠습니까 - 누구보다도 녹음 프로듀서가 대뜸 다 수정하자고 제안할 겁니다. 그림 8-1에서 프로듀서가 연주가와 같이 악보를 보지 않습니까.

물론 음반이라고 실수가 100% 걸러진다는 얘기가 아닙니다. 리히테르가 자신의 녹음(그림 8-2)에 대해 한 말은,

그림 8-1. 머큐리 레코드(Mercury Records)의 프로듀서 윌마 코자트 파인(Wilma Cozart Fine) 과 바이올리니스트 헨릭 셰링(Henryk Szeryng) . 1962년 런던에서 브람스의 협주곡을 녹음한 세션 도중 촬영. © Universal Music

　　　　　　　　클래식의 클래식

그림 8–2. 리히테르와 카라얀이 녹음한 차이코프스키 피아노 협주곡 1번 LP 음반의 자켓. 사진은 저자 촬영 © Universal Music

이 녹음에는 악보를 터무니없이 잘못 해석한 부분이 남아있다… 제2 악장의 카덴차가 끝나고 주제가 회귀하는 곳이 바로 문제의 대목이다. 카라얀은 내가 상박(上拍)을 지시해 달라고 요청했는데도 박자 맞추기를 중단해 버렸다. 나는 그저 리듬의 정확성을 요구했을 뿐인데 그는 고집스럽게 거부했다.[1]

그림 8-3의 첫 마디에서 주제가 다시 나오는 곳까지 들어 보시지요. 문제의 상박은 갈색 화살표 부분입니다.

차이코프스키: 피아노 협주곡 1번 – 2악장, 리히테르 카라얀/빈 심포니(DG)

---

1 브뤼노 몽생종, 「리히테르」, 정원, 이세욱 역, 2005, 1st ed., p.207. 분명히 프레이징에 대한 얘기니, 악보 분석을 싫어했던 그가 실제로는 절대 여기 무심하지 않았다는 말입니다.

그림 8-3. 차이코프스키: 피아노 협주곡 1번 2악장, 140~150마디. 큰 보표로 압축. 146마디 맨 위 성부부터 피아노가 주제를 들려준다.

하지만 실황은 한 번 삐끗하면 어쩔 수 없이 그대로 청중에게 들립니다. 리히테르가 카네기 홀에서 데뷔한 1960년 10월 19일의 전설적인 실황을 끝내고 자신의 연주를 마음에 안 들어하며 그 이유를 "잘못 친 음이 숱하게 많았다"고 술회했다든가[2], IV장 처음에 언급한 실황녹음 셋처럼 실수를 그대로 들을 수 있는 데서 명백하지요. 심지어는 이 정도의 실수도 실황에서 날 때가 있습니다. 좀 안타깝지만, 대개 녹음으로 음악을 듣는 경우 실황의 작은 실수에 ─ 특히 미스터치 등 속칭 '삑사리'에 ─ 지나치게 민감해지기 쉽습니다. 앞에서 말했듯이, 다소의 음 실수보다는 프레이징이나 템포의 논리적 일관성이 훨씬 더 중요합니다. 하지만 리히테르처럼 음악성을 타고난 사람이 아니라면 ─ 안타깝게도 저를 포함해 이 책을 보실 분들도 거의 그렇겠지요 ─ 의식적으로 훈련해야 어느 정도 따라갈 수 있습니다. 음이 한둘 틀린 것은 잘 들려도, 템포 항목에서 제가 말했듯이 템포는 시간 감각을 단련해야 알아차릴 수 있고, 프레이징은 말할 것도 없죠.

베토벤: 첼로 소나타
5번 ─ 3악장

그리고 제가 계속 강조한 대로 템포와 프레이징이 일차적으로 매우 중요하다면, 다소 오래된 녹음이라도 그다지 멀리할 이유가 없는 셈입니다. 저는 거의 100년 돼 가는 78회전 시대의 녹음이라도, 최소한 1926년 이후의 전기 녹음 시대이기만 하면 그 둘을 인식하는 데 크게 문제가 있다고는 생각하지 않습니다. 음향이 다소

베토벤: 피아노 3중주곡
op.97

---

2 *Ibid.*, p.191

낡은 것이 장점은 물론 아닙니다만[3], 그렇다고 고전음악 해석의 핵심을 못 알아듣게 만들 정도의 문제는 아닙니다. II장에서 링크했듯이, 브람스와 같이 연주했던 사람의 스타일도 어느 정도 짐작하게 해 주는 것이 초창기의 녹음입니다. 전기 녹음이라면 훨씬 상황이 낫지요.

저는 서문에서는 **"애호가들이 음악의 소위 '기본기'를 거의 언급하지 않는 것이 상당히 이상**합니다", 서장에서는 "프로들이 진짜 관심 갖는 것은 아마추어들과는 많이 다르다"고 강조했습니다. 말이 나온 김에, 한국 음대의 피아노과 전공 과목들을 보겠습니다.[4]

- **기초:** 시창/청음, 화성학
- **필수:** 피아노 실기, 합창, 음악사, 건반화성, 대위법, 형식과 분

3　스테레오 시대의 녹음에서도 아직 해결 안 된 문제는, 마이크로폰이 소리를 전기로 바꿀 때 음색도 바뀐다는 것입니다. 예를 들면, 성량이 큰 가수는 실황에서는 인상이 압도적입니다. 하지만 음반에서는 음량 포화를 막거나, 다른 가수들과 같이 녹음할 때 음량이 균형을 이뤄야 되므로 마이크를 더 멀리 떼어 놓습니다. 인상이 잘 전달되지 않음은 물론이거니와, 거리가 멀면 잡히는 음색도 바뀝니다.
　그리고 음색 자체가 녹음에 잘 안 맞는 연주가가 실제 있습니다. 실황에서는 그렇게 다들 칭찬하던 레나타 테발디(Renata Tebaldi)의 음색이, Decca의 스튜디오 녹음에서는 그 정도까지는 아닙니다. 심지어 Decca는 녹음이 좋기로 정평이 난 회사인데도 말이지요. 그래도 이런 단점이 템포와 프레이징에 그다지 손상을 입히지는 않으니 다행입니다.

4　여기서(link; https://music.yonsei.ac.kr/music/index.do. 2023년 9월 12일 최종 확인) 피아노과의 전공 교과목을 보시면 됩니다.

　　　　　　　　　　　　　　　　　　　　클래식의 클래식

석, 피아노 문헌, 실내악

템포와 프레이징은 실기에, 양식 등의 통시적 고찰은 음악사에, 형식과 화성학에 제가 언급한 여러 가지가 포함되겠지요. 제가 언급한 내용인 음악사, 대위법, 화성학, 형식론 등의 교과서는 쉽게 구해 볼 수 있는데, 이들이 음대의 주요 교육 과정이니 어찌 보면 당연합니다.

물론, 저를 포함한 애호가들이 꼭 교과서를 보아야 할 필요는 없습니다. 하지만 이 분야의 프로들이 받는 교육에 필수로 들어가는 것들이 음악을 즐기고 이해하는 데 전혀 도움이 안 된다고 주장한다면, 말이 안 되기는 마찬가지라 생각합니다. 음악을 공식적으로 전공하지 않은 저 같은 사람도 음악을 즐길 수는 있지만, 기본기를 몸에 익힌 사람과 그렇지 않은 사람은 애당초 딛고 올라선 높이가 다르기 때문에 볼 수 있는 넓이가 절대로 같을 수 없습니다.[5] 그런데 음악을 좀 더 이해하고 싶어 음대의 기본 교과서를 보고자 마음먹은 분이 계시다면, 그 두꺼운 화성학이나 대위법 책을 처음부터 끝까지 다 독파하기가 그리 쉬울까요? 설사 그랬다고 해도 시험 치고 문제까지 푼 사람과 비교할 수 있을까요? (당연히 저

---

5 배우 앤 해서웨이(Anne Hathaway)는 시간 날 때 물리학을 공부한다고 합니다(link: https://www.theguardian.com/lifeandstyle/lostinshowbiz/2010/feb/05/anne-hathaway-joy-of-physics. 2023년 11월 9일 최종 확인). 그래도 애초에 이공 계통을 전공하지 않은 사람이 제대로 이해하기는 매우 어렵겠지요. 자기 전공이 아닌 분야를 제대로 이해하기는 누구에게나 어렵습니다.

도 아닙니다)

　저는 이 한계를 인정하고, 이 책에서 간 크게도 '넓고 얕게 설명하는' 방법을 취했습니다. 독자 범위를 '어느 정도 들어 보셨고, 거기서 더 체계를 갖출 의지가 있는 분'이라 제한했는데도, 꼭 필요한 수준이라 생각한 곳까지만 줄타기 하기가 결코 쉽지는 않았습니다. 그래도 제가 음악을 들으면서 궁금하던 점을 해결한 과정을 돌이켜보면, 이 책에서 다룬 개별적인 문제를 일일이 분야별 책이나 인터넷을 찾아 가면서 풀어야 했습니다. 수박 겉핥기라 해도, 감상자에게 넓은 범위의 얕은 지식을 종합적으로 설명하고 출발점을 찍는 책이 무가치하다고는 생각하지 않습니다. 이 오만한(!) 생각이, 여러분의 스트리밍 구독권 몇 달 분의 가치가 있어야 할 텐데요.

　서두에 변명을 적었으니, 독자께서 부디 너그러이 여기까지 읽어 주셨으면 하는 마음뿐입니다. 대단히 감사합니다.

저작권 내역

특별히 언급이 없는 악보 및 텍스트(성악곡의 가사 외)는 모두 public domain이며, 텍스트의 영어와 한국어 번역은 (참고 자료를 바탕으로) 제가 직접 했습니다. 발간 현재 승인이 완료되지 않은 경우 완료되는 대로 신속히 반영하겠습니다.

그림	사진 / 악보	출처	비고
2-9	소리굽쇠	Wikimedia Commons	Public Domain (https://en.wikipedia.org/wiki/Tuning_fork#/media/File:TuningFork659Hz.jpg)
2-15	바이올린, 활	–	저자 촬영
2-18	플루트	–	저자 촬영
2-21	오보에: 마우스피스	Wikimedia Commons	© Aquazer(at Finland Wikipedia). URL; https://en.wikipedia.org/wiki/Double_reed#/media/File:Oboe_Reed.jpg (90° rotated)
2-22	금관악기: 마우스피스	Wikimedia Commons	■ 호른; © Yamaha Music Europe. URL https://en.wikipedia.org/wiki/French_horn#/media/File:Yamaha_Horn_YHR-667V.tif (mouthpiece cropped) ■ 트럼펫; © Achias(at Germany Wikipedia) (URL; https://en.wikipedia.org/wiki/Trumpet#/media/File:Trumpet_in_c_german.jpg, mouthpiece cropped) ■ 트롬본: © Yamaha Corporation, URL https://commons.wikimedia.org/wiki/File:Yamaha_Tenor_trombone_YSL-882OR_rotated.tif (mouthpiece cropped and 90° rotated)
2-29	더블 호른	Wikimedia Commons	그림 2-22의 호른과 동일(전체 사진, 90° rotated)
2-32	타악기의 채	–	저자 촬영 (협찬: 나무악기사)
2-34	피아노: 페달	–	저자 촬영 (협찬: 나무악기사)
2-36	네우마	Wikimedia Commons	Schøyen collection – MS 207, 12th century (P.D., Cistercian neumes – Medieval music – Offertorium. In omnem terram – Sch ø yen collection – MS 207, 12th century – detail.jpg)

2-37	메룰로; 칸촌 「La Bovia」	IMSLP	▪ First edition; RISM A/I, Local number: M 2375. Upload https://imslp.org/wiki/ (User:Feduol) (Public Domain) ▪ Bärenreiter, BA 1759(1954); upload https://imslp.org/wiki/ (User:Sallen112)
2-38	텔레만: 충실한 음악의 스승	IMSLP	Upload https://imslp.org/wiki/User:Kalliwoda (Public Domain)
2-39	바이올린 비교	'Stradivarius'	© Toby Faber, 'Stradivarius'(book) (Thanks for his kind permission)
2-40	바이올린 활의 사진	– Wikimedia Commons	– 현대 활; 저자 촬영 – 17세기 활; © Anoixe (URL; https://en.wikipedia.org/wiki/ Bow_(music)#/media/File:Arco_violino_XVII_secolo.jpg)
5-17	베토벤: 교향곡 5번 1악장 자필보	Staatsbibliothek zu Berlin	Mus.ms.autogr. Beethoven, L. v., Mendelssohn–Stiftung 8 (appreciated for free use approval)
5-19	바흐: '마태 수난곡' 자필보	Staatsbibliothek zu Berlin	Mus.ms. Bach P 25 (appreciated for free use approval)
8-1	윌마 코자트와 헨리크 셰링	Mercury Records (Present Decca Music Group)	– Decca 478 5092(CD; 저자 스캔) – Universal Music Korea (승인 요청중)
8-2	DGG SLPM 138 822(LP jacket)	Deutsche Grammophon	– 저자 촬영 – Universal Music Korea (승인 완료)

색인

  클래식의 클래식

ㅂ

                                                            클래식의 클래식

  클래식의 클래식

스톱(stop) *13, 107, 295, 296*

스트라디바리우스, 안토니오(Stradivarius, Antonio) *121*

스트라빈스키, 이고르(Stravinsky, Igor) *151, 295*

「스페인 교향곡」 d단조 op.21(랄로) *292, 295, 296*

슬라이드(slide) *94*

시대 악기 연주(period instrument performance) *130*

시대 악기(period instrument) *126*

시몬 볼리바르 심포니 오케스트라(Simón Bolívar Symphony Orchestra) *212*

시벨리우스, 얀(Sibelius, Jean) *84*

시실리엔느(Sicilienne) *375*

신 빈 악파(second Viennese school) *68*

신토닉 코마(syntonic comma)   디디모스 코마

실내 소나타(sonata da camera) *417*

실내악(chamber music) *127, 292, 302, 348, 407, 421, 423, 433, 445*

실로폰(xylophone) *63, 105*

실황녹음(live recording) *204, 216, 228, 443*

심벌즈(cymbals) *105*

싱코페이티드 페달링(syncopated pedaling) *125, 431*

ㅇ

아고긱(agogic) *219, 221*

아라우, 클라우디오(Arrau, Claudio) *41*

아르스 노바(ars nova) *36, 117*

아바도, 클라우디오(Abbado, Claudio) *278*

「아 엘슬라인, 내 사랑 엘슬라인」(젠플) *158*

아칭(현악기, arching) *122*

아티큘레이션(articulation) *244, 253, 255, 430*

악구(phrase) *32, 97, 118, 155, 171, 217, 229, 238, 244, 256, 285, 291, 299, 302, 303, 306, 430*

악보(sheet music) *26, 37, 41, 45, 62, 73, 96, 97, 108, 115, 118, 128, 129, 134, 138, 145, 154, 176, 188, 200, 206, 211, 216, 220, 245, 253, 272, 281, 297, 312, 338, 364, 440*

   클래식의 클래식

온음표(semibreve) *117, 134*

완전 5도(perfect fifth) *70, 169, 173*

완전음정(perfect interval) *167*

'왕벌의 비행'(림스키-코르사코프; 오페라 「살탄 황제의 이야기」) *339*

왕, 연중(발명가) *288*

요아힘, 요제프(Joachim, Joseph) *126*

우나 코르다 페달(una corda pedal) *111*

우연성 음악(aleatoric music) *23*

'울게 하소서'(헨델; 오페라 「리날도」 HWV.7) *377*

울림통(sound box) *50, 59, 79, 85, 122*

유니즌(unison) *296, 313, 355, 364, 369, 428*

유튜브(YouTube) *6, 12, 14, 129, 439*

으뜸 3화음(tonic triad) = 으뜸화음

으뜸음(tonic) *31*

으뜸화음(tonic chord) *54, 66, 70, 73, 161, 169, 171, 174, 177, 183, 195, 234, 257, 264, 272, 277, 296, 317, 321, 326, 347, 419*

음계(scale) *37, 96, 162, 165, 166, 316, 320, 429*

음높이(pitch) *24, 26, 29, 36, 45, 50, 53, 56, 58, 62, 63, 70, 75, 94, 118, 122, 126, 128, 135, 138, 155, 162, 187, 208, 247, 274, 277, 288, 429*

음반(record) *39, 128, 138, 203, 212, 324, 439, 444*

음색(timbre) *25, 45, 62, 76, 79, 81, 82, 85, 86, 89, 90, 91, 95, 101, 104, 107, 113, 120, 124, 262, 288, 291, 295, 296, 432, 438*

「음악의 순간」 D.780(슈베르트) *382*

음유시인(troubadour) *42*

음자리표(clef) *117*

음자리표, 가온(C clef) *281*

음자리표, 소프라노(soprano clef) *281*

음자리표, 알토(alto clef) *281*

음자리표, 테너(tenor clef) *281, 311*

음정(interval) *24, 36, 46, 166, 169, 175, 177, 178, 197, 200, 364*

음표(note) *32, 117, 134, 140, 144, 147, 155, 194, 197, 201, 234, 246, 265, 275, 287, 297,*

첼발로(cembalo)　107, 119, 123, 235, 295, 376, 426

첼발로 모음곡 e단조(라모)　159

첼발로 모음곡(새 소품, 라모)　346

첼발로 협주곡 1번 d단조 BWV.1052(바흐)　435

「초절기교 연습곡」 S.139 – 11번 '밤의 선율'(리스트)　299

총주(tutti)　107, 119, 195, 296

최, 현영(Choi, Hyunyoung, 건반악기 연주자)　124

춤곡(dance music)　42, 143, 293, 317, 345, 360, 371, 372, 375, 377, 379, 388, 390, 406, 413, 416, 418, 425

「충실한 음악의 스승」(텔레만, 그림 2–38)　119

치간느 M.76(라벨)　82

칠링기리안 현악 4중주단(Chilingirian String Quartet)　213

ㅋ

카논(canon)　361, 362, 364, 366, 369

카덴차(cadenza)　148, 179, 433, 437, 441

카라얀, 헤르베르트 폰(Karajan, Herbert von)　118, 203, 441

카루소, 엔리코(Caruso, Enrico)　127

카발리, 프란체스코(Cavalli, Francesco)　159

칸촌 「La Bovia」(메룰로)　117

칸타타(cantata)　280, 347

컬쇼, 존(Culshaw, John)　204, 206

케이지, 존(Cage, John)　23

켈러, 헤르만(Keller, Hermann)　249

켐프, 빌헬름(Kempff, Wilhelm)　215

켐프, 프레디(Kempf, Freddy)　140

코다(coda)　266, 276, 278, 381, 394, 395, 403, 434, 436

코다이, 졸탄(Kodály, Zoltán)　40

코렐리, 아르칸젤로(Corelli, Arcangelo)　405, 418

코자트 파인, 윌마(Cozart Fine, Wilma)　440

코플런드, 애런(Copland, Aaron)　349

ㅍ

   클래식의 클래식

숫자와 알파벳